「帰ってきたウルトラマン」の復活

白石雅彦

双葉社

まえがき

『「帰ってきたウルトラマン」の復活』というのは、いささか奇妙なタイトルではある。しかしこれには〝ウルトラシリーズ〟（当時の表現）（注一）の復活と〝円谷プロ〟の復活という二つの意味を込めている。

筆者は『「ウルトラQ」の誕生』『「ウルトラマン」の飛翔』『「ウルトラセブン」の帰還』『「怪奇大作戦」の挑戦』の四冊で、円谷プロの第一期黄金時代の始まりとその終焉を描いてきた。年代的には一九六三（昭和三八）年から七〇年にかけての出来事である。

同プロの復活、そして第二期黄金時代の始まりを描く『「帰ってきたウルトラマン」の復活』を、放送開始五〇周年を迎えるこのタイミングで皆様にお届けすることが出来て、幸いである。本書は、『「ウルトラQ」の誕生』から始まるシリーズの五作目であるが、単独で読んで頂いても充分に楽しめる内容に仕上がっていると思う。

筆者がこの番組を取り上げるのは二度目のことで、二〇〇三年に『帰ってきたウルトラマン大全』というムック本でまとめ上げたのが最初だ（注二）。同書を執筆していたのは二〇〇二年だから、十九年ぶりのセルフリメイクと言えるかも知れない。ただ今回は既刊の四冊同様、ドキュメントというスタイルを取っている。

これは私見だが、ムックというのは情報を詰め込む手段としては効力を発揮する。しかし

（注一）現在の公式の名称は〝ウルトラマンシリーズ〟である。

（注二）荻野友大との共著。

一本芯の通ったテーマを表現するには、情報が分散していて、それを見出すことは困難なように思う。しかもムック本は、複数のライターによって執筆されるケースがほとんどだから、さらにその表現は困難となる。

だがドキュメントの場合、情報はムック本ほど詰め込めないが、一貫したテーマを通すことには向いている。また『帰ってきたウルトラマン大全』はページ数の関係で、番組成立までの流れを丹念に追うことは不可能だった。だが今回は、ある程度満足のいく結果を残せたと思っている。

『帰ってきたウルトラマン』は、郷秀樹という一人の青年の成長を通して、ウルトラマンの世界を描こうとした意欲作だった。シリーズの中では明言されていないが、劇中の戦争に関する会話などから、郷が生きた時代は番組が放送された当時と、ほぼリアルタイムであったことがわかる。

『ウルトラマン』『ウルトラセブン』(注三)は、近未来を舞台としたSFドラマにカテゴライズすることが出来るが、『帰ってきたウルトラマン』は、一九七〇年代初頭の空気感を有した青春ドラマとしての側面も持っていた。

TBS側のプロデューサーは『怪奇大作戦』(注四)に続いて橋本洋二。橋本がこの頃プロデュースし、大ヒットとなった『柔道一直線』『刑事くん』(注五)は、それぞれスポ根もの、刑事ドラマにカテゴライズされる作品だが、主人公達の青春像を描くドラマでもあった。それと同じ方法論を、橋本は『帰ってきたウルトラマン』でも採用したのである。

(注三)
『ウルトラマン』六六年七月十七日〜六七年四月九日。
『ウルトラセブン』六七年十月一日〜六八年九月八日。
なお、本書の注ではTBSの番組は局名を、東宝製作の邦画は社名を省略する。

(注四)
六八年九月十五日〜六九年三月九日。

(注五)
『柔道一直線』六九年六月二二日〜七一年四月四日。
『刑事くん』七一年九月六日〜七二年十月二日(第一部)、七三年四月十六日〜七四年五月六日(第二部)、七四年十一月十一日〜七五年十一月十七日(第三部)、七六年六月七日〜十一月二九日(第四部)。

『帰ってきたウルトラマン』で、郷秀樹には、坂田アキという十八歳の恋人がいた。その関係は悲劇に終わり、青春ドラマとしての『帰ってきたウルトラマン』は未消化に終わってしまうが、二人が身に纏《まと》っていた時代の空気は、番組に、あの頃にしか存在しない独特のムードを与えていたと思う。

本書では、『ウルトラQ』（注六）と『ウルトラマン』の放送が始まった六六年から『帰ってきたウルトラマン』が終了した七二年まで、主に日本の社会状況とテレビ史的なトピックに関して記述することで、時代の空気の移り変わりを表現してみた。

本書はプロローグを含む五つのパートで構成されている。

プロローグは、六八年、円谷プロが置かれていた危機的状況、六九年に新番組の発注がなくなった後の苦闘、そして七〇年一月の円谷英二の死までを描く。

第一部は、六八年から七〇年までの円谷プロの動向を追い、『帰ってきたウルトラマン』成立までの苦難の道のりを描いている。

第二部は、第一話「怪獣総進撃」から第十四話「二大怪獣の恐怖　東京大龍巻」までの、第一クールの作品の検証と評論。視聴率的に苦労した初期作品について詳しく述べている。

第三部は、第十五話「怪獣少年の復讐」から第二八話「ウルトラの星　光る時」までの、第二クール、第三クールの作品の検証と評論。新しい脚本家、演出陣の参加によって広がりを見せてきた『帰ってきたウルトラマン』の世界を描く。

第四部の前半は、『帰ってきたウルトラマン』と同年にスタートした『ミラーマン』（注七）

（注六）六六年一月二日～七月三日。

（注七）七一年十二月五日～七二年十一月二六日、フジ。

についてページを割いている。番組成立まで紆余曲折を、主に営業報告書の記述を分析することで詳細に描いた。ここで『ミラーマン』について触れるのは、円谷プロの復活に同番組が多大な貢献をしたからである。

第四部後半は、第三九話「20世紀の雪男」から最終回「ウルトラ5つの誓い」まで、それまでとは少々趣の違う作品群の検証と評論を行っている。

本書を執筆するに当たり、頭を悩ませたのが『帰ってきたウルトラマン大全』から十九年という時の流れだった。この間、プロデューサーの熊谷健、メインライターの上原正三、脚本の市川森一、石堂淑朗《いしどうとしろう》、監督の佐伯孚治《たかはる》、特殊技術の高野宏一、デザイナーの池谷仙克《いけやのりよし》、大澤哲三といった方々が旅立たれてしまっている。ご存命の方々も高齢になり、加えてコロナ禍という事情もあり、直接お目にかかってインタビューするという手法はなるべく避けなければならなかった。

そこで新規のインタビューは監督の山際永三、撮影の鈴木清、脚本の田口成光、山浦弘靖の四氏に絞り、Ｚｏｏｍによるオンライン取材を行った。無論それだけでは番組を検証するには不十分なので、『帰ってきたウルトラマン大全』のインタビューをメインに、『怪奇大作戦大全』『ミラーマン大全』（注八）等、筆者が別の媒体で行った関係者へのインタビュー、各種ムック本などのインタビューを引用することで、その穴を埋めざるを得なかったことをご了承頂きたい。

また本書に収録した上原正三のインタビューは、筆者が過去に行った未発表のもので、生

（注八）『怪奇大作戦大全』〇一年刊。荻野友大、なかの★陽との共著。『ミラーマン大全』〇四年刊。

前の同氏、並びにご遺族の許可を得て掲載した。

本文で使用した資料は、出来る限り原典に拠ったが、一部、例えば金城哲夫の企画メモ、金城が兄のように慕った円谷一《はじめ》に宛てた手紙は、上原正二が著した『金城哲夫 ウルトラマン島唄』（筑摩書房刊）から引用し、主に第四部で使用した営業報告書（円谷プロの営業部が作成したレポート）も原典発見に至らず、やむなく『ミラーマンLD－BOX』のライナーを引用させて頂いた。

文中、敬称は省略した。各資料については、改行、表記などは本書のレイアウトに合わせて一部変更している。特に上原メモ、山際永三メモについては原資料が手書き、横書きであり、採録が不正確にならざるを得ないことをご了承願いたい。

企画書などの採録部分に関して、明らかな誤字は修正したが、一部、原文ママとしている部分もある。引用箇所について、細かな表記の揺れや作品タイトルの誤りなどはそのままとして注記していない。

脚本、企画書に関しては、当時は仮名の小書きが使用されていない。つまり「だった」などは「だつた」と印刷されているが、読みやすいよう、小書きに改めてある。

円谷英二の日記に関しては、旧字体、旧仮名遣いが多く見られるが、従来のシリーズ同様、適宜読みやすく改めた。ただし、句読点や空白はそのままにして手を加えていない。

引用した台詞とサブタイトルの一部に、現在からすれば不適切な言葉が含まれているが、当時の時代背景を考慮し、そのまま掲載している。

なお、『帰ってきたウルトラマン』に登場するヒーローは、ウルトラマンジャックが現在の公式名称であるが、本書は番組制作時にフォーカスした内容である。したがってジャックは〝ウルトラマン〟、ウルトラマンは必要に応じ〝初代ウルトラマン〟と表記している。

本書で展開する説は、各種資料、関係者の証言などから推論したものだが、それはあくまで筆者個人の考えであり、円谷プロの公式見解でないことをあらかじめお断りしておく。

各種資料や証言などを検証し、推論した部分に関しては、出来る限り中立な視点で描いたが、評論に関しては筆者の主観が入り込んでいる部分もあることをあらかじめご了承願いたい。

目次

『帰ってきたウルトラマン』放送リスト（TBS系金曜19：00〜）

放送日	話数	タイトル	別タイトル（脚本ほか）	脚本	監督	特殊技術	登場宇宙人、怪獣	視聴率	参考『仮面ライダー』（翌土曜日放送分／NET系19：30〜）	視聴率
1971年4月2日	1	怪獣総進撃	不死鳥（フェニックス）の男、まぼろしの一番星	上原正三	本多猪四郎	高野宏一	アーストロン、タッコング、ザザーン	26.4	怪奇蜘蛛男	8.1
4月9日	2	タッコング大逆襲	タッコング大逆襲！	上原正三	本多猪四郎	高野宏一	タッコング	25.1	恐怖蝙蝠男	11.7
4月16日	3	恐怖の怪獣魔境		上原正三	筧正典	高野宏一	サドラ、デットン	22.6	怪人さそり男	10.6
4月23日	4	必殺！　流星キック	怪獣流れ星殺法	上原正三	筧正典	高野宏一	キングザウルス三世	19.8	人食いサラセニアン	11.3
4月30日	5	二大怪獣東京を襲撃	東京絶体絶命、二大怪獣東京を襲撃！	上原正三	冨田義治	高野宏一	グドン、ツインテール	21.1	怪人かまきり男	12.4
5月7日	6	決戦！怪獣対マット		上原正三	冨田義治	高野宏一	グドン、ツインテール	19.4	死神カメレオン	11.7
5月14日	7	怪獣レインボー作戦	怪獣レーンボー作戦	上原正三	本多猪四郎	高野宏一	ゴルバゴス	17.8	死神カメレオン決斗！　万博跡	9.6
5月21日	8	怪獣時限爆弾		田口成光	筧正典	高野宏一	ゴーストロン	16.4	怪異！　蜂女	12.6
5月28日	9	怪獣島ＳＯＳ		伊上勝	本多猪四郎	高野宏一	ダンガー	19.2	恐怖コブラ男	14.2
6月4日	10	恐竜爆破指令		上原正三	筧正典	高野宏一	ステゴン	20.1	よみがえるコブラ男	13.1
6月11日	11	毒ガス怪獣出現		金城哲夫	鍛冶昇	高野宏一	モグネズン	18.5	吸血ゲバコンドル	14.3
6月18日	12	怪獣シュガロンの復讐	怪獣アイガーの復讐	上原正三	鍛冶昇	高野宏一	シュガロン	17.5	殺人ヤモゲラス	16.8
6月25日	13	津波怪獣の恐怖東京大ピンチ！	津波怪獣・東京湾に出現‼　前篇	上原正三	冨田義治	佐川和夫	シーモンス、シーゴラス	18.8	トカゲロンと怪人大軍団	18.0

7月2日	14	二大怪獣の恐怖 東京大龍巻		上原正三	冨田義治	佐川和夫	シーモンス、シーゴラス	18.4	魔人サボテグロンの襲来	15.6
7月9日	15	怪獣少年の復讐		田口成光	山際永三	高野宏一	エレドータス	14.3	逆襲サボテグロン	15.7
7月16日	16	大怪鳥テロチルスの謎		上原正三	山際永三	高野宏一	テロチルス	15.0	悪魔のレスラー ピラザウルス	16.0
7月23日	17	怪鳥テロチルス 東京大空爆	怪鳥テロチルス・東京大空爆	上原正三	山際永三	高野宏一	テロチルス	17.3	リングの死闘 倒せ！ピラザウルス	14.6
8月6日	18	ウルトラセブン参上！		市川森一	鍛治昇	佐川和夫	ベムスター、ウルトラセブン☆	16.0	怪人カニバブラー 北海道に現る	15.1
8月13日	19	宇宙から来た 透明大怪獣		上原正三	鍛治昇	佐川和夫	サータン	16.9	火を吹く毛虫怪人 ドクガンダー	11.9
8月20日	20	怪獣は宇宙の流れ星		石堂淑朗	筧正典	高野宏一	マグネドン	18.8	ドクガンダー 大阪城の対決	17.0
8月27日	21	怪獣チャンネル		市川森一	筧正典	高野宏一	ビーコン	17.3	怪魚人アマゾニア	16.4
9月3日	22	この怪獣は俺が殺る	14号地出撃命令、この怪獣はおれが殺る	市川森一	山際永三	佐川和夫	ゴキネズラ	18.8	空飛ぶ怪人 ムササビードル	21.6
9月10日	23	暗黒怪獣 星を吐け！	その口から星を吐け	石堂淑朗	山際永三	佐川和夫	ザニカ、バキューモン	23.4	猛毒怪人 キノコモルグの出撃！	22.2
9月17日	24	戦慄！ マンション怪獣誕生	恐怖のマンション怪獣	上原正三	冨田義治	大木淳	キングストロン、クプクプ☆	24.0	キノコモルグを倒せ！	21.5
9月24日	25	ふるさと 地球を去る		市川森一	冨田義治	大木淳	ザゴラス	21.4	恐怖のあり地獄	23.1
10月1日	26	怪奇！ 殺人甲虫事件		上原正三	筧正典	高野宏一	ノコギリン	25.2	ムカデラス怪人教室	22.7
10月8日	27	この一発で地獄へ行け！		市川森一	筧正典	高野宏一	グロンケン	26.1	地底怪人モグラング	23.0
10月15日	28	ウルトラ特攻大作戦		実相寺昭雄	山際永三	佐川和夫	バリケーン	23.5	電気怪人 クラゲダール	22.2

※7月30日は全日空機雫石衝突事故の報道で休止　※☆はノンクレジット。

放送日	話数	タイトル	別タイトル（脚本ほか）	脚本	監督	特殊技術	登場宇宙人、怪獣	視聴率	参考『仮面ライダー』（翌土曜日放送分／NET系19：30〜）	視聴率
10月22日	29	次郎くん怪獣に乗る		田口成光	山際永三	佐川和夫	ヤドカリン	23.2	よみがえる化石 吸血三葉虫	24.1
10月29日	30	呪いの骨神オクスター		石堂淑朗	真船禎	高野宏一	オクスター	23.9	死闘！ありくい魔人アリガバリ	25.6
11月5日	31	悪魔と天使の間に…．	悪魔と天使の間に……	市川森一	真船禎	高野宏一	プルーマ、ゼラン星人☆	25.1	人喰い花ドクダリアン	26.1
11月12日	32	落日の決闘	落日の決斗	千束北男	大木淳	大木淳	キングマイマイ	23.4	鋼鉄怪人アルマジロング	24.5
11月19日	33	怪獣使いと少年	キミがめざす遠い星	上原正三	東條昭平	大木淳	ムルチ、メイツ星人☆	24.0	日本危うし！ガマギラーの侵入	26.0
11月26日	34	許されざるいのち		石堂淑朗、(素案)小林晋一郎	山際永三	佐川和夫	レオゴン	24.6	殺人女王蟻アリキメデス	27.7
12月3日	35	残酷！光怪獣プリズ魔	光怪獣プリズ魔	朱川審	山際永三	佐川和夫	プリズ魔	20.9	いきかえったミイラ怪人エジプタス	27.5
12月10日	36	夜を蹴ちらせ		石堂淑朗	筧正典	佐川和夫	ドラキュラス	23.9	毒ガス怪人トリカブトのG作戦	26.1
12月17日	37	ウルトラマン夕陽に死す		上原正三	冨田義治	大木淳	ブラックキング、ナックル星人☆、シーゴラス(再生)☆、ベムスター(再生)☆	27.5	稲妻怪人エイキングの世界暗黒作戦	26.8
12月24日	38	ウルトラの星光る時	ウルトラマンとセブン処刑の星脱出作戦	上原正三	冨田義治	大木淳	ナックル星人(クレジット上は、暗殺宇宙星人ナックル)、ブラックキング☆、初代ウルトラマン☆、ウルトラセブン☆	29.0	怪人狼男の殺人大パーティー	25.8
1972年1月7日	39	冬の怪奇シリーズ20世紀の雪男	20世紀の雪男	田口成光	筧正典	真野田陽一	バルダック星人(クレジット上は、雪男星人バルダック)	27.4	マグマ怪人ゴースター桜島大決戦	30.1

1月14日	40	冬の怪奇シリーズ まぼろしの雪女	まぼろしの雪女	石堂淑朗	筧正典	真野田陽一	スノーゴン、ブラック星人☆	28.2	悪魔の使者 怪奇ハエ男	26.9
1月21日	41	バルタン星人Jrの復讐	地獄からの招待	長坂秀佳	佐伯孚治	佐川和夫	バルタン星人ジュニア、ビルガモ☆	28.2	怪鳥人 プラノドンの襲撃	29.2
1月28日	42	富士に立つ怪獣	ここかと思えば またあちら	石堂淑朗	佐伯孚治	佐川和夫	パラゴン、ストラ星人☆	28.1	墓場の怪人 カビビンガ	26.5
2月4日	43	魔神 月に咆える	魔神・月に咆える	石堂淑朗	筧正典	真野田陽一	コダイゴン、グロテス星人☆	26.6	怪人ナメクジラの ガス爆発作戦	25.4
2月11日	44	星空に愛をこめて		田口成光	筧正典	真野田陽一	グラナダス、ケンタウルス星人☆	29.1	対決!! 雪山怪人 ベアーコンガー	27.4
2月18日	45	郷秀樹を暗殺せよ！		斉藤正夫	鍛治昇	佐川和夫	ロボネズ、メシエ星雲人☆	26.5	死を呼ぶ氷魔人 トドギラー	25.3
2月25日	46	この一撃に 怒りをこめて		田口成光	鍛治昇	佐川和夫	レッドキラー、ズール星人☆	27.9	吸血沼の ヒルゲリラ	26.2
3月3日	47	狙われた女		石堂淑朗	佐伯孚治	真野田陽一	フェミゴン	25.6	人喰い怪人 イソギンチャック	29.1
3月10日	48	地球頂きます！		小山内美江子	佐伯孚治	真野田陽一	ヤメタランス、ササヒラー☆	25.2	怪人カメストーンの 殺人オーロラ計画	24.7
3月17日	49	宇宙戦士 その名はMAT		伊上勝	松林宗恵	真野田陽一	ミステラー星人	25.2	石怪人ユニコルノス対 ダブルライダーキック	26.1
3月24日	50	地獄からの誘い		斉藤正夫	松林宗恵	真野田陽一	キング・ボックル	26.0	おれの名は怪鳥人 ギルガラスだ！	26.6
3月31日	51	ウルトラ5つの誓い		上原正三	本多猪四郎	真野田陽一	ゼットン、バット星人、初代ウルトラマン（声のみ）☆	29.5	怪人ジャガーマン 決死のオートバイ戦	24.4
							平均視聴率	**22.7**	**『仮面ライダー』翌土曜日放送分 平均視聴率**	**20.6**

（視聴率はビデオリサーチ調べ関東地区のもの）

※12月31日は『第13回日本レコード大賞』。　※☆はノンクレジット。

※『帰ってきたウルトラマン』が休みだった週の『仮面ライダー』視聴率は以下の通り：7月31日『化石男ヒトデンジャー』15・4％、1月1日『死斗！怪人スノーマン対二人のライダー』20・2％。これらを加えた平均視聴率は20・5％。

『帰ってきたウルトラマン』
新番組番宣ハガキ。

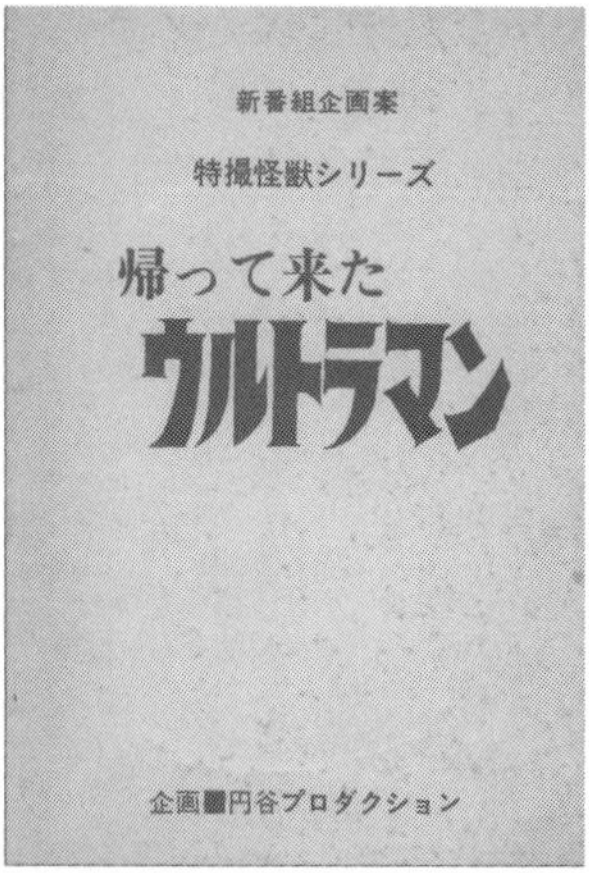

スチール写真入りの『帰って来たウルトラマン』企画書。
表紙（上）と、文中の怪獣のデザイン画（下）。
怪獣デザインは池谷仙克。

プロローグ

冬来たりなば

一九六六〜六八年の状況

本題を始める前に、一九六六（昭和四一）〜六八年の状況と、テレビ界のトピックを紹介していきたい。本書は〝ウルトラマン〟復活までの道のりを俯瞰的に描くことを目的としている。そのためには当時の社会情勢、テレビ事情のトピックを、ポイントトポイントで紹介していった方が時代の空気を感じられるのではないかと考えたからである。しばしお付き合い願いたい。

六六年は、二月四日の全日空羽田沖墜落事故、三月四日のカナダ太平洋航空機着陸失敗事故（羽田空港）、十一月十三日の全日空松山沖墜落事故など、国内の航空機事故が相次いだ年だった。一方芸能史、文化史的な最大のトピックは、六月三〇日、日本武道館で行われたザ・ビートルズの公演だろう。また、前年巻き起こったエレキギターブームが、最高の盛り上がりを見せたのもこの年だった。この章では以下、「年表・テレビジョン20年（3）昭和40〜43年」と題された『調査情報』（TBS刊）（注一）の連載記事を引用しつつ、時代の流れを追っていきたい。

やや大げさにいうと、この年のテレビドキュメンタリーは、記念すべき二つの番組をその目録に加えることになった。TBS「現代の主役――小沢征爾第九を揮る」（注二）と同じくTBSの芸術祭参加作品「カメラルポルタージュ――あなたは…」（注三）。この二本は、

（注一）
一九五八年創刊。ラジオ東京時代から続くTBSのメディア批評誌。

（注二）
演出・萩元晴彦、構成・谷川俊太郎。カメラはひたすら第九を指揮する小澤征爾の姿を捉えてはなさない。この独特な演出スタイルは〝凝視〟と呼ばれた。

（注三）
演出・萩元晴彦、村木良彦、構成・寺山修司。

（注四）
谷川俊太郎は戦後日本を代表する詩人。寺山修司は歌人、劇作家。映画監督としては『田園に死す』（脚本・寺山修司、七四年十二月二八日公開、ATG）が知られる。八三年没。萩元晴彦はTBS初期に活躍した名プロデューサー。のち独立し村木良彦、今野勉らとテレビマンユニオンを興す。〇一年没。

いずれも谷川俊太郎、寺山修司と組んだ萩元晴彦（注四）らスタッフが、テレビ映像の意味をドラマチックに問いなおしたものとしてわたしたちに強烈な印象をのこした。（中略）
この年、テレビでは二つのタイプの動物が脚光をあびた。ひとつは怪獣、ひとつはトッポジージョ（注五）だ。
怪獣が茶の間に入りこむようになったのは、この年の初めにＴＢＳ「ウルトラＱ」がスタートしてからで、この番組は当初から視聴率三八％をあげるほど子どもたちのこころをつかんだ（注六）。
「ウルトラＱ」は「ウルトラマン」にひきつがれ、怪獣ブームをひきおこし現在にいたるもなお「ウルトラマン・シリーズ」（原文ママ）として生きのこっている。（中略）
トッポジージョは、イタリア製のネズミで、彼はもちろん、怪獣ブームとは別の場に立っている。子どもたちには、その奇妙な声と動きが喜ばれ、おとなたちには、その浮浪者的自由さが珍重された。（『調査情報』七五年三月号「年表・テレビジョン20年（3）昭和40～43年」より）

「カメラルポルタージュ――あなたは…」とは、ＴＢＳ制作のドキュメンタリー『マスコミＱ』の一エピソードで、演出は萩元晴彦と村木良彦（注七）。職業、年齢、性別の違う八二九人の人々に、「いま一番ほしいものは何ですか」「あなたは幸福ですか」など十七の質問を行い、最後は「あなたは一体誰ですか」と問いかけるという斬新なドキュメンタリーで、

（注五）
トッポ・ジージョはマリア・ペレーゴ原作のイタリアの人形劇で、同名のテレビシリーズ。日本では六六年八月からＴＢＳ朝のワイドショー『おはよう・にっぽん』枠内で放送されたのち、単独番組の『トッポ・ジージョ・イン・ジャパン』（六六年十月三日～十月十七日）『トッポ・ジージョ』（六七年三月七日～九月二六日）『チャオ！トッポ・ジージョ』（六七年十月九日～六八年一月二九日）として放送された。

（注六）
第八話「甘い蜜の恐怖」（脚本・金城哲夫、監督・梶田興治、特技監督・川上景司）で、視聴率が三八、五％を記録する。

（注七）
村木良彦はＴＢＳ初期の名ディレクター。実相寺昭雄、今野勉とは同期入社。円谷一『煙の王様』ＡＤの一人でもあった。〇八年没。

第二一回芸術祭テレビ・ドキュメンタリー部門奨励賞を受賞した作品だった。

　この記事の記者（無記名である）は、七五年から九年前を振り返って〝当時、萩元がさまざまの批判にたいして、「ぼくたちが創ったのはなによりも〝テレビジョンの番組〟なのだ」とこたえたそのことばは、いまも鮮やかな印象をもって迫ってくる〟と記し、〝ふりかえってみれば、テレビジョンも若かったのである〟と結ぶ。六六年、テレビは黎明期を脱して、明らかに黄金期に向かう若いメディアだった。そしてその若さが『ウルトラQ』という前代未聞の番組を世に送ったということも忘れてはならない。

　翌六七年は、新年早々の一月九日、ベトナム戦争（注八）に参加する米国兵が七万三〇〇〇人に達し、泥沼化の様相を呈していた。この年の国内トピックをいくつか紹介したい。二月十一日、初の建国記念の日。三月十四日、国防会議で第三次防衛力整備計画決定。十月二〇日、吉田茂元首相死去、同月三一日、戦後初で現在のところ唯一の国葬が日本武道館で行われた。ある意味、日本の戦後を象徴する人物が世を去ったこの年、ゴーゴー喫茶やアングラ酒場といった若者の聖地が賑わいを見せ、エレキブームからグループサウンズブーム（注九）へと、ポップス界の流行も移行していった。それは『調査情報』の記事にも如実に反映しており〝ミニスカート〟〝頭の体操〟（注十）〝グループサウンズ〟〝新宿〟〝フーテン〟〝アンダーグラウンド〟という現象を通して若者文化を考察している。記事はこのうち〝頭の体操〟以外を〝ヤング〟の文化と紹介し、〝高度経済成長の先に予想されていた〈四十年代の

（注八）第二次インドシナ戦争ともいう。インドシナ戦争後、南北に分裂したベトナムでの戦争。五五年十一月に発生、七五年四月三〇日に北ベトナムの勝利で終わった。

（注九）ベンチャーズ、ビートルズなどのロックバンドの影響を受けて日本で誕生したグループや音楽の総称。エレキギターをフィーチャーした典型的なロックバンドのスタイルで、ザ・タイガース、ザ・スパイダース、ジャッキー吉川とブルー・コメッツ、ザ・テンプターズといったバンドが人気を博した。

（注十）多湖輝著、光文社から発行されたパズル集で、シリーズとなった。六六年に発売された第一集は、二五〇万部を超えるベストセラーとなった。

変貌〉――多様化と拡散の時代がはじまったといっていい〟と断言している。いざなぎ景気（注十一）の真っ直中とは言え、高度経済成長を支えてきた、のちにモーレツ社員と呼ばれる世代と、次代の担い手である若者達の断層が指摘されている点が興味深い。以下、同記事からそれ以外のトピックを採録する。

ノンフィクション部門では、TBSの「マスコミQ」が「現代の主役」「カメラルポルタージュ」などで、挑戦してきた〈映像〉による問いかけ、受け手と送り手の関係を同じ地平におくこころみをさらに押しすすめて注目された。ことに「あなたは」を作った同じスタッフによる「私は…」（注十二）は、そのことにダイレクトに迫った野心番組であった。（中略）

TBSは、ニュースでもうひとつのこころみを行った。〝キャスター・ドキュメント〟と呼ばれた「ハノイ、田英夫の証言」がそれである。田英夫（注十三）をはじめとする北ベトナム取材班がとってきたフィルムを七回にわたってスタジオで映しながら田が解説するという形式だが、ひとつの特徴は解説者が直接の取材者であることによって多かれ少なかれ〈現実の加担者〉たらざるをえないということである。客観的であると同時に主体的であらねばならないという報道の困難なテーマに挑戦した、これもひとつのこころみであったといえるだろう。（『調査情報』七五年三月号「年表・テレビジョン20年（3）昭和40〜43年」より）

（注十一）
六五年十一月〜七〇年七月。

（注十二）
演出・萩元晴彦、村木良彦、構成・寺山修司。マイクを持った女優の緑魔子が、新宿を行き交う人々に「あなたに一分間の時間をあげますから、みんなに言いたいことを言って下さい」と語りかけていく。ドキュメントはフィルムという常識を破って、三〇分ワンカットの生中継が試みられた。

（注十三）
TBSの看板報道番組『JNNニュースコープ』（六二年十月一日〜九〇年四月一日）の初代メインキャスターであり、のち参議院議員を務めた。〇九年没。

翌六八年は、同記事の記者が〝ハプニングに明けてハプニングに暮れる一年だった〟と結論づけたように、波乱の年だったと言えるだろう。

一月十九日、アメリカの原子力空母エンタープライズの佐世保入港を巡り、学生と警官隊が衝突（佐世保エンタープライズ寄港阻止闘争）。二月二一日、在日韓国人二世の金嬉老が、静岡県寸又峡温泉の旅館で経営者と宿泊客をライフルで脅して立てこもる事件が発生（金嬉老事件）。同月二六日、成田空港建設に反対する三里塚芝山連合空港反対同盟、三派全学連、砂川基地拡張反対同盟が千葉県警機動隊と衝突（第一次成田デモ事件）。三月十日、成田空港建設反対のデモ隊が、隠し持っていた武器を手に機動隊と衝突（第二次成田デモ事件）。四月四日、アフリカ系アメリカ人公民権運動の指導者マーティン・ルーサー・キング牧師暗殺さる。五月、パリ五月革命。六月五日、ロバート・ケネディ上院議員銃撃さる（翌六日死亡）。同月十五日、東大医学部全闘委の学生、安田講堂を占拠。十七日、大河内一男東大総長、占拠した学生を排除するため機動隊を導入する。八月二〇日、ソ連のブレジネフ書記長、ワルシャワ条約機構軍二〇万人をチェコスロバキアに侵攻させ、プラハの春と呼ばれた民主化の動きを圧殺する（チェコ事件）。九月二六日、厚生省、熊本の水俣病、新潟の第二水俣病を公害病と認定。十月、リンドン・ジョンソン米大統領、北爆の全面停止を表明。同月二一日、国際反戦デーの夜、武装した過激派学生二〇〇〇人が新宿に集結、機動隊と衝突（新宿騒乱）。二三日、明治百年記念式典。十二月十日、三億円事件発生。

これらの出来事を踏まえ、記者はまず〝テレビは、これらの事件にどう対応したか。ある意味で生中継の威力をまざまざとみせられた年だったともいえる〟と前置きしている。以下、採録する。


佐世保の平瀬橋、或いは佐世保橋にすえられたテレビカメラは、全国の視聴者に、今起こりつつあるエンプラ騒動を伝えた。

一月十七日午前十一時五十分、警官隊の一斉検挙の行動は、正午のニュースに直ちにVTRで伝えられた。佐世保病院前に据えられたカメラは、逃げまどう学生と、これを追って、警棒を振り、抵抗できなくなった者まで足蹴にするという、すさまじい警官隊の行動を生々しくとらえていた。（中略）生カメラの伝える映像は、それが編集もカットもきかないだけに、事実の情報、生の情報として、視聴者に大きなエネルギーを与えたことになる。（『調査情報』七五年四月号「年表・テレビジョン20年（4）昭和43～45年」より）

このように記者は報道に関しては、重要な局面を迎えたとその成果を語っているが、ドラマに関しては〝ドラマについては、あまり多くいうことがない〟とバッサリ斬り捨てている。〝〈どの局にチャンネルを合わせても、似たりよったりのお笑い番組とホームドラマ。いやもう、うんざりでした。〉〟という『週刊朝日』（朝日新聞社刊）の記事を引用しながら、低調だったドラマを振り返っている。

以上、この章では、六六年から六八年までの世界とテレビ界の動きを駆け足的に紹介したが、この三年間は、円谷プロにとっても激動の期間だった。

円谷プロ一九六八年

一九五三（昭和二八）年二月一日に産声を上げた我が国のテレビ放送は、六〇年代中盤には最初の黄金時代を迎えている。その真っ直中、六六年一月二日よりTBS系で放送開始した円谷プロ制作の『ウルトラQ』は、のちに〝特撮の神様〟と呼ばれる円谷英二（注一）が監修を務め、我が国初の本格特撮テレビ映画として大ヒットを記録した。メインの視聴対象だった子供達が熱狂したのは、作中に登場した数々の怪獣達だった。それまで映画でしか観ることの出来なかった怪獣達が（注二）、ブラウン管狭しと暴れ回る光景は、子供達の目を釘付けにし、我が国は〝怪獣ブーム〟と呼ばれる空前のムーブメントに覆い尽くされる（注三）。

勢いに乗った同プロは『ウルトラマン』『ウルトラセブン』とシリーズを連発した。怪獣ブームが沈静化し〝妖怪ブーム〟が囁かれ始めると、それに歩調を合わせるかのように怪奇犯罪ドラマ『怪奇大作戦』を制作。TBS側のプロデューサーは『ウルトラセブン』の三輪俊道から橋本洋二に代わり（注四）、テーマ性、社会性を持った作品を嗜好する氏らしい高密度のドラマを展開したが、視聴率的にはスポンサー、TBSともに納得出来るものではなく、番組は二クール二六話で終了する。『怪奇大作戦』の終了により、TBSからの番組発注は途

（注一）『ウルトラQ』以降、円谷英二は様々なメディアに取り上げられる機会が増え、〝円谷英二＝特撮の神様〟という呼び名が一般に定着する。

（注二）それまでにも『怪獣マリンコング』（六〇年四月三日〜九月二五日、フジ）のマリンコング、『月光仮面』（五八年二月二四日〜五九年七月五日）のマンモスコング、『ナショナルキッド』（六〇年八月四日〜六一年四月二七日、NET）のギャプラといった例外はあった。

（注三）最初のブームは六八年頃まで続いた。

（注四）『ウルトラセブン』中盤から参加。『「ウルトラセブン」の帰還』を参照。

絶え、円谷プロは一気に冬の時代に突入してしまう。また、番組の質（特に特撮）にこだわる作品作りを続けてきたため、『ウルトラQ』制作時から慢性的な赤字に苦しみ、『怪奇大作戦』制作時の六八年にはのっぴきならない状態に陥っていた。

その年の四月から民放初の一千万ドラマとして鳴り物入りで放送された『マイティジャック』（注五）は、赤字解消の切り札として期待されたが、内容的にも視聴率的にも惨敗で、二クールの予定が半分の一クール十三本に縮小されてしまう有様だった。

会社再建策として東宝は、同プロの株式の六〇％を取得、完全子会社化した。登記上の会社名も円谷特技プロダクションから、現在の円谷プロダクションに変更、再建へ舵を切ったのである。以下は六八年十二月六日に開示された新役員人事である。

社長・円谷英一（円谷英二の本名）、代表・藤本真澄、専務・円谷皐《のぼる》、取締役・柴山胖、雨宮恒之、円谷一《はじめ》、馬場和夫、今津三良、有川貞昌《ありかわさだまさ》、和田治式。

専務の円谷皐は英二の次男で、この年の三月にフジテレビを退社。同時に円谷プロが制作した作品の販売など、事業面の発展をサポートすべく円谷エンタープライズを起業、社長の座に納まっていた。取締役の円谷一は長男で、この頃はまだTBS社員だった。

役員の顔ぶれが変わり、円谷プロ内部は様変わりしていった。『ウルトラQ』『ウルトラマン』『ウルトラセブン』と健筆をふるった脚本家、金城哲夫が企画課長を務めていた企画文

（注五）六八年四月六日〜六月二九日、フジ。

芸室は廃止され、上原正三、宮崎英明（赤井鬼介）とともに、新設のプロデューサー室に配属となった（注六）。

番組発注が途絶えた円谷プロだったが、金城達は歩みを止めることなく、新番組の企画を作成していた。この時期のもので現在判明しているのは、『日本ヒコーキ野郎』『ザ・マンキース』『ビッチラ大冒険』の三本である。後者二本は、一冊の企画書に二本まとめられており、印刷は六八年十一月十三日。『ザ・マンキース』は、人類の祖先を描いた内容、『ビッチラ大冒険』は、ひょんなことから宝の地図を手に入れた平凡な元サラリーマンの冒険を描く内容で、ともに喜劇であった。

しかし六八年の企画書でもっとも注目すべきは『日本ヒコーキ野郎』である。これは英二念願の企画であり、死の直前まで実現に心血を注いでいた（注七）。六八年三月三〇日に印刷されたこの企画書は、TBSに提出されたもので、番組フォーマットは六〇分、連続二六回、オールフィルム・カラー（企画書より）を想定していた。これは他の二本より先行していて、表紙の右下には〝円谷プロ企画室〟と印刷されている。ここで、企画だけに終わった幻の『日本ヒコーキ野郎』をほんの一部分であるが紹介したい。以下、冒頭の文言と企画意図を採録しよう。

これは……

日本民間航空の揺籃期に、飛行機に憑かれた青年たちが、未知の大空に鳥の如く羽ばた

（注六）室長・有川貞昌。プロデューサー・守田康司、野口光一、金城哲夫、宮崎英明、上原正三、新野悟、熊谷健、郷喜久子。

（注七）劇場映画を含め検討されていたようである。

かんとして、悪戦苦闘した笑いと涙の航空秘話である。

（1）企画意図

彼等は、自ら「空の野武士」と名乗った。日本民間航空の夜明けに、命知らず、道楽者、ヤクザ者、山師などと罵られながら、大空に憧れ、飛行機に憑かれ、開拓的情熱を燃やした青年、つまり日本のヒコーキ野郎たちがあった。

彼等は、国家の援助もなく、自らの血と汗で飛行機を開発し、生命を賭して操縦を習い、明日の日本の空を開くために悪戦苦闘したのである。

航空が今日あることを信じた彼等が、暗中模索しながら、田畑を家を売り払い、日本の空に築き上げたパイオニアとしての虹は、現在の驚異的な航空機の発展に貢献し、光り輝いているのである。

これは、彼等「空の野武士」たちが、努力と活躍のうちに演じた珍談、奇談の数々を、時に喜劇的に、時に悲劇的に、フィクション・ドラマとしてつづり、日本の民間飛行家たちが、日本の空を征服するに至る楽しくも雄大な歴史をドラマ化するものである。

明治百年を記念し、五十年前のそうした空の開拓史を描くことは、宇宙開拓の認識をたかめるためにも、また、現在七十才を過ぎた過去の空の野武士たちの功績をたたえるためにも意義あることだと思う。

先覚者たちの、限りない努力と犠牲の結晶として、今日の航空界の隆盛があるのだから……

以下、ドラマの設定と展開、主な登場人物紹介、前半何話分かは不明だが、かなり詳細な具体的ストーリーが書かれていて、他に三本のエピソードも紹介されている。具体的ストーリーを読む限り、円谷プロが得意の特撮を活かしつつ（注八）、本格的ドラマを目指した意欲作で、かつてパイロットを目指した円谷英二の思いがそのまま反映されている印象がある。

一九一〇（明治四三）年、九歳だった英一少年は、東京の代々木練兵場で行われた徳川好敏大尉と日野熊蔵大尉による日本初の公式飛行のニュースを聞き、飛行機に強い憧れを持つようになる。

六年後の一九一六（大正五）年三月二五日、十四歳になった英一は、須賀川町立第一尋常小学校尋常科八年の課程を終えた。その翌月、四月八日から十日までの三日間、アメリカから来日した曲芸飛行士のアート・スミスが青山外苑でカーチス複葉機による曲芸飛行を行った。当時の愛読誌『飛行界』に掲載されたスミスの小特集は、英一の航空界への憧れをますます強固なものにしたのだ。そして十一月二二日、就職のため上京していた英一は、夢を叶えるため、民間航空のパイオニア、玉井清太郎の紹介で、八月に開校したばかりの日本飛行機学校に所属したのである（注九）。

『日本ヒコーキ野郎』主人公の名前は白井音吉、これは日本航空界のパイオニア、奈良原三次男爵の弟子であった白戸栄之助、伊藤音次郎の二人を合わせたネーミングであり、後者

（注八）
飛行シーン、台風などの特撮シーンがある。

（注九）
翌一七年五月二〇日、玉井は自作機（玉井式三号機）による帝都訪問飛行を挙行するが、事故で墜落、帰らぬ人となる。この事故の影響で、日本飛行機学校は閉鎖に追い込まれた。

は番組の監修者として企画書で紹介されている。奈良原自身は、奈良木男爵として、そして円谷英二の教官だった玉井清太郎は玉井清一として登場する予定だった。

組織の変革が行われる直前、企画書が作られてから半年以上経った十一月二九日の英二の日記にも『日本ヒコーキ野郎』は登場する。以下、採録する。

11月29日金曜日　天候晴　今夜TBSに行き樋口、橋本両氏と私と守田君が会議協議をする。プロに対する一般批判ののち新企画が望み薄との話　覚悟はしていたがいささかガッカリする。然し新企画については、一縷の希望ある話も出来そうでもある。そのひとつは「サスケ」（注十）の後番組の三十分もので　これは至急企画を作って提出する。今ひとつはやはり「日本ヒコーキ野郎」これには、局も相当の気がまえらしい。もひとつは、やはり戦記ものである。この三本の番組みが這入《はい》れば誠に結構である。しかしプロには何かやはりマーチャンのつくものが一本は是非欲しいものだ

樋口とはTBS映画部出身（注十一）で『ウルトラマン』では「恐怖のルート87」や「まぼろしの雪山」（注十二）の監督だった樋口祐三、守田とは『怪奇大作戦』の円谷プロ側プロデューサーで、この頃は同プロ支配人だった守田康司である。つまり『怪奇大作戦』の後番組の受注は望み薄で、別の枠（『サスケ』の後番組）の新企画を作れば検討してもよい、とTBSから通告されているのである。『日本ヒコーキ野郎』についてTBS側は意欲的な態度を表

（注十）
白土三平原作のアニメ。六八年九月三日～六九年三月二五日。

（注十一）
TBSが本格的に国産テレビ映画を制作するため設立した部署。六三年二月、映画制作課として発足、七一年三月二二日廃止。

（注十二）
「恐怖のルート87」第二〇話、「まぼろしの雪山」第三〇話、ともに脚本・金城哲夫、特殊技術・高野宏一。

明したようだが、これはリップサービスであった可能性が高い。

この時期、円谷プロは怪獣ブームの終焉、『マイティジャック』の失敗、『怪奇大作戦』の終了決定（注十三）、累積赤字等々、逆風が吹きまくっていた。ＴＢＳ内部には「円谷プロはもうおしまいだ」と公言する局員までいたという。そうした状況から考え、局内における同プロの信用は極度に低下していたと言っていいだろう。

こうした状況下で、円谷プロの企画の要であった金城哲夫のモチベーションは急激に低下していた。金城が記した十二月十二日の企画課ノートには〝一億の借金を背負って新たにスタートする陣営である。厳しい日々が予想される。しかし厳しければ厳しいほど仕事の充実は大きいと考えよう。必死にやりぬくのみである。企画室時代の自分しか知らぬ者は、『やれるのかい』とやや批判的である。腰をおちつけて、ジックリとＴＶ映画作りに励みましょうというわけだ〟とあり（注十四）、一見決意表明のようである。しかしこの頃の金城は酒量が増え、連日のように荒れていたという。つまりノートに書き連ねた文言は、折れそうになる気持ちを必死に支えるため自らに言い聞かせていたのかも知れない。事実、金城が書き続けていた企画課ノートは翌六九年一月十五日で途絶え、二度と再開されることはなかった。

六九年の年明けに金城は以下のようなメモを残している。

新番組ピンチの理由。

円谷プロに対する偏見。（とくにＴＢＳ・ＣＸ（引用者注・フジテレビのこと）の場合は複雑である）

（注十三）『怪奇大作戦』が二クールで終了することが決まったのは六八年十月。

（注十四）企画課ノート、メモの引用は上原正三『金城哲夫 ウルトラマン島唄』より。

他社は特撮プロとしか認めない。
○俳優を持っていない。現在のテレビ映画の企画の場合は、企画の内容よりもスターが優先する。
○売れる監督がいない。
○プロデューサーがいない。現在のテレビ映画は、プロデューサーに企画をおろす傾向にあり、それだけ実力のあるプロデューサーが必要とされる。
○円谷プロ最大の売り物は特撮である。それをやめるのは不利。いくら制作費のコストが安くても特撮入りの企画をすすめるべきであろう。

このメモの記述は、前年十二月の意気込みとは正反対の心境に思える。しかし、金城の分析はある意味当たっている。テレビ局の円谷プロへの評価は、わずか二年ほどですっかり変わってしまっていた。そしてテレビ界そのものが変質していた。英二が心血を注いだ『日本ヒコーキ野郎』も、こんな状況では局に採用されるはずもなかった。失意の金城は二月二八日に円谷プロを退社、翌三月一日には早々と故郷の沖縄に旅立った。こうして特撮の梁山泊、円谷プロ最初の黄金時代は名実ともに終わったのだった。

一九六九年の状況

続く一九六九（昭和四四）年は、翌年に控えた日本万国博覧会に対する期待に国全体が盛り上がっていったと同時に、七〇年安保に向けて学生運動も活発化していった。一月一八日、昭和天皇一般参賀で奥崎謙三によるパチンコ狙撃事件。同月十八日、機動隊が全共闘、新左翼の学生が占拠していた東大安田講堂に乱入する（東大安田講堂事件）。二〇日、第三七代アメリカ合衆国大統領にリチャード・ニクソンが就任。四月七日、連続射殺事件の犯人、永山則夫が逮捕される。六月十日、経済企画庁、日本の国民総生産（ＧＮＰ）が西ドイツを抜いて世界第二位になったと発表。七月二〇日、アポロ11号、月の静かの海に着陸、人類初めて月に立つ。八月十五日〜十七日、愛と平和の三日間と言われた大規模な野外コンサート、ウッドストック・フェスティバル開催さる。同月二七日、山田洋次監督作品『男はつらいよ』（注一）公開。十月五日、『サザエさん』放送開始（フジ）。同月二一日、新左翼各派と機動隊が、新宿を中心に大規模な衝突。逮捕者一五九四人（10・21国際反戦デー闘争）。十一月五日、山梨県大菩薩峠で武装訓練を行おうとしていた共産主義者同盟赤軍派（赤軍派）五三人が、潜伏先の山小屋で逮捕される（大菩薩峠事件）。同月十六日、佐藤栄作首相の訪米阻止を企み、羽田空港突入を目指した新左翼各派の行動隊が、大田区蒲田周辺で機動隊と激しく衝突。逮捕者は過去最高の二五〇〇人超（佐藤首相訪米阻止闘争）。

『調査情報』七五年四月号の記事「年表・テレビジョン20年（4）」は、以下のように始まる。

（注一）脚本・山田洋次、森崎東、松竹。

「ベトナム戦争」「70年安保」「沖縄返還」「大学解体」など様々なスローガンを掲げながら、社会の変革を求める若者の動きが最も昂まったのがこの年であった。こうした若者の動きは日本だけではなく広く世界を吹き荒れていた。

こうした状況を一言で説明するとしたら、〝高度に科学化・管理化された社会に対しての人間回復の試み〟ということができるだろう。

「ヒッピー」「マリファナ」「ロック」「幻想」「構造主義」「ゴタール」（原文ママ）「健さん」「お竜さん」「若松孝二」「吉本隆明」「羽仁五郎」「マルクーゼ」「バシュラール」「メルロポンティ」ｅｔｃといったアイテムがこの年を考える時、たちどころに浮かんでくる。人々は、こうした人の思想や事象の中から意識的、無意識的に人間回復の方法を模索していたのであった。

社会が大きく揺れ動いている時、テレビはこれにどう対応したのだろうか。

そして記者は、東大安田講堂事件、アポロ11号の月着陸を、テレビの象徴的な中継と断言する。以下、採録を続ける。

屠蘇気分のさめやらない、一月十八日、十九日の両日、紛争の続いている東大に機動隊が導入された。（中略）

十八日早朝、本郷に機動隊が導入されたと知るや、各局は競ってこの事件を報道した。例えば「土曜パートナー」（TBS）では、午前八時半開始から、それまでの予定をすべてとりやめて、司会の芥川也寸志（注二）が本郷にとび視聴者の期待に応えたのである。二日間で、定時ニュース、特別番組を含めて、東大関係の番組は一二二本、延べ三四時間二八分に達し、視聴者は局を選んでチャンネルを回してゆけば、この出来事のほとんど一部始終を知ることができた。（中略）

七月二十一日の「アポロ11号の月面着陸」の映像も、テレビの偉力を再確認させるものであった。人類がはじめて月をあるく姿を地上で眺めることができたのである。

この日、街中のテレビのある前は黒山の人だかりであり、国会もアポロ中継が終わるまで自然休会という有様だった。

二十一日午前零時からはじまった「アポロ中継」の視聴率は「イーグル」（注三）の月着陸時の午前五時一七分に二六・七％に達し、午前一一時五六分二〇秒（日本時間）、アームストロング船長が人類の第一歩を月面にしるした時には六二％に達した。

この視聴率は空前のものではないが、通常ならセッツインユース（注四）が二〇％前後の午前一一時台であげられたことを考えると驚くべき数字であった。（『調査情報』七五年四月号「年表・テレビジョン20年（4）昭和43～45年」より）

この年、テレビの普及率はモノクロテレビが九四・七％、カラーテレビが十三・九％に達

（注二）作曲家、指揮者。テレビ司会でも活躍した。芥川龍之介の三男。八九年没。

（注三）アポロ11号の月着陸船。なお、着陸はアメリカ時間の二〇日であった。

（注四）"sets in use" 調査対象世帯の全受信機（テレビやラジオ）の中で、テレビやラジオのスイッチが入っている割合。

（注五）『七人の刑事』六一年十月四日～六九年四月二八日。他に七三年と七五年に放送された特別編、七八年～七九年に放送された第三シーズン、九八年十月十二日に放送された『七人の刑事 最後の捜査線』がある。『孤独のメス』六九年五月五日～八月十一日。プロデューサーは円谷一。『男はつらいよ』六八年十月三日～六九年三月した。五〇年代、三種の神器と言われた洗濯機が八八・二％、冷蔵庫が八四・六％だから、普及率的にテレビはすでに家電の王だった。記事は「こうした状況の中で放送された二つのナマ中継は、それぞれ、社会の動きや科学の勝利の象徴として意味をもっているが、一方では、テレビが〝ショー化〟してゆくことの好例でもあった」と解説する。そしてショー化していくテレビ番組を以下のように紹介している。

　四月に八年の長寿を保った「七人の刑事」（TBS）終了。下町の救急病院の外科医を主人公とした日本版ベンケーシー「孤独のメス」（TBS）が途中で打ち切り。前年の十月から始まったフーテンの寅さん「男はつらいよ」（フジ）あまりパッとせず（注五）。

　一方、「お笑い頭の体操」（TBS）、「夜のヒットスタジオ」（フジ）、「8時だヨ！全員集合!!」（TBS）、「ヤングおー！おー！」（12cn）、「裏番組をブッ飛ばせ！」（NTV）、「なんでもやりまショー！」（NTV）、「キイハンター」（TBS）、「プレイガール」（12cn）、「旅がらすくれないお仙」（NET）、「ゲバゲバ90分」（NTV）などが'68年から'69年にかけてはじまり人気を得た番組である（注六）。これらはみな〝ショー〟であった。視聴者は、笑ったり、鼻の下を長くしたりと、要するにあまり考えず、〝ながら〟ができる番組を求めていた。（中略）

　年末の朝日新聞に佐藤忠男はこの年の放送を回顧してこう書いている。「総体的にいって、ここ数年テレビは年ごとにつまらなくなっているという印象をぬぐえません。骨太な

二七日、フジ。こちらがオリジナルである。

（注六）
『お笑い頭の体操』六八年二月三日～七五年十二月二七日。司会は大橋巨泉。

『夜のヒットスタジオ』六八年十一月四日～九〇年十月三日、フジ。

『8時だョ！全員集合』六九年十月四日～七一年三月二七日、七一年十月二日～八五年九月二八日。出演はザ・ドリフターズ、プロデューサーは『お笑い頭の体操』と同じ居作昌果。

『ヤングおー！おー！』六九年七月三日～八二年九月十九日、毎日放送。

『コント55号の裏番組をぶっとばせ！』六九年四月二七日～七〇年三月二九日、NTV。

『なんでもやりまショー』六九年十月四日～七〇年九月二六日、NTV。

『キイハンター』六八年四月六日～七三年四

ドラマがめったに見つかりません。ドキュメンタリーも減っています。クイズやショーが全盛で、それらをとくに低俗だとも思いませんが、なんだかたいてい薄手です。」(『調査情報』七五年四月号「年表・テレビジョン20年(4)昭和43～45年」より)

この時期、今で言うサブカルチャーの分野で、終息した怪獣ブームに代わり、日本を席巻し始めていたのがスポ根ブームである。その嚆矢が、六六年から『週刊少年マガジン』(講談社刊)で連載が始まった『巨人の星』(原作・梶原一騎、作画・川崎のぼる)だ。主人公、星飛雄馬は、かつて巨人軍史上最高の三塁手と呼ばれた父、一徹の英才教育を受け、野球の才能を開花させていく。そして憧れの巨人軍に入団するが、それはライバル達、そして父との戦いの日々の始まりだった……というような内容だ。

漫画はまたたく間に人気作品となり、原作者の梶原は、六七年から『週刊少年キング』(少年画報社刊)に『柔道一直線』(作画・永島慎二、のちに斎藤ゆずる)を、六八年には『ぼくら』(講談社刊)に『タイガーマスク』(作画・辻なおき)を、同時期に『週刊少年マガジン』に高森朝雄名義で(注七)『あしたのジョー』(作画・ちばてつや)の連載を始めている。同年、『週刊マーガレット』(集英社刊)で『アタックNo.1』(浦野千賀子)が、『週刊少女フレンド』(講談社刊)で『サインはV!』(原作・神保史郎、作画・望月あきら)が連載開始、漫画界はスポ根ブームに沸いた。

テレビ業界も黙ってはいない。よみうりテレビ(日本テレビ系)はブームの旗手である『巨

月七日。制作は東映。『プレイガール』六九年四月七日～七六年三月二九日、12CH(現・テレビ東京)。『旅がらすくれないお仙』六八年十月六日～六九年九月二八日、NET(現・テレビ朝日)。『巨泉×前武ゲバゲバ90分!』六九年十月七日～七〇年三月三一日、七〇年十月六日～七一年三月三〇日、NTV。プロデューサーは『11PM』を手がけた井原高忠。

(注七)同じ雑誌に同一原作者による作品が複数載ることが知られるのを敬遠したためだという。

人の星』をアニメ化し六八年三月三〇日から放送、ブームが終息する七一年まで続く人気番組となった（注八）。スポ根ブームの背景には、学生運動があるという説がある。「年表・テレビジョン20年（4）」の六九年の記事に「健さん」「お竜さん」という文言が並んでいた。それは不世出のスター、高倉健と、藤純子（現・富司純子）が〝緋牡丹博徒シリーズ〟（注九）で演じた〝緋牡丹のお竜〟こと女侠客、矢野竜子のことである。二人は鶴田浩二と並び、当時隆盛を極めていた東映任侠映画のスターだった。学生運動に青春の火を燃やす若者は、大きな権力に刃向かっていく任侠映画のキャラクターに自分自身を重ねていた。大きな権力は、大きな壁、大きな敵と言い換えることも可能だろう。スポ根において大きな壁、大きな敵とは自分の師であり、ライバルである。つまり当時の学生達は、任侠映画と同じテーマをスポ根の中に見出したと考えられるのである。そしてこのスポ根ブームは、ウルトラマンの復活に大きな影響を与えることになる。

（注八）七一年九月十八日まで。

（注九）東映が六八年から七二年までに製作した全八本のヤクザ映画シリーズ。

円谷プロ一九六九年

退社の決意を固めた金城哲夫が、当時、会社に出入りしていた田口成光（まだ社員扱いではなかった）とともに信州へ旅立ったのは一九六九（昭和四四）年一月二二日。その日の上原メモにはこうある。

――1月22日（木）雨、金城君、雪国へ発つ。帰郷の決意、固く。

実はこの時、金城が円谷プロを退社する件は円谷英二の耳に届いておらず、その決意を知っていたのは、親しい間柄の円谷一や上原正三らに限られていたようだ。英二がそれを知ったのは、翌二三日。その日の日記には、ショックを受けたことが記されている。

――1月23日木曜日　晴　珍しく一が帰宅していたので聞いた話によると、金城君が、プロをやめて沖縄に帰るという話、場合が場合だけに全くショックだった。彼の家庭の事情によるのだから止むをえないが、ここ暫くだけでも留任してもらって、新企画が成立してからにして貰うことを依頼したいと思う。

おそらく金城は、一月二〇日前後に、円谷一と退社についての話し合いをしたのだろう。それを英二が聞いたのが二三日ということになる。そして旅先の信州で、金城は円谷一に宛てて、別れの手紙を書いている。この手紙に込めた金城の思いを理解するには、二人の関係をおさらいする必要がある。

円谷一は学習院大学理学部在学中、父のために合成撮影用のハーフミラー（注一）を開発した。それがきっかけかどうかは不明だが、五四年の『ゴジラ』にアルバイトとして参加、翌

（注一）透過率と反射率が等しい鏡。シュフタンプロセス等の合成や、フロント・プロジェクションといった合成に使われる。

（注二）『ゴジラ』脚本・村田武雄、本多猪四郎、監督・本多猪四郎、特殊技術・円谷英二、五四年十一月三日公開。『ゴジラの逆襲』脚本・村田武雄、日高繁明、監督・小田基義、特技監督・円谷英二、五五年四月二四日公開。

五五年の『ゴジラの逆襲』にも参加したという記録がある（注二）。しかし一は父が歩んだ映画界には進まず、当時新興のメディア、テレビの世界に足を踏み入れる。

ＴＢＳの前身ＫＲＴで演出部の所属となった一は、定時制高校を描いた『そんなとき私は』や、木下恵介調の青春の哀歓を描く『純愛シリーズ』で、演出家としての頭角を現していく（注三）。そして六二年、オールフィルムで撮影された『煙の王様』（注四）が、芸術祭文部大臣賞（大賞）を受賞、ＴＢＳのエースディレクターと言われるまでになる。

一方の金城哲夫は、那覇高校の受験に失敗したのち、上京して玉川学園高等部に入学、恩師となる上原輝男の知遇を得る。玉川大学教育学部に進学し、脚本に興味を持ち始めていた金城は、六〇年夏、上原から円谷英二を紹介される。当時英二は円谷研究所を開設していたが、金城はそこに出入りしながら、英二の紹介で脚本家、関沢新一に弟子入りする。関沢は、英二が担当する特撮映画の脚本を多く執筆していた。そして六三年、円谷特技プロダクションが発足するとともに、金城は円谷プロに企画文芸部員として参画するのである。

その前年（六二年）、一は、自身がチーフディレクターを務めていた『純愛シリーズ』の一エピソード「絆」（注五）で、金城を脚本家としてデビューさせている。それは教師と障害を持つ教え子の交流を描くドラマで、教育学部出身という金城のキャリアが活かせる内容だった。その後『近鉄金曜劇場』で「こんなに愛して」（注六）、大ヒット作『月曜日の男』では「ペン先の鎮魂曲《レクイエム》」（注七）という脚本を執筆する。

以上はスタジオドラマで、金城が初めて執筆したテレビ映画は、当時職業不定族と言われ

（注三）『そんなとき私は』六〇年十月四日〜六一年六月二七日。『純愛シリーズ』六一年七月五日〜六三年九月二五日。

（注四）『東芝日曜劇場』（五六年十二月〜〇二年九月）の枠で、六二年十月二八日放送。翌年には日活で映画化もされている。

（注五）六二年一月二四日放送。

（注六）『近鉄金曜劇場』六一年十月六日〜六七年九月二九日。「こんなに愛して」六四年二月二八日放送、演出・岩崎守尚。

（注七）『月曜日の男』六一年七月十七日〜六四年七月二七日。「ペン先の鎮魂曲」六四年一月六日放送、演出・岩崎守尚。

たマルチタレント、青島幸男が初めて主演した『いまに見ておれ』（注八）だった。円谷一がメイン監督を務めたこのシリーズで、金城は第一話を含む七本の脚本（全て共作）を執筆する。三振かホームランかと言われる一の作品の中では、『いまに見ておれ』は前者の部類だが、連続テレビ映画の脚本を手がけた実績は、金城にとって大きな自信になったはずだ。

『いまに見ておれ』は六四年五月から八月まで、全十三本が放送された。そしてこの年の九月、のちに『ウルトラQ』と改題される『UNBALANCE《アンバランス》』の撮影が開始される。

金城は円谷一とのコンビで、「五郎とゴロー」「宇宙からの贈りもの」「クモ男爵」「ガラダマ」「1／8計画」（以上『ウルトラQ』）「ウルトラ作戦第一号」「怪獣無法地帯」「オイルSOS」「怪獣殿下」（前後篇）「さらばウルトラマン」（以上『ウルトラマン』）「姿なき挑戦者」「空間X脱出」「蒸発都市」（以上『ウルトラセブン』）といったシリーズを代表する傑作、話題作を連発していった（注九）。

しかし社会的テーマを前面に出した『怪奇大作戦』は、そもそも二人の資質に合う作品ではなかった。この番組で二人は、「人喰い蛾」「吸血地獄」（注十）という二本の作品を残すも、そこにかつての輝きは見られなかった。

『怪奇大作戦』終了とともに、円谷プロに冬の時代がやってくる。それまで血を分けた兄弟のように付き合ってきた二人だったが、円谷プロ退潮とともにコンビを解消せざるを得なかった。金城はその時の失望を別れの手紙に綴っている（注十一）。

（注八）
六四年五月九日〜八月一日。
なお、テレビ映画とは、フィルムで撮影されたドラマのこと。スタジオドラマと区別してこう呼ばれた。

（注九）
「五郎とゴロー」第二話、特技監督・有川貞昌。
「宇宙からの贈りもの」第三話、特技監督・川上景司。
「クモ男爵」第九話、特技監督・小泉一。
「ガラダマ」第十三話、特技監督・的場徹。
「1／8計画」第十七話、特技監督・有川貞昌。
「ウルトラ作戦第一号」第一話、脚本・関沢新一、金城哲夫、特技監督・高野宏一。
「怪獣無法地帯」第八話、脚本・金城哲夫、上原正三、特技監督・高野宏一。
「オイルSOS」第十三話、特殊技術・円谷一（クレジットは高

拝啓。円谷プロの原稿用紙で書く、最後の文章になると思います……。（中略）

結局こんな風になってしまいました。一さんとの公私共の生活を考えると本当に女房と別れるような気持ちです。あるいは、男同士の〝人間関係〟としては女房以上のものかもしれません。

以下、帰郷を決意した理由（沖縄の母親が帰郷を急かして、弱り果てていること）、会社のこと、『マイティジャック』の企画者として、債務の責任の一端は自分にあるということ、また、英二への思いやりが悲痛な文体で書き連ねられている。さらに採録を続けよう。

（引用者注・退社を決意した）もう一つの理由。私はプロデューサーにはなれません。又なりたくありません。二ヶ月前一さんがプロデューサー、及び経営者に転向するとうかがった時、ああ、コンビも終わりかと失望の念に多少かられました。（中略）

おわび。なぜオヤジさんと一さんに相談なしにこの雪国へ来たか。私はとてもまともにはこんな自分勝手なことはいえんととび出して来たのです。一さんは友人（失礼）としても最高です。心の底から、ああ、この人は本当に友達だなあとわかります。だから、とてもこんないやな話をまともにするなんて出来ないのです。オヤジもおんなしです。結局こんな風になってしまいました。どうぞ、許して下さい。そして出来ることなら私の気持ちもわかって下さい。オヤジには手紙も書けません。目の悪いオヤジですもんね。ああ、本当に困った。

野宏一）

「怪獣殿下」（前後篇）第二六、二七話、脚本・金城哲夫、若槻文三、特殊技術・高野宏一。

「さらばウルトラマン」第三九話、特殊技術・高野宏一。

「姿なき挑戦者」第一話、特殊技術・高野宏一。

「空間X脱出」第十八話、特殊技術・大木淳。

「蒸発都市」第三四話、特殊技術・高野宏一。

（注十）
「人喰い蛾」第二話、「吸血地獄」第六話、特殊技術・的場徹。

（注十一）
引用箇所は上原正三『金城哲夫 ウルトラマン島唄』より。

一　許して下さい。

こうして金城は、青春の全てを捧げた円谷プロを去り、故郷沖縄に帰って行った。この年の一月、宮崎英明（赤井鬼介）が、二月一日には上原正三が円谷プロを退社し（注十二）、かつての企画文芸室のメンバーは全て散り散りになってしまった。

痛みを伴う会社再建が始まった。黄金時代を支えたスタッフのほとんどが契約を解除され、それぞれ生きる道を模索しなければならなくなっていた。かつて旭日昇天の勢いを誇った円谷プロが、今や冬の時代を迎えていた。さらに悪いことに、社長円谷英二の体調が悪化していた。

円谷皐が『円谷英二の映像世界』（実業之日本社刊）に寄稿した「円谷プロと共に歩んだ英二の晩年」によると、英二の体調が悪化したのは六八年初めとのことだ。持病の糖尿病が悪化して心臓に痛みが走るようになり、ニトログリセリンを携帯しなくてはならなくなったそうだ。

しかし円谷英二の六八年の日記には、体調悪化のことは書かれていない。例えば一月七日の日記には〝朝寝坊をしたためか　頭がぼんやりしていて仕事にならない　身体の調子が悪いらしく、落付かない。困った一日だった〟とあるが、その程度のものだ。翌六九年四月二日の日記には〝一ヶ年振り位の診察〟とあり、かかりつけの病院があったことは明白だが、一年ぶりということは、六八年は何ごともなかったということだろうし、実際精力的に仕事

（注十二）
一月二〇日の上原メモに、円谷プロと退社の話し合いがもたれたとの記述がある。

をこなしている。

日記によれば英二の体調悪化は六九年三月末から顕著になる。以下、三月二九日以後の日記を採録する。

> 3月29日土曜日　雨　十時「日本海海戦」（注十三）の艦船のスケール打合せをする。どうしたわけか眠いので閉口した。体力づかれか糖不足か兎に角猛烈な倦《けん》たいだった。
>
> 4月1日火曜日　曇り「緯度0」（注十四）日本版再編ラッシュを見る。注意していたが再三睡魔におそわれる。疲れているからだろうと思い、午後三時帰宅する。身体の衰ろえが意識される　視力もそうだが体力も殊に心臓が弱くなったのではないだろうか　注意が必要だと思う。
>
> 4月2日水曜日　快晴〈身体の異常を認む〉会社を休みにして医者にゆく、一ヶ年振り位の診察だ。少々気になる体の異常も時々気になったので。しかし、心電図までとって貰ったが大した異常もないとの事で私も妻も安心する。血圧は一七〇、心臓が少し肥大しているらしいが大したことなし。いささか気ものんびりして帰る。

この頃、英二は自分の病気の深刻さにまだ気づいていない。だが病魔は確実に身体をむし

（注十三）『日本海大海戦』のこと。脚本・八住利雄、監督・丸山誠治、特技監督・円谷英二、六九年八月十三日公開。

（注十四）『緯度0大作戦』のこと。脚本・関沢新一、テッド・シャードマン、監督・本多猪四郎、特技監督・円谷英二、六九年七月二六日公開。円谷英二最後のメカ特撮映画。

ばみ、八月に入ると心臓発作が頻繁に起こるようになってくる。この時期、七〇年の大阪万博で上映される三菱未来館のホリミラー用（注十五）映像を撮影していた英二は、八月十二、十四、十五、十六日とロケ先で立て続けに発作に襲われ、帰京せざるを得なかった。

事態を重く見た円谷一は十一月三〇日、十四年間勤めたＴＢＳを依願退職、円谷プロの再建に取りかかる。しかし英二の容体は回復せず、年が明けた七〇年一月二五日、特撮界の巨人、円谷英二は気管支喘息の発作に伴う狭心症により死去する。享年六八。

前年七月にはフジテレビから、のちに『恐怖劇場アンバランス』（注十六）となる六〇分番組の受注があり、長かった冬にようやく春の兆しが見え始めた矢先のことであった。

（注十五）
ホリ・ミラー・スクリーンのこと。「このスクリーンは、多面スクリーンとマジックミラーの併用により、部屋全体を継ぎ目のない立体スクリーンに変えて、あなたを画面の中へ溶け込ませるほどの、迫真力を持っています」（三菱未来館のパンフレットより）

（注十六）
七三年一月八日〜四月二日、フジ。

第一部

春の兆し

春の兆し

時を円谷英二の死の前年、一九六九（昭和四四）年当時に戻す。

この頃、円谷一はTBSで〝テレビ本部編成局映画部副部長兼プロデューサー・副参事〟という管理職に就いていた。映画部としては今、円谷プロに回せる番組はない。しかし一は、自身がプロデュースした医療ドラマ『孤独のメス』のオープニング映像を発注した。

これはTBSの人気番組だった『七人の刑事』の後番組で、アメリカの医療ドラマ『ベン・ケーシー』（注一）の日本版を狙った作品だった。円谷一は当時、円谷プロ営業部員だった田口成光に本作のオープニングを考えるよう指示する。田口は企画文芸室がプロデューサー室となり、金城、上原、宮崎が去った後、営業部に所属していた。田口は毎日、赤坂にあった円谷プロの事務所（円谷エンタープライズと同室）に通勤していたという。以下、拙著『円谷一 ウルトラQと〝テレビ映画〟の時代』から、田口の証言を引用する。

田口 一さんが会社に来て、「お前タイトルバックを考えろ」ってね。だから「男、女、とか『ベン・ケーシー』みたいなナレーションがあって、心電図の波形がバーッと別れてタイトルになる」と言ったら、一さん、「よし、それ行こう！」ということになったんです。

『孤独のメス』は、加藤剛が主役の医師を演じた硬派なドラマだったが、視聴者の心を掴

（注一）アメリカのABCで放送されたテレビ映画。日本ではTBSで六二年五月四日〜六四年九月二五日放送。

むことが出来ず十四話で打ち切られた。本作で撮影を担当したのは、かつて円谷プロで特技撮影担当だった鈴木清である（制作は国際放映）。

『孤独のメス』のオープニングと前後して、円谷プロは、文京区の後楽園ゆうえんちに常設されていた三六〇度映写館「サークロラマ」用の映像を受注する。またフジテレビから放送開始時（局名告知）のオープニング映像を受注していた。以下、六九年の円谷英二の日記から、サークロラマ、フジのオープニング、そしてようやく制作が決まった新番組に関しての記述を採録する。

3月15日土曜日 晴曇　プロの後楽園サーカラマ（原文ママ）用フィルムの為東京現像にゆく。

6月11日水曜日 晴 暦の上での梅雨入り フジTVのオープニング納入する　先ず先ずの出来であった。夜エンプラにゆく。いよいよ仕事の契約が近くなる（注二）。

6月14日土曜日 晴午後雷雨あり。　サークロラマの仕事本極《ぎま》りとなり撮影準備始まる。

7月17日木曜日 曇り　フジのテレビ映画「アンバランス」（原文ママ）仮題本決まりとなり一同愁眉を開く、

（注二）何の契約かは不明だが、時期的に考えて『恐怖劇場アンバランス』の可能性がある。

7月19日土曜日　晴天　今日はプロが永い間ブランクだったが漸く、フジTVの映画を作ることになったので一同集まって、祝盃を挙げる　終わってサーカラマのオールラッシュの試写に科学技術庁にいってくる。テストの結果は上々とはいえなかった。

――

サークロラマについては、六九年五月に円谷プロへ入社した三人のうちの一人、大岡新一（注三）が証言を残している。

大岡　後楽園ゆうえんちに、サークロラマという三六〇度で上映する特設劇場があったんです。その仕事を円谷プロが受けていました。監督は佐川和夫さん。作品は『ウルトラマン・ウルトラセブン　モーレツ大怪獣戦』でした。そのオールラッシュ（粗編集した映像）を後楽園で行ったんです。そこでしか観られませんからね。昭和四十四年の六月か七月と記憶します。スタッフは英二さんが来るのを待っていましたが、劇場に入って来た途端、その場の空気がサッと変わった。というのもリテークの可能性があるので、そのための緊張感です。試写が終わり、英二さんの「いいんじゃないの」という一言で空気がフワッと和らぎました。（『東京人』三七四号「特撮の父・円谷英二が残したもの」都市出版刊より。インタビュー、構成は筆者）

英二の日記にある新番組の「アンバラス」とは、フジテレビからの発注で六九年から七〇

（注三）長らく本編、特撮双方の撮影技師として活躍。〇八年～一七年には円谷プロ社長を務めた。

年にかけて撮影された一時間もののホラー『恐怖劇場アンバランス』である。脚本に田中陽三、小山内美江子、市川森一、監督に鈴木清順、藤田敏八、神代辰巳、黒木和男といった異能を大胆に起用した作品のクオリティは目を見張るものがあったが、スポンサーがつかないなどの理由からお蔵入りになり、放送されたのは七三年に入ってから、それも深夜枠だった。だが鈴木清順が監督した「木乃伊《ミイラ》の恋」と山際永三監督の「仮面の墓場」は、当時から完成度の高さが評判となり、カルト的な人気を誇った（注四）。

そしてこの六九年、もう一本の番組企画がスタートする。のちにフジテレビとの間で実現する特撮ヒーローもの『ミラーマン』である。しかし当初は、フジではなくTBS用の企画だったことが英二の日記と営業報告書からわかる。英二の日記は、プロローグで引用した六八年十一月二九日の記述で〝「サスケ」の後番組の三十分もので　これは至急企画を作って提出する〟という部分だ。そして円谷プロの同年十二月二七日の営業報告書に、『ミラーマン』が『サスケ』の後番組用に企画されたものだという記述がある（注五）。

1968年12月27日
TBS…『サスケ』後企画として『ミラーマン』（二次元から来た男）、『トラブルマン』12月中旬提出『トラブルマン』有望　但しシノプシス来月初め提出予定、金城執筆（1969年（注六）4月編成）
CX〜ジャンボーグA（注七）企画書　金城・上原

（注四）「木乃伊の恋」第一話、脚本・田中陽造。「仮面の墓場」第四話、脚本・市川森一。

（注五）営業報告書の引用は『ミラーマンLD-BOX』ライナーより。

（注六）参照した『ミラーマンLD-BOX』のライナーでは「1963年」となっているが誤りだろう。

（注七）この企画については第四部で詳述する。

『ミラーマン』というタイトルは、六九年一月九日に金城の手で書かれた企画ノートにも登場している。

一月九日。(木)

NEC提出用企画書「ミラーマン」改訂。執筆。午後五時より山浦弘靖作品ストーリー打ち合わせを行う。午後七時より、「戦艦武蔵」原作者・吉村昭氏とトップスにて会う。九時よりQ&Kに移り、一杯のみながら十一時まで会談。映画化権は石原プロが契約したという。TVに関して話をすすめる。山田正弘氏同席。

『サスケ』は、森永製菓の一社提供枠だった。六八年十二月二七日の営業報告書に〝『トラブルマン』有望〟とあるから、同時に提出した別企画(『トラブルマン』の詳細は不明)の方がTBS向きということになり『ミラーマン』は森永枠を諦め、翌年改めてNECの一社提供枠用に提出されたという意味だろう。なお、翌一月十日の企画ノートには〝森永枠がショウに決定した旨である(注八)。困る〟とあり、TBSとの新番組企画は立ち消えになったことがわかる。『ミラーマン』の企画は、この年の半ばからフジテレビと打ち合わせが行われていくが、番組成立までの流れは第四部にて後述する。

六九年に円谷プロが企画していた作品は、残された企画書、営業報告書などから以下のも

(注八)
高橋圭三司会の視聴者参加型バラエティ『でっかくいこう』のこと。六九年四月一日~七〇年八月二八日。

のが判明している。女性グループが主人公で、『チャーリーズ・エンジェル』（注九）を先取りしたようなファッショナブルなアクションもの『おしゃれ魔女』、民間航空会社を舞台としたヒューマンなアクションドラマ『むささび野郎』、女をキーワードに、日本各地の民話をアレンジしたアンソロジー『幻想と情念の女シリーズ　黒い民話の女』（注十）。いずれも特撮を前面に出さずに、一般ドラマのテイストに近い企画書となっている。しかし、プロローグで紹介した金城のメモにあったように、各局は円谷プロを特撮プロとしか認識していなかったせいか、いずれの企画も日の目を見ることはなかった。

この中で『おしゃれ魔女』は、四月七日と八日の英二の日記に記述がある。

4月7日月曜日　晴　一時半頃有川君と大阪に出発し、三時のヒカリで夕刻大阪着、阪急ホテルに止宿して、すぐ出迎てくれたシスコ製菓の林君と夕食に出かけて「おしゃれ魔女」の企画打合せをする。

4月8日火曜日　雨　午前十一時、シスコ製菓にゆく（中略）社長とも逢い「おしゃれ魔女」の企画について打合せる、問題は相乗りのスポンサーの件のみ　大急ぎ武田薬品に挨拶にゆく。今まで世話になった御礼のためだったが新番組みの不調で武田も心配してらしく（原文ママ）、新しい企画も立ててくれと向こうから提案される、大変好意ある話によろこんで帰る。

（注九）
アメリカのＡＢＣで放送されたテレビドラマ。日本では日本テレビで七七年十月十六日～八二年五月九日、全五シリーズを断続的に放送。

（注十）
『おしゃれ魔女』一月三〇日印刷。上原メモによると広告代理店、新弘社との間で打ち合わせが進んでいたようだ。作成者は上原正三であろう。『むささび野郎』二月十三日印刷、田口成光作。『黒い民話の女』二月二六日印刷、熊谷健作。

八日の日記には〝新番組みの不調〟と何やら気になる文言が登場する。これはタケダアワー（注十一）枠で、『怪奇大作戦』の後番組となった『妖術武芸帳』（注十二）のことだろう。同番組は『新隠密剣士』（注十三）以来となる時代劇で、東映東京撮影所が制作した特撮時代劇だった。言わばタケダアワーの原点に立ち返ったような作品だったが、視聴率的には『怪奇大作戦』を大幅に下回り、二クールの予定が一クール打ち切りと決まった。

円谷プロとしてはタケダアワー復帰のチャンスとも言えたが、『妖術武芸帳』の後番組として東映が企画したのは、あの『柔道一直線』だったのである。そもそもは一クールだけの予定で急遽企画された、つなぎ番組だったのだが、当時巻き起こっていたスポ根ブームに乗り、全九二話が制作される人気番組となった。こうして円谷プロのタケダアワー復帰は夢と消えたが、この時期、同プロにとってもっとも重要な企画が産声を上げていた。それが六九年四月二八日に印刷された『特撮怪獣シリーズ 続ウルトラマン』である。

再び栄光を

『柔道一直線』の企画が上がったのは一九六九（昭和四四）年四月半ばのようだ。つまり『続ウルトラマン』は〝新番組みの不調〟に絡んでの企画というより、前年、ＴＢＳで再放送された『ウルトラマン』の人気に当て込んでのものだろう。木曜十八時の再放送枠に登場した

（注十一）ＴＢＳの日曜十九時、武田薬品工業一社提供枠のこと。『月光仮面』から『隠密剣士 突っ走れ！』（七三年十二月三〇日～七四年三月三一日）までの全二一作。

（注十二）六九年三月十六日～六月八日。

（注十三）六五年四月四日～十二月二六日。本作の後番組が、『ウルトラQ』である。

『ウルトラマン』の平均視聴率は、十八％もあったという。企画書『続ウルトラマン』には、以下のような記述がある。

今から三年前、つまり1966年7月、TBSのブラウン管にカッコイイヒーローが誕生しました。

「ウルトラマン」それは日本中の子供たちを完全にシビレさせ、視聴率は平均36．8％、最高42．8％という文字通りのウルトラ大ヒット番組だったのです。（参考に、再放送でさえも六時台という浅い時間帯にもかかわらず、平均18％台の高視聴率でした）。

以下、企画書には新シリーズを制作したい旨と、新番組を望む子供達の声が続く。

さて、私たちはこのウルトラ大ヒットを飛ばした「ウルトラマン」の勇姿をもう一度ブラウン管に登場させようと思うのです。勿論、新しいシリーズとして製作します。

私たち円谷プロには全国の子供たちから毎日沢山のファンレターが届きますが、中でも「〈ウルトラマン〉をまた作って下さい」という声が多いのです。紹介しましょう。

福岡県北九州市の永瀬典彦クン

「ウルトラマンの大活躍を夢にまで見ます、カッコイイスペシウム光線が忘れられません。ショワー！」

名古屋市の小田川秀明クン
「迫力ある怪獣たちの大進撃、思っただけでゾクゾクしちゃうな」
北海道札幌市の岡野哲三クン
「いつもお兄ちゃんが得意になって話してくれるんだ。だって前はボクチッちゃくて見れなかったんだもん。もうボクも見れるからまた〈ウルトラマン〉作ってよ。」
まあとに角、大変な人気です。
私たちは自信を持ちました。怪獣の人気は決して落ちてはいないのです。それどころか新しいファン層が続々と増えています。今が「特撮怪獣シリーズ・続・ウルトラマン」を出す絶好のチャンスです。

拙著『帰ってきたウルトラマン大全』で、企画書の執筆に当たった満田稰《かずほ》は以下のように証言している。

満田　69（昭和44）年の頃、まだ亡くなる前の英二社長から「いろんなところで『帰ってきた〜』ってあるからウルトラマンも帰ってこさせたらどうかね」とひと言だけあったんです。『帰ってきた用心棒』とか歌で言えば『帰ってきたヨッパライ』とかね（注一）。じゃあやってみましょうかってことで考えたんですよ。（『帰ってきたウルトラマン大全』満田稰インタビューより）

（注一）
『帰って来た用心棒』栗塚旭主演のテレビ時代劇。六八年七月二九日〜六九年三月三一日、NET。
『帰ってきたヨッパライ』ザ・フォーク・クルセダーズ六七年のデビューシングル。

この企画は〝続〟という文字が示す通り、前作のウルトラマンが帰って来たという設定になっており、いかにウルトラマンを復活させるかという点に労力を傾けている。引き続き企画書を引用する。

新シリーズ「続・ウルトラマン」
まず、前作「ウルトラマン」のダイジェストから始ります。
　怪獣たちの大暴れ
　地球のピンチ
　ウルトラマンの活躍
　科特隊の活躍
　ハヤタ隊員とウルトラマンの関係
　力つきるウルトラマン
　去っていくウルトラマン
　平和になった地球
そしてナレーションが簡潔にこれ等を説明します。更にナレーションはそれから30年経った事を告げるのです。

このようにあくまで続編として、前作とのつながりを強調した後、サンプルストーリーが続く。以下、要約して紹介する。

怪獣達は姿を消し、地球は平和を保っていた。しかし世界各地で大地震が発生し、海底火山が突如噴火した。折しも各国の核保有競争が核実験の頻度を高め、ついに怪獣達が一斉に目を覚ましてしまった。

そして日本では、象徴というべき富士山が突如噴火、流れ出る溶岩の中から大怪獣が現れる。

本来なら怪獣の専門家、科学特捜隊の出動となるところだが、「怪獣のいない平和な地球では、もう科特隊の必要はない」と解散してしまっていた。そこで自衛隊が出動したが、彼らの武器は通用しなかったし、専門知識もなく、怪獣攻略の作戦さえ立てられなかった。その時、群衆の中から一人の老人が飛び出して叫んだ。

「目を、目を狙うんだ!」

その老人は、かつてのムラマツ隊長だった。

ムラマツの指示で、自衛隊は劣勢を挽回したかに見えたが、怪獣は手強かった。ムラマツは天を仰いで悔しがった。

「こんな時、ウルトラマンがいてくれたら……」

逃げまどう群衆の悲鳴もなぜか「ウルトラマン! ウルトラマン!」と叫ぶ声のように聞

こえた。

そんな願いが届いたのだろうか。はるか彼方から何者かが飛んできた。その姿、忘れもしない我らがヒーロー、ウルトラマンだ！　ウルトラマンは怪獣を倒すと、再び大空の彼方に消えていった。

政府は早速防衛会議を開き、その結果、怪獣専門のチームを結成することにした。各方面からメンバーが厳重選択され、ヤマムラ隊長をはじめ、バン、ムトウ、ウエノ、キシベ、サワダキヨコによる六人チームが結成された。その名をM・A・T（モンスター・アタック・チーム）という。

第二の怪獣が出現した。ここで視聴者の最大の興味は、誰がウルトラマンかということだ。ところが意外なことが起きた。MATのメンバーが六人揃っているにもかかわらず、ウルトラマンはちゃんと飛んで来て怪獣をやっつけたのだ。

そして第三の事件がアルプスの山中で起こった。この事件でバンはヒーローとも言える大活躍をしたのだが、他のメンバーから孤立してピンチに陥った。そんなバンを救ったのは、突如現れた謎の青年だった。彼はハヤタと名乗った。

MATのメンバーは、ハヤタにチームの一員となることを勧めたが、冒険家であり探検家である事を自負している彼は固辞した。

アフリカのジャングルへ探検に行くハヤタをマットアローで送ったバン。帰途、マットアローが突然の天候異変に遭い、そのまま謎の世界に引きずり込まれてしまう。

そこにいたのはウルトラマンだった。ウルトラマンは、地球上ではこのままの姿でいるわけにはいかない、バンの身体を貸して欲しいと告げる。バンは承諾し、ウルトラマンの手からフラッシュビームが手渡された。

企画書に記されたように、サンプルストーリーは前作から三〇年後という設定で、怪獣出現ははるか過去の記憶となっている。そして甦った怪獣の前にムラマツを出すことで前作とのつながりを強調し、第二の事件では誰がウルトラマンかという興味で視聴者を引っぱる。さらに第三の事件で前作の主人公と同じ名前の青年を登場させ、視聴者をミスリードするとともに、シリーズとしてのつながりも強調する。言わば三段構えでウルトラマンの復活を盛り上げていこうという狙いである。

満田　69年に『怪奇大作戦』が終わって番組が途絶えて、スタッフも解散しちゃったし金城哲夫も帰っちゃうし、なにしろ企画要員は僕と田口と熊谷と3人しかいなかったですから。それで我々としてはあのウルトラマンが『帰ってきた』という感覚で企画書だけ作ったんです。ただ変身するのがハヤタ隊員じゃなくて別の人間というだけでね。だから最初の企画書ではムラマツもハヤタもいて、当然ハヤタがウルトラマンだと観てる人は思います。ところがハヤタがいる時にウルトラマンも出てきて、というところをミソに作ってみたんですけどね。（中略）とにかくみんなで考えてたことを出し合って話して『続ウルトラマン』という形でまとめていったわけですね。（中略）MATっていうのは単純にモンスター・アタック・チームで、今までに無かったアルファベット3文字で行こうって、僕がネーミングしたんですが、局のほうで「それ良い」ってことになって、以降のシリーズではまず英語3文字で決めるからそれに合わせて逆に考えろ、ってなっちゃった。（『帰ってきたウルトラマン大全』満田穧インタビューより）

前作とのつながりは他にも用意されている。隊員の一人であるムトウ隊員は、科特隊のイデ隊員の次男という設定だ。

○ヤマムラ隊長（36才）

自衛隊の参謀本部に属していたが常日頃MATのようなチームを結成することを提唱していた。

みんなからオヤジさんと親しまれてはいるがテキパキとテンポの早いタッチで行動する言わば仕事の鬼である。

ギャンブルは何をやらせても抜群だと言うから、つまり物事の判断や「感」（原文ママ）に優れた面を持っているのだろう。

郊外の自宅からオペルGTクーペで通っている。三人の坊やとかなり美人の奥さんと五人暮し。

ちなみに奥さんはテレビの清純派女優だった。

○バン隊員（25才）

ウルトラマンから体を貸してほしいと頼まれOKした。だからフラッシュビームを閃くとウルトラマンに変身出来る。

明るい性格の好青年で常に社会の平和を願っている。正義感が強く深夜の大空を唯ひとりマットアローに乗ってパトロール飛行する時に生きがいを感じている。独身、でもお嫁さんになりたいオンナの子はゴチャーッ！と居る。

○ムトウ隊員（25才）

運動神経が抜群に発達していて射撃の腕前はオリンピックで金メダルを取ったことがある。マットアローの操縦にしても誰にも負けない。自動車のレーシングライセンスは持っていないがブッツケ本番でレースに登場しても入賞は確実と言われている。おシャレで都会の雑踏を歩くのが好きだと言う。前作「ウルトラマン」のイデ隊員の次男坊なのだが養子にいったため苗字が変わりみんな仲々それに気づかなかった。

○ウエノ隊員（25才）

三枚目としてしか呼び方の無い男。育ちすぎた子供のような感じで人なつこく、人を疑わず、天真爛漫、誰にでも好かれる。ところが一度熱中すると寝食を忘れてしまう。発明狂で高性能の武器をユニークな発想から作りあげる一方まるで役に立たない品物を考えたりする。食うことと飲むことの好きな孝行息子。

○キシベ隊員（25才）（引用者注・企画書では〝隊員〟の文字が抜けている）
　誠実を絵に描いたような几帳面なコンピューター係。気憶力抜群、メカニックの故障なんぞまたたく間に修理してしまう。下町の大工を父親に持っただけあって、江戸ッ子の職人気質を受継ぎガンコな一面もある。切手のコレクターでもある。
○サワダキヨコ隊員（21才）
　一見おんな女しているが芯は強い。うっかりしていると大の男もタジタジである。元軍医の父を持ち、剣道、柔道、茶道、華道……厳しく教育を受け高等看護婦の免許を持っている。グループの連絡係兼ヘルスキーパー。チョコレートが嫌いで塩センベイをそっとバッグに忍ばせている。塩辛、焼魚、タタキ類なんかも好きで多分飲ませたら凄いと思われる。目下三味線のお稽古中。
○ウルトラマン
　M78星雲からやって来た怪人。そのままの姿では地球上に長くとどまることが出来ないのでバン隊員の体を借りている。ウルトラマンに変身すると45mの大きさになり空を飛ぶことも出来る。その他スペシューム光線（原文ママ）、ウルトラスラッシュ等の超強力テクニックを持っている。

　企画書に掲載の予定スタッフは以下の通りで、円谷プロオールスターといった感じの名前が並んでいる。

監修　円谷英二
プロデューサー　有川貞昌
脚本（順不同）　関沢新一、海堂太郎、千束北男、上原正三、市川森一、若槻文三、山浦弘靖、山田正弘、佐々木守、藤川桂介、他
監督（順不同）　小林恒夫、福田純、満田穧、鈴木俊継、長野卓、野長瀬三摩地、他
特技監督（順不同）　高野宏一、的場徹、大木淳、有川貞昌、他
撮影（順不同）　佐川和夫、鈴木清、森喜弘
照明（順不同）　岸田九一郎、小林哲也
光学撮影　中野稔、飯塚定雄
美術（順不同）　深田達郎、池谷仙克、岩崎致躬
操演　塚本貞重、平鍋功
編集　柳川義博
助監督　志村宏、山本正孝
制作担当　高山篤

企画書『続ウルトラマン』には、番組制作には今が〝絶好のチャンス〟と強調されており、『帰ってきたウルトラマン』のＴＢＳ側プロデューサーとなった橋本洋二も〝ウルトラマン

が出しにくい土壌というわけではなかった〟というコメントを残している（注二）。しかし多額の予算がかかる『ウルトラマン』である。六九年というスポ根ブームが吹き荒れる中での復活は、やはり不可能だったのだろう。

だがウルトラマンにとって、明るいニュースがあったことも事実だ。前年の再放送が高視聴率を上げたことは先に記したが、四月十日、TBS木曜十八時の再放送枠で『ウルトラセブン』がスタートしたのである。この時期、日本テレビは同時間帯に月曜から金曜日まで再放送枠を設けており、七月二九日からは『ウルトラQ』が始まった（注三）。つまり毎週木曜には、シリーズの直接対決が実現したのだ。そして『ウルトラQ』の再放送が終了した翌日、九月五日からは日本テレビに『ウルトラマン』が登場、テレビの前の子供達の話題をさらった。一度は逃した〝絶好のチャンス〟であったが、追い風が静かに吹き始めていた。

（注二）
『帰ってきたウルトラマン大全』第1クール解説より。

（注三）
第一回は「ゴメスを倒せ!」だったが、最終回は「ガラモンの逆襲」だった。

一九七〇年の状況

一九七〇（昭和四五）年三月十五日から九月十三日までの一八三日間、大阪府吹田市の千里丘陵で開催された日本万国博覧会は、のべ入場者数約六四二一万人を数える大成功を収め、世界における日本の存在を高らかに歌い上げることに成功した。一方、高度経済成長の歪みとも言える事件の数々も発生していた。

『調査情報』七五年四月号掲載の「年表・テレビジョン20年（4）」は、七〇年について〝「万国博」「安保」「ハイジャック」「光化学スモッグ」「公害」「沖縄」「三島自刃」「歩行者天国」「スケスケルック」「ロングヘアー」「マンガ」「プロ野球の黒い霧」といった事象でこの年の概要を要約することができる〟という記述から始まっている。

一月七日、喜劇王エノケンこと榎本健一死去、TBS、制作部門の一部を分離、同月十九日、株式会社木下恵介プロダクション設立（注一）、二月十六日、テレパック、同月二五日、テレビマンユニオン設立さる。三月一日、嘉手納基地、輸送戦略基地に決定。同月五日、核拡散防止条約発効。十四日、日本万国博覧会開会式。三一日、日本航空よど号ハイジャック事件発生。四月八日、大阪市大淀区（現・北区）の地下鉄谷町線建設工事現場でガス爆発。死者七九名、重軽傷者四二〇名（天六ガス爆発事故）。同月十日、ビートルズ解散。六月二三日、日米安保条約自動延長。七月十八日、都内で光化学スモッグ初確認。九月十三日、万国博覧会閉会式。十一月二五日、楯の会とともに東京、市ヶ谷の自衛隊東部方面総監部に立てこもった三島由紀夫が割腹自殺（三島事件）。

この年の流行語、「アッと驚くタメゴロー」「ウーマンリブ」「三無主義」「モーレツからビューティフル」「鼻血ブー」「しらける」等々。

以下は『年表・テレビジョン20年（4）』の採録である。

三月三十一日から六日間の赤軍派の「よど号」のっとり事件は、前年の「安田講堂落城」

（注一）六四年、松竹を退社した木下恵介は、有限会社木下恵介プロダクションを設立。七〇年に木下自身、博報堂、TBSの資本が入って、株式会社木下恵介プロダクションとなる。

（注二）『ありがとう』七〇年四月二日〜十月二二日（第一シリーズ）。制作はテレパック。『時間ですよ』七〇年二月四日〜八月二六日（第一シリーズ）。『東京赤坂三代目』七〇年七月七日〜七一年三月三〇日。『あしたからの恋』七〇年四月二一日〜

以来、衰退していった学生の動きの最後の燃え上がりであり、惜別の事件でもあった。（中略）

マスコミが「万国博」の浮かれ騒ぎの開会式の様子を全力を上げて報道した余韻がさめやらない時に発生したこの事件は、マスコミについて様々な問題を提起した。ほとんど内部の状態が分からず、ただ「よど号」の外側を映すしか術のないテレビは、様々な憶測・虚報・誤報をわれわれに伝え、ジャーナリズムの性格、欠点を露呈したのであった。（中略）

テレビの本質、存在理由と、かつて胸をはっていたナマ中継、〝同時性〟の神話が崩れつつあることを前年の稿でも述べた。この年、こうした神話が完全に崩壊したといっていいだろう。（中略）

前年「裏番組をブッとばせ!!」（NTV）に代表されるように良識者のひんしゅくをかった番組があらわれたりして、変質してゆくテレビに対して制作者は、彼らなりの試みを行っていた。（中略）

テレビは敏感に世情を反映する。この年、注目すべきことはホームドラマの復活であった。

「ありがとう」「時間ですよ」「東京赤坂三代目」「あしたからの恋」「こけこっこー!・」「にらめっこ」（TBS）「おふくろの味」「ヨーイドン!!」（NTV）「おんぶにだっこ」「おれの義姉さん」（フジ）「明日のしあわせ」「だいこんの花」（NET）「あの娘がいいな」（12ch）など沢山のホームドラマが主に十月以降にあらわれた（注二）。こうしたことを社会

十一月二四日。『木下恵介アワー』第七弾。

『こけこっこー!』七〇年九月二日～七一年一月十三日。

『にらめっこ』七〇年十月二九日～七一年四月二九日。

『おふくろの味』七〇年八月一日～十二月二六日（第一シリーズ）、NTV。

『ヨーイ・ドン!!』七〇年七月十九日～九月二七日（第一期）、NTV。ただし、これはバラエティ番組である
『おんぶにだっこ』七〇年十月七日～七一年三月三一日、フジ。

『おれの義姉さん』七〇年四月一日～九月三〇日、フジ。

『明日のしあわせ』七〇年十月一日～十二月二四日、NET。

『だいこんの花』七〇年十月二二日～十二月二四日（第一部）、NET。

『あの娘がいいな』七〇年四月三日～九月二五日、12CH

現象的にみれば、たとえ世の中が揺れているようにみえようとも、人々は心の中では安定を望んでいるし、安定してしまっているといえるだろう。（中略）

「柔道一直線」「サインはV」「ばくはつ五郎」「おくさまは十八歳」（TBS）「巨人の星」「赤き血のイレブン」「夕やけ番長」「無用の介」（NTV）「タイガーマスク」「もーれつア太郎」（NET）「あしたのジョー」「アタックNO1」（フジ）など、この年漫画界で圧倒的な位置を占めるようになった「劇画」から材を得た番組がアニメーションだけでなくドラマにもおよび高視聴率をあげたことも注目すべきことであった（注三）。（中略）

「劇画」は週刊誌がテレビ漫画ファンの低年齢層化に逆行して、高年齢層へ読者を拡大したところに活路を見い出してこの年、前後を頂点とする「マンガ」ブームを作りだしたのである。

引用箇所の末尾で劇画ブームを分析した部分は、記者の指摘する通りであろう。〝テレビ漫画ファンの低年齢層化〟という文言は、そのまま怪獣ものに当てはめることも可能だ。そしてその〝低年齢層〟が、ウルトラマン復活のキーワードとなっていくのである。

（注三）
『サインはV』六九年十月五日～七〇年八月十六日（岡田可愛主演の六九年版）。

『ばくはつ五郎』七〇年四月三日～九月二五日。

『おくさまは18歳』七〇年九月二九日～七一年九月二八日。

『赤き血のイレブン』七〇年四月十三日～七一年四月五日、NTV。

『夕やけ番長』六八年九月三〇日～六九年三月二九日、NTV。

『無用ノ介』六九年三月一日～九月二〇日、NTV。

『タイガーマスク』六九年十月二日～七一年九月三〇日、記事ではNETだが、実際はNTV。

『もーれつア太郎』六九年四月四日～七〇年十二月二五日、NET。

『あしたのジョー』七〇年四月一日～七一年九月二九日、フジ。

『アタックNo．1』

円谷プロ一九七〇年

すでに記した通り、円谷プロの一九七〇（昭和四五）年は、円谷英二の死という衝撃的な出来事で幕を開けた。だが彼らは立ち止まってはいられなかった。
父の病状悪化を憂慮した長男の円谷一は、前年十一月三〇日、ＴＢＳを依願退職、円谷プロの再建に取りかかる。ＴＢＳは一のいわば退職土産として水曜二一時からの三〇分枠を発注した。それが『独身のスキャット』（注一）である。企画書を執筆したのは田口成光だった。

田口　ニューヨーク喜劇みたいなものをやりたくてね、つまりビリー・ワイルダーの『アパートの鍵貸します』（注二）ですよ。それを一さんに言ったら、「いいねえ」と乗ってくれて、祖師ヶ谷の喫茶店で、二人であぁだこうだ言いながら、四時間くらいで作り上げたものなんだよ。かなり急ぎの企画だった覚えがあるね。
予算もあまりないから、ワンセットドラマみたいなやつを考えたんだ。企画書のタイトルは『ああ独身』で提出したけど、局の方で『独身のスキャット』に変えた。あの頃、由紀さおりの「夜明けのスキャット」が流行っていたからね（笑）。

『独身のスキャット』は、プラチナ萬年筆の一社提供枠で十一本制作された。本数が中途半端なのは、前番組であった『Ｏｈ！それ見よ』（注三）が関係している。同番組は丸善石油

六九年十二月七日～七一年十一月二八日、フジ。

（注一）七〇年一月七日～三月十八日。

（注二）六〇年、脚本・ビリー・ワイルダー、I・A・L・ダイアモンド、監督・ビリー・ワイルダー、日本公開は六〇年十月八日。

（注三）六九年十月一日～十二月三一日。

（現・コスモ石油）のCMで一世を風靡した小川ローザ（注四）が主演したテレビ映画で、実相寺昭雄がTBS社員として最後に監督した作品として記憶される。

困ったことに、小川ローザに演技経験はなかった。そこで苦肉の策として、フリーのカメラマンを演じた佐藤允、杉浦直樹と、雑誌編集者の野添ひとみがドラマを進行し、小川にはほとんど芝居をさせず、あるいはイメージショット的にところどころ登場するという、何とも奇妙なドラマだった。実相寺は、自著の中で本作について以下のように語っている。

当時、〝オーモーレツ〟のCMで有名になった小川ローザが主演する番組で、国際放映製作の『Ｏｈ！それ見よ』という代物だった。（中略）しかし、視聴率はサッパリだった。兎に角、この番組を二本ばかり引受けて演出したのだが、結局これが私のTBS社員時代最後の作品となった。（中略）今はハッキリ思い出せないが、私の演出態度も良い加減で、出来具合も良かろう筈がなく、適当に自分で遊べる所だけは遊んでお茶を濁してしまった。（中略）

試写室から出てくると並木（引用者注・並木章、番組のプロデューサー）に摑まった。彼は色々と文句を言いたかったらしいが、言いたいことの多さに言葉が纏まらず、「バカ」と呟いた。

（『闇への憧れ［新編］』復刊ドットコム刊より）

『Ｏｈ！それ見よ』は、当初二クール二六本の予定だったのだろう。しかし視聴率が低迷

（注四）小川のミニスカートが、猛スピードで走る車の風でまくり上がり、「Ｏｈ！モーレツ」と叫ぶCMで一世を風靡した。

し、十四本で打ち切りが決定。その穴埋めで制作されたのが『独身のスキャット』だったのである。番組は延長されることはなかったが、円谷プロが初めて一般ドラマを手がけたという意義は大きかったと思う。

この頃、同プロの株式は東宝が六〇％所有し、六七年三月に発足した〝東宝テレビユナイテッドプロダクションズ〟の一員であった。東宝の重役であり、円谷プロの取締役であった柴山胖は、七〇年十一月号の『宝苑』(注五)で、〝東宝テレビユナイテッドプロダクションズ〟とは「原則としては、小型映像ならば何でも作れる、東宝および関連プロの同盟であり、〝北太平洋機構〟のようなもの」と発言している。七〇年当時、加盟していたのは円谷プロの他、国際放映、東京映画、宝塚映画、日映新社、テアトルプロ、エコープロ、東京ムービー、東宝アドセンター、東宝撮影所事業部である。

発行時期は不明だが、『東宝スタジオメイル』(注六)の「東宝ユナイテッドプロダクションめぐり 円谷プロの場合」という記事で、円谷一は〝東宝の下請けで、『愛と死と』『氷点』といった昼帯を制作した〟と語っている。また『メーキング・オブ・円谷ヒーロー2』(講談社刊)では、『花王愛の劇場』枠で〝昭和46年から昭和47年にわたり、『愛と死と』『氷点』『人妻椿』『愛染椿』などの秀作が、続けざまに製作されている〟との記述がある(注七)。この時期の円谷プロにとっては、たとえ昼ドラの下請けであってもありがたい申し出だっただろうし、制作プロダクションとしての自信にもつながったのではないだろうか。

なお、この七〇年、『独身のスキャット』に続いて円谷プロが制作したのは、月曜から土

(注五)
東宝の社内報。

(注六)
東宝スタジオ内に配られるビラ。

(注七)
『花王 愛の劇場』は六九年から〇九年まで放送された昼の帯ドラマシリーズ。以下は全て同枠での放送。

『愛と死と』七〇年六月二九日～八月二八日。

『氷点』七一年一月四日～三月十二日。

『人妻椿』七一年八月三〇日～十月二九日。

『愛染椿』七二年五月八日～七月七日。

曜の八時五分〜二〇分の枠で、日本テレビ系列で放送された『チビラくん』（注八）だった。同じく日テレ系で放送された『快獣ブースカ』（注九）の流れを汲む怪獣コメディで、企画書の冒頭には〝この番組は、未就学児童から小学生を対象に、痛快な笑いと、無限に広がる夢を育くもうという全く新しい趣向のぬいぐるみ劇です〟とある。

プロデューサーは、本作がデビューとなる円谷粲《あきら》。氏は円谷英二の三男で、大学生の頃、アルバイトで『ウルトラQ』の「カネゴンの繭」（注十）にフォース助監督として現場に付き、卒業後は円谷プロに入社、『ウルトラマン』『ウルトラセブン』の助監督を経験していた。そしてプロデューサーとしてのデビュー作は、はからずも円谷英二の名がクレジットされた最後の作品となった（注十一）。

『メーキング・オブ・円谷ヒーロー1』（講談社刊）の「証言4 作品製作のポイント」で、円谷粲は本作について以下のように語っている。

プロデューサーとしては、『チビラくん』が最初ですね。このころになると作品が減ってしまって、助監督から監督をめざしていたんですが、それどころではなく、プロデュースのほうにまわりました。円谷プロを維持させるのがテーマでしたから、毎日のようにNTVにかよい、永井さん（引用者注・永井陽三、『快獣ブースカ』のプロデューサー）に会っていました。まるで、永井さんのアシスタントのように、いっしょについてまわって（笑）。（中略）永井さんの紹介で、NTVの社会教養部の『おはよう子供ショー』（注十二）の森田さん（引用

（注八）七〇年三月三〇日〜七一年九月二五日。

（注九）六六年十一月九日〜六七年九月二七日。

（注十）第十五話、脚本・山田正弘、監督・中川晴之助、特技監督・的場徹。

（注十一）一旦お蔵入りとなった『恐怖劇場アンバランス』は除く。

（注十二）『おはよう！こどもショー』六五年十一月八日〜八〇年九月二八日、NTV。

者注・森田義一）に、『チビラくん』の企画を提出したんです。

『チビラくん』は、メイン視聴者である未就学児童、小学生が家を出るタイミングである朝八時五分からの放送であり、期待したほどの視聴率を獲得することは出来なかったが、翌七一年の九月二五日まで、全七八話に及ぶ長期シリーズとなった。しかしこの年、円谷プロにとってのエポックは、平日夕方に放送された五分間の帯番組『ウルトラファイト』（注十三）がスタートしたことだろう。

『ウルトラファイト』の企画、プロデュースを担当したのは熊谷健である。三七年青森に生まれた熊谷は、日本大学芸術学部卒業後、六一年、松竹の小津安二郎が宝塚映画（注十四）に招かれて監督した『小早川家の秋』（注十五）で、初めて現場に付き、六三年、東宝撮影所特殊技術課から円谷プロに移籍、金城哲夫とともに初期の文芸部を支え、『ウルトラQ』の「悪魔ッ子」では原案を担当した。また、金城原案となっている「変身」の元ネタは、秋田県の田沢湖に伝わる竜子姫（辰子姫）伝説であり、熊谷のサジェスチョンがあったのかも知れない（注十六）。

『ウルトラQ』の制作が始まると熊谷は現場の制作進行を担当し、『怪奇大作戦』の最終回「ゆきおんな」（注十七）ではプロデューサーに昇格した。

『ウルトラファイト』は、円谷英二を継いで円谷プロ二代目代表となった一の「現場制作費ゼロの番組を作ろう」という一言から生まれた。TBSの演出部時代、一は自身がメイン

（注十三）七〇年九月二八日～七一年九月二四日。

（注十四）兵庫県宝塚市にあった、東宝傘下の製作プロダクション。独自のスタジオも保有していた。

（注十五）脚本・野田高梧、小津安二郎、六一年十月二九日公開。

（注十六）「悪魔ッ子」第二五話、脚本・北沢杏子、監督・梶田興治、特技監督・川上景司。「変身」第二二話、脚本・北沢杏子、監督・梶田興治、特技監督・川上景司。

（注十七）第二六話、脚本・藤川桂介、監督・飯島敏宏、特殊技術・佐川和夫。

ディレクターを務めた番組『そんなとき私は』の〝蔵王編〟と呼ばれるエピソードを、予算ゼロで作ってしまった経験がある。当時、ロケシーンは十六ミリフィルムで撮影されていたことを利用し、他のエピソードのロケの際に一緒に少しずつ撮っていって一本にまとめ上げたものだ（注十八）。つまり『ウルトラファイト』は、実に一らしい発想と言える。

番組の当初のタイトルは『ウルトラファイト130』で、その名が示す通り『ウルトラマン』と『ウルトラセブン』の格闘シーンを抜き焼きして、一三〇本を制作する予定だった。しかし放送開始後、それでは本数が足りないことが判明、苦肉の策として怪獣倉庫に保管してあった着ぐるみを利用し、格闘シーンを新たに撮影することになった。プロデューサーの熊谷は時に監督も兼任し、少人数のスタッフとキャストで撮影を行った。ロケ地は三浦海岸、生田、北軽井沢が主なところで、一日に複数本撮影された。なお、スタッフの一人として操演の白熊栄次が車両部で参加していたそうだ。

旧作の抜き焼きと、着ぐるみ同士の格闘シーンの新撮に、効果音とTBSの山田二郎アナウンサーによる、プロレス中継風のナレーションを被せただけのこの番組は、識者から〝出がらし商法〟と酷評されながらも、放送開始直後から人気を呼び、結局は全一九五話が制作された（注十九）。新撮部分の着ぐるみは、番組で使用されたオリジナルとアトラクション用のものが混在した状態だったが、いずれも経年劣化しており、本編で見せたシャープな印象とはほど遠いものであった。そのくたびれた着ぐるみ同士が、緩いアクションで戦い続ける映像はシュールであったが、不思議と当時の子供達の心をわしづかみにした。事実、番組に飛

（注十八）
VTRの登場以前、ロケのシーンはフィルムをテレシネしてスタジオのシーンとつないでいた。蔵王編は予算ゼロで作ったものの、局には内緒だったようだ。

樋口　局は知らないんです。だから喜ぶも何もない。
――じゃあ、制作費は？
樋口　さぁ？　まあ、おおらかな時代だったんですね（笑）。
（『円谷一　ウルトラQと〝テレビ映画〟の時代』より、樋口祐三の証言）

（注十九）
再放送時、欠番が一話生じたため、急遽「怪獣死体置場」が制作された。つまり『ウルトラファイト』は一九六話制作されたことになるが、現在公開されているのは、欠番を除いた一九五話である。

びついたのは主に低学年児童であった。ある意味、子供達の想像の世界にしか存在しなかった〝怪獣ごっこ〟の現実化が『ウルトラファイト』の新撮部分だったかも知れない。『メーキング・オブ・円谷ヒーロー2』の『ウルトラファイト』の稿には、この番組の波及効果が、以下のように記述されている。

昭和45年9月から放送が始まった本作品は、開始後たちまち、低学年児童に大きな反応があり、小社（引用者注・講談社）においてもこれを題材に〝ウルトラ怪獣絵本〟が1年以上にわたり、合計27冊も発刊された。この刊行物の人気をみても、本作が第2次ブーム（引用者注・七一年から始まる、いわゆる第二次怪獣ブームのこと）の原動力になったことは確かである。

復活の兆し

テレビから新作の怪獣ものが消えた一九七〇（昭和四五）年に放送された『ウルトラファイト』は、子供達に好評をもって迎えられた。怪獣というキャラクターはまだ死んではいない。円谷プロのスタッフはそう確信したはずだ。

『ウルトラファイト』放送開始直前の九月五日、『続ウルトラマン』に続く二冊目の企画書が印刷されている。タイトルは『帰って来たウルトラマン』。内容については後述するとして、この時期、怪獣に目を向けた一人の男がいたことに注目したい。彼の名は鏑三郎《いしづき》。怪獣ブームの最中、玩具製造会社マルサンで、その象徴とも言えるソフトビニール人形を開発し、大ヒットを飛ばした人物である。

しかしマルサン（注一）は、怪獣ブームの終焉とともに経営が急激に悪化、六八年十二月二〇日に倒産していた。

倒産後、鏑は仲間二人と新会社設立に動き出す。そして六九年四月四日、株式会社ブルマァクが設立され、鏑は副社長に就任する。同社は〝壊れないオモチャ〟のブルドックトイ、電車シリーズなど、マルサン時代のヒット商品を再現していたが、鏑はかつての大ヒット商品の復活を考えていた。無論それは、怪獣のソフトビニール人形である。六九年頃、玩具店店頭には、定価三五〇円だった人形達が、一〇〇円というたたき売りに近い状態で並んでいたという。くらじたかしの『マルサン・ブルマァクを生きた男　鏑三郎おもちゃ道』（東西企画刊）には、当時の状況が以下のように活写されている。

この頃（引用者注・六九年）はまだマルサンで販売したウルトラシリーズのソフビ人形を町の小さなオモチャ屋で少数ながら、売れ残りとして見つけることができた。一度飽きられたキャラクター物は二度と日の目を見ず、たとえタダでも売れないというのが、当時の業界の常識だった。

梅雨のある日、そんな売れ残りたちをオモチャ屋の店頭で見つけた鏑は、マルサン時代

（注一）六七年に社名変更してマルザンになっていたが、本書ではマルサンに統一する。

の仕事を懐かしく思い出した。しかしそれと同時にブーム玩具の怖さが一瞬脳裏をよぎった。傘の中で鐏は思わず目を瞑り、足早にその場を離れた。

すでに記した通り、六九年四月二八日、円谷プロは『続ウルトラマン』の企画書を作成、TBSに提出していた。しかし一度ブームの去った怪獣番組にTBSは興味を示さず、企画は進展しなかった。ブーム玩具であった怪獣ソフビもまた、同じ境遇に置かれていたのである。だが怪獣というキャラクターは、子供達の間では死んでいなかった。『マルサン・ブルマァクを生きた男 鐏三郎おもちゃ道』から引用を続けよう。同じく六九年の出来事である。

その頃、関東地方のテレビでは「ウルトラマン」の再放送が始まっていた。鐏も妻和子から、それを甥たちが楽しみにしており、また自分の渡した怪獣たちで近所の子供と遊んでいることは聞いていた。未練といわれても仕方がない。自分が作った怪獣玩具たち、しかもブームを全うした人形たちに子供が興じていると耳にした以上、その反応を目で確かめずにはいられなかった。（中略）

甥たちの家についた鐏は、そこで期待するでもなく甥やその母親から話を聞いてみることにした。ところが、そこではもう大変な、本当に大変な騒ぎになっていたのだ。

母親によれば、甥達を中心に子供達はソフビ怪獣の奪い合いで、それこそ喧嘩腰で遊んでいるという。（中略）なにしろ一部の店に少数が売れ残っているだけで、一般には売っていない。ところが甥のところだけたくさんのソフビ怪獣が転がっている。そこでそれを目当てに近所の子供達が大勢遊びに来るのだという。その上近所の子供はもちろん、彼らにねだられる母親達までが羨ましがっているというではないか。

十八年間を玩具業界で過ごし、商品の浮沈を見守ってきた鐏である。たった一軒の、しかも身内の話であるが、その五感には閃《ひらめ》くものがあった。


結果、ブルマァクは、マルサン時代の再販となる怪獣のソフビ人形の生産を決意する。もっとも売れ行きが不安なことから、初回は最小限の三〇カートン（一〇八〇個）に決定、同年七月にマルサン時代と同じ、一体三五〇円での販売が開始される(注二)。再販されたソフビは、夏休みに入ると手応えがあり、まとめ買いを決断した蔵前の問屋などから、追加注文が入るようになったという。そしてその年のうちに、第二回、第三回分が追加生産され、怪獣のキャラクター数が増えていった。また十二月二〇日、東宝が『ゴジラ・ミニラ・ガバラ オール怪獣大進撃』(注三)を公開すると、同作に登場したガバラとミニラを新型として生産する。

こうして子供達の間で再び、怪獣ものが盛り上がりを見せ始めていた。

七〇年に入ると『チビラくん』の登場キャラクター、そして円谷英二の死後初めて公開された怪獣映画『ゲゾラ・ガニメ・カメーバ 決戦！南海の大怪獣』(注四)の登場キャラクター、ゲゾラ、ガニメ、カメーバも新型として生産していく。また九月二八日から放送開始した『ウルトラファイト』にはスポンサーとして名乗りを上げ、ソフビ人形の販売を促進した。

(注二)
この年の大卒公務員の平均初任給は、二万七九〇六円、かけそばは八〇円、ラーメン九〇円、喫茶店のコーヒーが一〇〇円だった時代である。一体三五〇円は、決して安くはない。

(注三)
脚本・関沢新一、監督・本多猪四郎、特技監修・円谷英二。

(注四)
脚本・小川英、監督・本多猪四郎、特殊技術・有川貞昌、七〇年八月一日公開。

怪獣ブームに復活の兆しありと感じさせた出来事はそれだけではなかった。駄菓子屋などで売られていた一枚五円の怪獣カード、いわゆる五円引きブロマイドの怪獣ものが、小学校低学年層を中心に、大人気を博していたのである。これには円谷プロも驚いたという。ブルマァクは、さらなる販促のための検討を始めていた。

しかしいつまでも旧作の再放送にしがみついていても、売り上げは良くて横這い、アップはない。またいずれ子供達にも飽きられることは、過去の例から見ても必至だ。マーチャンの面でも新ヒーローと新怪獣の誕生はなくてはならない要素だった。そこで鐏たちはテレビ局や円谷プロが新ウルトラマン・シリーズを企画するには、どうすれば良いのか連夜検討を始めた。(『マルサン・ブルマァクを生きた男　鐏三郎おもちゃ道』より)

そこで鐏が考えたのは、二メートル近い巨大ソフビ人形を作り、特別販売しようという突飛な仕掛けだった。

しかしこの制作には多額の費用が掛かったので、予約注文を取ることになった。つまり希望者を募り特別販売という形で受注したのだ。価格は十万円に決まった。問屋、小売店とタイアップして怪獣コーナーを作り、その前面に等身大ソフビ怪獣を展示して話題をまくよう計画を立てた。鐏は売上金額、販売個数なども記録して、ＴＢＳや円谷プロ、児童雑誌関係の出版社、玩具業界など、関係各方面へのPRに奔走した。ソフビ怪獣がいかに売れているか、怪獣人気がいかに再燃してきたかをアピールするために、業界紙、雑誌広告にも出稿した。やがてその苦労は「甦った怪獣」としていろいろな方面で話題となり、結実することになった。(『マルサン・ブルマァクを生きた男 鐏三郎おもちゃ道』より)

こうしたブルマァクの営業努力が、怪獣復活の後押しになったことは理解してもらえると思う。

ほかに七〇年のトピックとしては、平日十八時のフジの再放送枠で、『ウルトラマン』がスタートしたことだろう。五月二六日のことである。六八年のTBS、六九年の日本テレビでのシリーズ再放送に続く出来事だ。実はこの時、『ウルトラマン』の放映権は、TBSが持っていた。言わば協定違反の再放送だったが、それをあえて仕掛けたのは、円谷プロ再建に奔走していた円谷皐だった。

田口　こういうことをやるのが皐さんなんだね。つまりTBSにペナルティを払ってでも、他局で放送した方が円谷プロは儲かるというビジネスライクな発想なんだよ。

円谷皐が著した『怪獣 ウルトラマンが育てた円谷プロ商法』(世紀社出版刊)によれば、フジで再放送された『ウルトラマン』は、初回から二〇%の視聴率を上げ、ペナルティのマイナスを充分取り戻すことが出来たという。またこの頃、TBSは平日十八時の再放送枠に『コメットさん』を、東京12チャンネルは火曜十九時から『光速エスパー』、木曜十八時十五分から『海底大戦争 スティングレイ』を再放送しており、特撮ものに多少の追い風が吹いていた（注五）。

フジの『ウルトラマン』再放送は七月十七日に終わったが、後番組として、自社の人気番組だった『マグマ大使』（注六）をプログラム、これもまた人気を博した。

九月五日に印刷された企画書『帰って来たウルトラマン』は、以上のように、怪獣ブーム再燃近しという気運の中制作されたものである。だが中身はというと、実は『続ウルトラマン』とほぼ同一であった。

企画意図の部分で『続ウルトラマン』と変わっているのは、出だしの〝三年前〟が〝四年前〟に、番組タイトルが〝怪獣特撮シリーズ・続・ウルトラマン〟から〝怪獣特撮シリーズ・帰って来たウルトラマン〟に、サンプルストーリーで、前作のダイジェストの記述が削除されていて、ムトウ隊員がイデの次男である設定がなくなっただけの違いである。

他、違いとしては予定スタッフが『帰って来たウルトラマン』では削除されている。そして番組の形式として、『続ウルトラマン』では〝毎話完結の連続ドラマ〟であった部分が、〝前後篇形式〟となったことが最大の違いである。これは明らかに予算削減のための苦肉の策と言えるものだ。

また本企画書には〝製作にあたって〟という項が新たに書き加えられている。以下、採録

（注五）
『コメットさん』本放送は六七年七月三日～六八年十二月三〇日。『光速エスパー』本放送は六七年八月一日～六八年一月二三日、NTV。『海底大戦争 スティングレイ』ジェリー・アンダーソン制作の英国製特撮人形劇。日本での本放送は六四年九月七日～六五年三月三一日、フジ。

（注六）
本放送は六六年七月四日～六七年六月二六日、フジ。

する。

前作の「ウルトラマン」にありがちだった、単に怪獣出現、ウルトラマン登場そして大格斗――やがてウルトラマンの勝利といったモンスター物としてだけのパターンから出来るだけ逃げだしたいと思います。

従って、

①ドラマの設定をしっかりと
②ストーリーの展開を面白く
③人間ドラマとしての描写も充分に
④子供たちに魅力のあるカッコイイヒーロー

といった点をガッチリと固め更に現代っ子の要求している

Ⓐ胸のすく様なスカーッとしたアクション
Ⓑほのかな恋愛
Ⓒサスペンスを含んだすれ違い的メロ

をも、とりいれていき度《た》いと思っています。

実際のドラマの運びは、二週で一話（つまり30分前後篇）として30分ドラマ（特に特撮物）にありがちな物語の薄っペラさを解決していきます。

更に出来るだけ前作「ウルトラマン」のイメージから脱却したいのですが時には前作で人気のあった怪獣たちを再登場させることも考えています。

その他、制作現場に於ては過去円谷プロの成長と共に学んで来た「造り方」の「合理化」を充分に発揮して以前よりスピーディにそしてローコストに勿論作品価値としてはそれ以上に……と努力致します。

「造り方」の「合理化」の例としては円谷プロの機能ばかりでなく東宝撮影所の機能をも大いに活用するべく手筈をとっております。

まあ、この様に円谷プロとしては準備万端整っております。一刻も早く製作を開始したいものです。

『続ウルトラマン』とほとんど重複する内容の企画書ではある。しかし以上のような記述が加えられることによって、あくまで前作の延長上にあることを前提として書かれた『続ウルトラマン』とは異質な印象を受ける。

おそらく『続ウルトラマン』は、ＴＢＳとの話し合いの結果生まれた企画書ではなく、円谷プロが様子見のような感覚で提出したものではなかったろうか。

一方、『帰って来たウルトラマン』には、明らかにTBSとの打ち合わせの結果が見て取れる。それが〝製作にあたって〟であり、特に〝モンスター物としてだけのパターンから出来るだけ逃げだしたいと思います〟〝①ドラマの設定をしっかりと〟〝③人間ドラマとしての描写も充分に〟といった辺りに色濃く匂う。そしてそれは『帰ってきたウルトラマン』のプロデューサーとなる橋本洋二に合わせたカラーではなかったろうか。以下、『帰ってきたウルトラマン大全』から、橋本洋二のインタビューを採録する。

橋本　ツブちゃん（円谷一）ともう一回ウルトラマンをやろうという話は『怪奇大作戦』が終わってすぐくらいからしていたんです。今はなくなりましたけど赤坂に「いそむら」というレストランバーがありまして、そこで月2回ずつくらいは話していました。（中略）ツブちゃんはお父さんが亡くなってTBSを辞めて（引用者注・実際は亡くなる前に辞めている）円谷プロ代表になったんですが、TBS全体には、ツブちゃんをバックアップしようというシンパシーがあったと思うんです。僕とは、潜水艦もの、ヒコーキ野郎を主人公にしたもの、『ミクロの決死圏』（注七）的な企画とか、新しい企画を断片的には話していました。（中略）それで何回か話してるうちに、彼の中にウルトラマンをもう一回やりたいという並々ならぬ意欲があることがわかったし、TBSが円谷プロとやるとなったら、やっぱりウルトラマンにかなう企画はないという方向性になってきたんです。僕もラジオから（TBS）映画部に来たきっかけというのはウルトラマンでしたし、このままでは終わらせたくな

（注七）六六年、脚本・ハリー・クライナー、監督・リチャード・フライシャー、日本公開は六六年九月二三日。

い、ひとつの財産として残したいという気持ちは持っていました。それに僕としては、70年当時の世相の中でも、ウルトラマンのインパクトは必ずあるはずだと思ってましたから。

また〝「造り方」の「合理化」の例としては円谷プロの機能ばかりでなく東宝撮影所の機能をも大いに活用するべく手筈をとっております〟という部分は前述の〝東宝テレビユナイテッドプロダクションズ〟の一員ということをアピールし、制作体制は万全であることを局側に伝えている。

本企画書の締めの文言は〝まあ、この様に円谷プロとしては準備万端整っております。一刻も早く製作を開始したいものです〟であり、いきなりくだけた表現になっている。あるいは〝製作にあたって〟を執筆したのは円谷一ではないだろうか。ウルトラマン復活に向けて何度も打ち合わせをする中で、橋本の望む方向性を企画書に込めたような気がしてならない。そして締めのくだけた言い回しは、人なつこい性格だったという円谷一の人柄が反映されているようで微笑ましい。

満田　企画書作りは僕が中心になって田口と熊谷と手分けしてやってましたが、局に持っていってからは一さんの仕事で僕はタッチしてません。一さんなら気楽に局に行けますからね。とにかく社内にいる人間でお金かけずにどこまで準備できるかってことでやってま

したから、外部のプロライターもまだ入ってなかったですね。(『帰ってきたウルトラマン大全』満田穧インタビューより)

おそらくは本企画書と同時期に、ほぼ同内容の企画書が製本されている。特徴的なのは、MAT基地、隊員服、各種兵器、のちにキングザウルス三世、タッコング、アーストロン、ザザーンと命名される怪獣達のデザインが、スチールで撮影され貼り付けてあることだろう。

内容的に目がいくのはまず監督陣として〝本多猪四郎氏は故円谷英二と組んで怪獣映画を製作して来ましたが今回のウルトラマンでは演出をかって出ています。その他、福田純、長野卓、また旧ウルトラマンで活躍した飯島敏宏氏、実相寺昭雄氏にも交渉中です〟とあることだ。これが事実だったかどうか、今では確かめる術はないが、制作された『帰ってきたウルトラマン』では、福田、長野の東宝組の登板はなかったものの、筧正典《かけひまさのり》、シリーズ後半には松林宗恵《まつばやししゅうえ》がシリーズに参加している。さらに興味深いのは、制作費についての言及がある事だ。以下、採録する。

ずばり380万でOK!

過去のウルトラマンでは500万を越し、30分番組では初めての高製作費でした。それは特撮に必要な機材、設備、美術に大半が使われたからです。ところが今回は円谷英二氏の遺産である東宝、8．9．11の特大ステーヂ(原文ママ)が使用出来るうえに、更に特撮に必要な機材は前回のウルトラシリーズで完備され380万の製作費でも前回に見おとりがしないと言うわけです。

『ウルトラQ』から『怪奇大作戦』までの制作費はほぼ一本当たり五五〇万であるから、三八〇万では約三割減となる(注八)。『怪奇大作戦』は別にして、『ウルトラQ』から『ウルトラセブン』までは五五〇万では足りず、毎回赤字だったわけだから、この数字は現実的ではないし、『帰ってきたウルトラマン』のプロデューサーだった斉藤進は、実際には五五〇万だったと証言している(注九)。したがってこの三八〇万という数字は、あくまでセールストークであったと言える。

田口 この頃の企画書は、僕が書いていましたが、三八〇万なんて具体的な数字は書き込めませんよ。これは(円谷)一さんでしょうね。この頃の企画書は、TBSが作った営業用があったらしいから、その企画書だったんじゃないかな?

本書でこれまで企画書と言ってきたのは、局の編成用のものである。スチール入りの企画書がTBSの作成した営業用だったとすれば、この時期、潮目が円谷プロ有利に変わってきたことを意味するのだろう。以下、主要な部分を採録する。

(注八)前者は一クールで約七〇〇〇万円、後者は約五〇〇〇万円である。

(注九)『帰ってきたウルトラマン大全』熊谷健・斉藤進インタビューより。

ステージは……？

東宝撮影所、No8・No9・No11のうち1つが使えます（注十）。目下No11を交渉（原文ママ。「交渉中。」の誤りか）400坪のステージにパーマネントセット、特撮のミニチュアーセット7つを同時に飾り込んでも充分のスペースがあります。No11は怪獣映画製作に必要なホリゾント、宙づり可能な機能、その他色々な設備があります。と言いますのはこのステージは故円谷英二氏が東宝で特撮物を撮る時に使用されていたからなのです。ゴジラもラドンもモスラもみんなこのステージから誕生したのです。

特撮技術、合成技術は……

ウルトラシリーズで活躍したチームが担当空白期間は台湾の〝朱紅武〟（注十一）の特撮を担当、海外でも活躍しています。また三菱未来館の映像にも関係し、多大の実績を持つ者ばかりです。

また、合成技術にしても当社がコマーシャルで開発した空間像の合成技術を駆使、16㎜でも合成が可能になり、グーンとコストが安くなりました。

合成に関しては西ドイツのペーターフィルムがサンプルを見て非常に驚いています。

（注十）
第十一特撮専用ステージは、七一年七月に解体される。

（注十一）
七一年の台湾映画『朱洪武』（脚色・徐天栄、脚本・林裕淵、監督・徐大鈞）のことだろう。明の洪武帝が主人公のモンスター映画で、特技関連として〝日本円谷英二特技公司共助撮製〟〝特技指導 高野宏一〟〝美術指導 鈴木儀雄〟〝操演指導 塚本貞重〟とクレジットされている。

商品化権と海外セールスはどうか……

怪獣は駄目と言われて三年、いまだに玩具メーカーのチャンピオンです。商品化権の契約についてTBSでは更に5年の延長を円谷プロと結びました。怪獣ショーは各地で好評。電通、フジフィルムで100体の怪獣を各地で稼働、写真撮影会は大変な人間を動員しています。

海外セールスの面でも、ウルトラマンは全米で放映中、現在でもファンレターが海を越えて舞いこんでいます。

怪奇大作戦は西独、ウルトラセブンは東南アジヤ（原文ママ）中南米と世界各国の子供から絶大な人気を得ています。海外販売で得た収入は国際室の大谷氏におきき下さい。

予定されるメインスタッフ……

プロデューサー　円谷一
　　　　補　斉藤進
脚本　金城哲夫
　　　関沢新一

若槻文三
佐々木守
伊上勝
上原正三
千束北夫（原文ママ）（注十二）
市川森一
藤川桂介
山田正弘

監督　本多猪四郎
福田純
長野卓
飯島敏宏
実相寺昭雄
谷清次
満田稔

撮影　佐川和夫

特殊撮影　高野宏一

美術　池谷仙克

（注十二）飯島敏宏のペンネーム「千束北男」は、本来「北夫」だった。

鈴木儀雄
東宝美術
照明　岸田九一郎
操演　塚本貞重
編集　柳川義博
合成技術　中野稔
特殊作画　飯塚定雄

この段階でも企画の内容は実際に放送された『帰ってきたウルトラマン』とは、かなり異なるイメージである。それについて橋本洋二は、次のように証言している。

橋本　僕は前のシリーズとは違った方向性で行こうと言っていましたから、最初の企画書とは内容は変わっていきましたね。ただプレゼンテーション用の企画書と実際の内容が違ったものになるという点については、ツブちゃんもはっきり割り切りはついていたんです。つまり僕がツブちゃんに頼んだのは、とにかく社内に通りのいい企画書が欲しい。とにかく380万という金額でやれますというのを謳って、つまりそれがTBSに対する宣誓書になるんですよ。その上でみんなが取りたがっている金曜の7時枠を取ろう、まずそれだよと。それには企画がわかり易くないといけないんですよね。だから企画書には、僕のイズムというのもあまり投影されていません。ましてやスポンサーが付いてないのに、僕のイズムで企画書を起こすと「なんだか難しいよ、こんなの当たらないよ」なんて言われかねないですからね(笑)。(『帰ってきたウルトラマン大全』橋本洋二インタビューより)

『帰ってきたウルトラマン』の最終的な企画書となったのは、七〇年十二月十九日に印刷された『特撮怪獣シリーズ 帰って来たウルトラマン』である。これは〝今がチャンス〟という冒頭の謳い文句等、過去の企画書と重複する部分は多いものの、〝これがヒーローのウルトラマンです‼〟という項を設け、キャラクター設定にページを割いている点が新しい。また、変身パターンも提示され、過去の企画書よりも一歩踏み込んだ内容になっている。番組フォーマットは前後編を廃し、従来の一話完結に戻された。おそらくこの時点で『帰ってきたウルトラマン』の制作は本決まりになっていたのだろう。決定した時期は不明だが、翌年四月からの編成を行うタイミングを考えると、七〇年十一月頃だったのではないだろうか。

番組のメインライターとなった上原正三が遺した七〇年のメモによると、『帰ってきたウルトラマン』の打ち合わせが確認出来る最初が十一月二七日である(これについては第二部で述べる)。つまり企画書の印刷よりも前なのだ。したがって内容的にもこの企画書は、局と番組の内容についてすり合わせるために作成されたものと見ていい。以下、企画書から重要な部分を採録していく。

これがヒーローのウルトラマンです!!

ウルトラマンはM78星雲から地球の平和を守るためにやって来た宇宙人です。そのままの姿では地球上に長く居れないのでバン・ヒデキ(晩日出輝)と名乗る青年としてMATの隊員になっています。そして絶体絶命の大ピンチの時だけウルトラマンに変身してこのピンチを切り抜けるのです。

☆変身の方法

a案　フラッシュスパーク

両手をややナナメにして上に挙げる。両手の間にスパークが走り、それが体全部を包み、ウルトラマンに変身していく。

b案　ワンツウスパーク

a案のフラッシュスパークとスタイルは同じだが右手の指で1を作り左手の指で2を作る。指と指の間にスパークが走りウルトラマンに変身する。

c案　Vサインスパーク

両手を水平に伸し、肘を直角に曲げ両方の指でVサインを作る。両方の指からV

の字に光線が走りウルトラマンに変身する。

d案　フラッシュバックル

ガンベルトのバックルに変身光線を仕込んである。バックルのふたを開けると閃光が輝き変身する。

e案　フラッシュビーム

前作での変身方法。小型懐中電灯の様な物をフラッシュさせると変身する。

☆誰かの視線がある時はウルトラマンに変身出来ない。例えバン自身が気づかなくても、遠くからバンのことを見ている者がいれば自動的に変身にストップがかかる。

☆ウルトラマンで居られる時間……

ウルトラマンの世界M78星雲とは違い、地球上ではウルトラマンになると急激にエネルギーが消耗してしまう。だからウルトラマンで居られる時間は四分間しかない。ラスト一分前に胸のカラータイマーが点滅を始め、残り時間の少いことを警告する。

☆ウルトラマンの武器……

1空を飛ぶ
2怪力
3走るのが早い
4透視術
5聴力がある
6必殺の武器としてスペシュウム光線（原文ママ）を放つ。方法としては両手を胸の前でクロスに交差させて光線を出す。しかし、このスペシュウム光線を使用すると多量のエネルギーを一時に消耗させてしまうので、スペシュウム光線を放った十秒後にはウルトラマンでは居られなくなる。従ってウルトラマンにとってはこのスペシュウム光線は最後の最後に抜く伝家の宝刀である。

スペシュウム光線には
Ⅰ、凍結スペシュウム
Ⅱ、熱破壊スペシュウム
の二種類ある。

登場人物に関しては基本的に前回の企画書と変わらないが、主人公バン・ヒデキの設定が変わっている。以下、採録する。

○バン・ヒデキ（晩日出輝）（25才）

M78星雲から来た宇宙人。自分では北海道出身と言っている。北海道のカドクラ牧場で不思議なムードを持ったお兄チャンと見られていたがMATの公募に応じた。誰にも自分がウルトラマンであると知られてはまずいのでそれなりの苦労も悩みもある。時にはひょっこりと北海道の牧場へ顔を出しみんなを驚かせたりする。

アイテムを使わない変身方法が真っ先に挙げられている辺り、橋本の言う〝前のシリーズとは違った方向性で行こう〟が活かされているのかも知れない（事実、その通りとなった）。それは主人公の設定が〝明るい性格の好青年〟から〝不思議なムードを持ったお兄チャン〟〝ウルトラマンであると知られてはまずいのでそれなりの苦労も悩みもある〟という表現に変更になったところにもうかがえる。

主人公の設定変更に伴い、サンプルストーリーも別の展開になった。以下、要約しよう。

怪獣達は姿を消し、地球は平和を保っていた。しかし世界各地で大地震が発生し、海底火山が突如噴火した。折しも各国の核保有競争が核実験の頻度を高め、ついに怪獣達が一斉に目を覚ましてしまった。

早速自衛隊が出動したが、彼らの武器は通用しなかったし、専門知識もなく、怪獣攻略の作戦さえ立てられなかった。

逃げまどう群衆の悲鳴はなぜか「ウルトラマン！　ウルトラマン！」と叫ぶ声のように聞こえていた。

そんな願いが届いたのだろうか。はるか彼方から何者かが飛んできた。その姿、忘れもしない我らがヒーローウルトラマンだ！　戦いは長引き、遂にカラータイマーが点滅を始める。ウルトラマンはザザン（企画書の表記）を冷凍スペシュウム光線（企画書の表記）で倒すと、再び大空の彼方に消えていった。

政府はこのザザン事件を機会に防衛会議を開き、その結果、怪獣専門のチームを結成することにした。

こうして怪獣専門のチーム、モンスターアタックチーム（ＭＡＴ）のメンバーの集結が進められた。隊長として自衛隊のヤマグチ一佐が任命され、他のメンバーはテストで選択されることになった。

その頃、北海道のカドクラ牧場にバン・ヒデキという不思議なムードを持った青年がいた。特別に一生懸命働いている様子もないのに、いつの間にか仕事が片付いていたり、彼が乳を搾ると牛はいつもより多くの乳を出したりといった感じだ。カドクラ牧場の子供達、十七歳のカオルも、十歳のマサユキもこの青年のことが好きだった。

ある星の綺麗な夜、牧草の上に寝転がっていたバンは、空に星が一つ、また一つ流れるのを見た。バンはムックリと起き上がり、「ついにその時が来たか……」と不思議な言葉を呟いた。

ＭＡＴメンバーの選考テストが始まった。多くの応募者の中から勝ち残ったのは、ムトウ、ウエノ、キシベ、サワダキヨコ、そしてあの夜以来カドクラ牧場から姿を消したバンだった。

早速事件が起こった。鳴門海峡の渦潮から、アーストロンという凶悪な怪獣が出現したのだ。ＭＡＴの初出動である。しかしアーストロンは手強く、バンは物陰に走り、フラッシュスパークでウルトラマンに変身した。

アーストロンの強さは予想以上であった。ピンチに陥るウルトラマン。カラータイマーが点滅を始め、遂に伝家の宝刀スペシュウム光線を放つ。だがアーストロンには効かなかった。大空に飛び去るウルトラマン、完全な敗北であった。

バンは固く決意した。きっと数々の怪獣どもが現れるだろう。それらと戦いながら、宿敵アーストロンを倒すべく必殺の新しい技を編み出さなければならないと。

そんなある日、バンがひょっこりカドクラ牧場に帰ってきた。バンはカオルにもマサユキにもＭＡＴの隊員になったことを話さなかった。こうしてウルトラマンであり、ＭＡＴの隊員であり、牧場のお兄ちゃんであるバンの生活が始まった。


のちの『ウルトラマンレオ』（注十三）にも通じるライバル怪獣の設定、疑似家族的な牧場でのお兄ちゃんという設定が加味され、ドラマ部分の充実を狙った印象をサンプルストーリーからは受ける。〝必殺の新しい技〟と言う文言からは、スポ根的な展開が予想され、こ

（注十三）七四年四月十二日〜七五年三月二八日。

うした部分に橋本イズムが匂う。かくして『帰って来たウルトラマン』は実際の制作へ向け舵を切り出したのである（注十四）。

橋本　そこから先は上正（上原正三）と詰めていったんです。彼とは『怪奇大作戦』や『柔道一直線』を一緒にやったし、やればできるはずだと思ってましたから。いずれにせよ僕としては、円谷プロの引き出しを広くすることがひとつのテーマでしたし、前と同じパターンの繰り返しではなく、今（70年代）の時代にふさわしいウルトラマンを作らなければいけないと考えていました。だからツブちゃんが書いた主題歌の1行目が、ある意味では僕のテーマだったわけですよ。（中略）それはM78星雲じゃない、もっと身近な、君にだってその気になればウルトラの星は見えるんだよということです。だからその辺の僕の気持ちを、ツブちゃんが阿吽《あうん》の呼吸でわかってくれたんだろうと思いました。（『帰ってきたウルトラマン大全』橋本洋二インタビューより）

田口　『帰ってきたウルトラマン』というタイトルが付いた時に、これは円谷一さんのことだなって。つまりね、一さんがＴＢＳを辞めて円谷プロに帰ってきたという意味。それも含めた冗談を、社内で話していたんだよ。

（注十四）最終的にタイトルは『帰ってきたウルトラマン』に変更された。

〝五円引きブロマイド〟の世界

駄菓子屋で売られていた〝五円引きブロマイド〟は、当時の子供達の必須アイテムだった。ここに掲載するのは『ウルトラマン』と『ウルトラセブン』のみであるが、無論『ウルトラQ』も発売されていた。他に『マグマ大使』『怪獣王子』『仮面の忍者 赤影』などのテレビ番組や、東宝怪獣映画、ガメラシリーズ、『宇宙大怪獣ギララ』といった劇場作品から、いわゆる第1次怪獣ブームの時期に登場したキャラクターの多くがカードになっていた。その多くは人工着色であり、けばけばしい独特の色彩感覚が五円引きブロマイドを独特な存在にしていた。

第二部

ウルトラマンが帰ってきた

沖縄問題を抱える男

『帰ってきたウルトラマン』のキーマンは円谷一と橋本洋二という二人のプロデューサー、そしてもう一人、番組のメインライターを務めた上原正三の三人だと断言出来る。橋本、円谷一の二人についてはすでに触れた。第二部ではまず、上原正三という人物について描いていこう。

上原がものを書くことに興味を持ったのは、高校生の頃だったという。

上原　僕は那覇高校出身なんだよ。地元だったからね。でも裏口だったかも知れないね。僕の親戚のおじさんが、生物の先生かなんかやっていたから（笑）。受かりそうじゃないから、父親が手を回したんじゃないかな？　だからというか、僕は劣等生だったんだ。特に数学とかは全くわからない。面白くない科目は徹底的に抗戦してたから、先生が僕の顔を見ると、「今日は上原がいるから出席は取らない」って言うわけ。で、先生が黒板の方を向くと、スッと教室から消えて映画館に行ったりしていたんだよ。グレース・ケリーとクラーク・ゲーブルの『モガンボ』（注一）とかを見て、映画館で弁当を食べているような生徒だった。

ただ国語の先生から、作文を誉められたことがあるんだ。僕達一家が、疎開のため船に乗って鹿児島に着くまでの話を作文にしたんだけど、実は作り話だったんだよ。自分は疎開先できっとこういう思いをするだろう、みたいなことを連綿と書いてみたら、「上原は見どころがある」

（注一）五三年、脚本・ジョン・リー・メイヒン、監督・ジョン・フォード、日本公開は五四年四月五日。

とみんなの前で誉められてね。それがものを書こうとしたきっかけだね。

上原は、『ウルトラQ』から『ウルトラセブン』までのシリーズでメインライターを務めた金城哲夫と同じ沖縄出身。脚本家を目指していた上原は、中央大学文学部在学中、友人の勧めで映画研究会シナリオ部に入部、一九五八（昭和三三）年、二〇歳の時に習作『無風地帯』を執筆。それは戦後、沖縄の慶良間沖で発生した沈没船の爆発事故をモデルにしたドラマだった。以下、『上原正三シナリオ選集』（現代書館刊）に、上原自身が執筆したコラム「無風地帯から収骨まで」からの引用である。

（引用者注・大学）二年生の夏。沈没船の爆発事件を知った。慶良間沖で戦争中に沈没した軍用船を解体中に不発弾が爆発、作業員三〇名が爆死したというのだ（注二）。スクラップは当時沖縄の花形輸出産業だったが、不法に海底から不発弾を引き揚げ、解体中に爆死する者があとを絶たなかった。やっとストーリーのヒントを掴んだ。沈没船から砲弾を引き上げる若者の物語だ。僕は下宿に帰ると箱書き（注三）を作り、第一稿を書き上げた。

上原　『無風地帯』で主人公の親と兄は、沈没船から爆弾を引き上げて生活の糧にしているんだけど、命が惜しいから主人公だけは手を出さない。彼の恋人は、沖縄のコザの店で、まあ、米軍相手のパンパンをやっているんだ。やっぱり親が沈没船から引き上げた爆弾で死んでね。

（注二）当時の報道によると犠牲者は三二名のようだ。

（注三）脚本を構成するための設計書のようなもので、プロットよりは精密に、実際の脚本のシーンナンバー通りに書き、シーンの目的、場合によっては台詞も書き込む。

主人公は、彼女を身請けする金が欲しくなって、嵐の日に、爆弾の引き上げに手を出してしまって、船ごと爆死してしまうんだよ。

前記『上原正三シナリオ選集』で筆者が行ったインタビューで、上原は「『無風地帯』には、その後の自分のエッセンスが全部詰まっている」と語った。事実この作品には、原風景としての沖縄戦、虐げられた人々、一人の女の天使性と娼婦性という、その後の上原作品の根幹となる要素がすでに凝縮されている。

本作はシナリオ部の有志で作っていたシナリオアート同人会の同人誌『しなりお・あーと』NO．２に掲載された。

上原は大学卒業後も脚本家になるべく独学を続けていたが、ある日体調に異変が起きる。

上原　『しなりお・あーと』には、素人だけど優秀なシナリオライター志望がいっぱいいたんだ。プロになった人はいなかったと思うけどね。そこに投稿しようとシナリオを書いていたんだけど、なぜか血を吐く。それでも何とか仕上げた後で、近くの病院に行ったら、肺結核だからすぐに入院しなさい、ってことでね。当時僕は、親から仕送りを受けていた身分なんだけど、入院するって言われてもどうしようもないから、鹿児島回りで沖縄に帰ったんだよ。金城哲夫と会ったのは、療養三年目の頃だね。

金城と会いながら、沖縄芝居も書いていてね。それに那覇高校時代の同級生が、沖縄テレビのディレクターだったから、「シナリオライター志望だったら書いてみないか」ということで、『郷土劇場』という番組の脚本を書いて、それがデビュー作ですよ。これは一時間の生放送でね、十本ぐらい書いたと思う。

その頃金城は円谷研究所に所属していたが一時的に帰郷し、脚本、監督を担当した映画『吉屋チルー物語』の仕上げ中だった。それは実在した歌人であり遊女の悲恋物語だった。上原はわずか二四歳の青年がこのような映画を作ったことに驚嘆すると同時に、違和感も覚えていた。

上原 僕は金城哲夫には決してなれないと思ったね。つまり変な話、沖縄で戦争を体験して育った若者が、何で『吉屋チルー』なんだよ、ってね。

金城の作風は基本的にはポジティブなエンターテインメント指向で、時として過剰なまでにピュアな人物が登場するのも特徴の一つだ。その意味で、恋人と添い遂げることが出来ずに、自ら命を絶つ吉屋チルーの物語は、金城らしい題材の選択だった。

一方の上原は、六四年の芸術祭テレビドラマ公募部門で奨励賞を受賞した『収骨』もそうであるように、占領下の沖縄問題に強い関心を示していた。それは遺作となった小説『キジムナーｋｉｄｓ』（現代書館刊）まで連綿と受け継がれる上原のテーマであり、エンターテインメントの範疇にありながら、ネガティブな作品が多い。また金城は沖縄の土着の姓であるが、上原の先祖は中国からの渡来民で（注四）、一六〇九（慶長十四）年の薩摩による琉球王国侵攻後に処刑された謝名利山（謝名親方）（注五）が先祖の一人だ。上原は二〇一六年三月二七日の『沖縄タイムスプラス』（電子版）で次のように語っている。

「薩摩侵攻の時に捕らえられ、2年間幽閉されても薩摩への忠誠を拒否したため、処刑された謝名親方（琉球王国の大臣）が僕の先祖。18歳の時、琉球人の誇りを持って東京に来てから60年、僕の心の中にはいつも謝名がいる」

このように、上原の心には、他国によって故郷を奪われた者の怒りが刻み込まれている。なお、謝名親方は金城が帰郷後執筆したラジオドラマ『噴煙』（注六）の主人公であり、同じく金城作『佐敷のあばれん坊』に次ぐ沖縄芝居の第二作『一人豊見城』に登場する謝名樽金、虎千代兄弟は、謝名親方の息子達だ。金城は上原が謝名親方の子孫であると知り、驚いたという。

六四年、上原は沖縄のローカル番組『郷土劇場』で脚本家デビューした翌年、金城の誘いで、彼をサポートするため円谷プロに入社、企画文芸室の一員となる。そして『ウルトラQ』『ウルトラマン』『快獣ブースカ』『ウルトラセブン』などの作品で脚本を執筆するが、本領発揮とまではいかなかった。ただ未映像化に終わった「三〇〇年間の復讐」（『ウルトラセブ

（注四）久米三十六姓と呼ばれる。十四世紀末、現在の福建省から移民が渡来し、現在の那覇市久米に定住した。のちに琉球王朝で要職を務める者が多かった。

（注五）久米三十六姓の末裔で、十七世紀初頭に琉球王国の三司官（宰相）を務めた。尚寧王らが薩摩に屈服したのに対し、単独で抵抗を続け一六一一年処刑された。琉球侵攻後、王国は明朝と薩摩藩双方に従うことになった。

（注六）『噴煙』ラジオドラマ『琉球反逆伝』第一話。七五年四月三日、琉球放送。

ン』）は、虐げられたマイノリティが人類に復讐するというストーリーであり、上原のウチナンチュ（沖縄人）としてのアイデンティティが色濃く出た作品だった（注七）。

そんな上原の転機になった作品が『怪奇大作戦』である。この番組に関しては、TBS側のプロデューサーだった橋本洋二と金城の間に、番組のテーマに関して決定的なズレがあった。

『怪奇大作戦』とは〝科学を悪用して犯罪をおかす者とそれをあばく者との対立を描くドラマ〟（企画書より）であった。金城はそれを『スパイ大作戦』（注八）のパターンで考えていたようだ。それに対し橋本は、犯罪がなぜ生まれるのかという部分にテーマを求めた、言わば『七人の刑事』のような社会性を持ったドラマを想定していたのだ。

金城は、橋本の真意が理解出来ないまま、第一話「海王奇談」のシノプシスを書き上げる。それは海鬼伝説にまつわる海洋ミステリーで、海中でのアクション、円谷プロらしい特撮シーンが見せ場の金城らしいエンターテインメント性溢れるプロットだった。

しかし橋本はそれにGOサインを出さなかった。それはそうだろう。『海王奇談』には、橋本が求めた社会的なテーマ性が欠落していたからだ。

金城は悩みに悩んだ末、対馬丸事件を題材にしたものを書きたい、と橋本に告げる。それは終戦のほぼ一年前、四四年八月二二日に発生した悲劇だった。沖縄から本土に向かう学童疎開船対馬丸が、アメリカ海軍潜水艦の攻撃を受け沈没、一四八四名の犠牲を出した痛ましい事件である。

（注七）予定監督は野長瀬三摩地。詳細は『ウルトラセブン』の帰還』を参照。

（注八）アメリカCBSで放送されたテレビ映画。日本ではフジテレビで六七年四月八日〜七三年九月二七日放送（全四シリーズ）。

だが金城は結局、対馬丸事件を題材とした脚本を執筆することが出来なかった。それどころか『怪奇大作戦』では、共作を含む三本のエピソードを執筆するだけに終わってしまう(注九)。そしてそれらの作品には、かつての金城作品のようなきらめきを感じることは出来なかった。なぜ金城は対馬丸事件を書けなかったのか。それについて上原は興味深い証言をしている。

上原　橋本さんは、橋本さんなりの正義感で『怪奇大作戦』を作ろうとしたんだと思うな。そういう意味では、ジャーナリスティックな視点を常に持ち続ける人だったね。テーマというものをえぐっていかなければドラマじゃないよ、というのが橋本さんの中にはあったね。だから金城に、対馬丸を書いてみたらと言ったんだけれど、金城はついに書かなかった。逆に言えば金城というのは、幼心に沖縄でどっぷり戦争を体験して、長じてからはほとんど戦争のことを触れたがらなかったよね。というより触れなかった。それは彼にとってある意味トラウマだから、引きずり出して書くということが出来なかったんじゃないかと思うんだよ。

一方、それまで金城の背を見ながら歩んできた上原の作家性は、『怪奇大作戦』で一気に開花する。第一話となった「壁ぬけ男」では、かつての栄光を求める犯罪者の悲哀を、市川森一と共作した「光る通り魔」では住宅公団の汚職に押しつぶされる男を、「霧の童話」と「24年目の復讐」では沖縄問題を背景に、「かまいたち」では孤独な地方出身者の動機なき殺

(注九)
第二話「人喰い蛾」、第三話「白い顔」(脚本・金城哲夫、上原正三、監督・飯島敏宏、特殊技術・的場徹)、第六話「吸血地獄」。

人を描くなど、番組を代表する傑作、異色作を連発した（注十）。

だが上原は、プロローグで記した通り、番組終了後、金城よりも一足先に円谷プロを退社してフリーとなってしまう。

上原の『金城哲夫 ウルトラマン島唄』には、失意の金城が田口成光とともに信州旅行に出ている間（出発は六九年一月二二日）、自分の身の振り方を考えていたとの記述がある。そして上原はＴＢＳに橋本を訪ねる。すると橋本は言った。

「お前さん、まだ本物じゃないよ。給料貰ってあんのんと書いているうちは本物じゃないね。なにも追いつめてないもの、自分を」

「………」五月には結婚が決まっている。円谷プロを辞めて女房を食わしていけるのか、そんな逡巡があった。

「お前さんのテーマはどうなるのッ」橋本の言葉はトンガって鋭い。

「テーマ？」

「ウチナーンチュを標榜してこのヤマトで生きる。それがテーマ。そう言ってたじゃないか」

ガツンと一発食らった。迷いが消え、気合いが入った。（『金城哲夫 ウルトラマン島唄』より）

（注十）
「壁ぬけ男」第一話、監督・飯島敏宏、特殊技術・的場徹。
「光る通り魔」第八話、監督・円谷一、特殊技術・的場徹。
「霧の童話」第十二話、監督・飯島敏宏、特殊技術・的場徹。
「24年目の復讐」第十五話、監督・鈴木俊継、特殊技術・大木淳。
「かまいたち」第十六話、監督・長野卓、特殊技術・高野宏一。

こうしてフリーの脚本家、上原正三が誕生した。

橋本の元に

一九六九（昭和四四）年二月一日にフリーとなった上原正三は、橋本洋二が所属するTBS映画部が、大映テレビ室や国際放映と共同制作するテレビ映画の脚本を担当していく。だが、氏が遺した手帳のメモを拾っていくと、興味深い事実が浮かび上がってくる。結論を先に言えば、橋本はまだ円谷プロの社員だった上原に、他社制作のテレビ映画の脚本を依頼していたのだ。まず気になるのが、六八年九月十日から九月二八日にかけてのメモだ。

9月10日（火）実相寺　試写。「やってやれない」直し　風間
9月11日（水）朝7時起き「やって」直す。TBS。3時帰社。
9月28日（土）佐々木、上原、橋本、マス須（原文ママ）、風間、島崎、AM2：00帰る

十日の〝実相寺　試写〟は、『怪奇大作戦』第四話「恐怖の電話」もしくは第五話「死神

の子守唄」の試写だがどちらかは不明（注一）。

「やって」とは、のちに『どんといこうぜ！』（注二）となるテレビ映画の初期タイトル『おれがやるんだ！』の一エピソードで、「やってやれないことはない」というパイロット台本が現存する。

十日と二八日のメモにある風間とは大映テレビ室の風間孝雄で、二八日のメモにある佐々木とは脚本家の佐々木守、それぞれ『どんといこうぜ！』のプロデューサーとメインライターである。〝マス須〟は不明だが、人名だとすれば制作プロダクション、あるいは代理店の人間かも知れない。島崎とは赤坂にあった旅館の名前で、上原メモにひんぱんに登場する。三〇日、十月一日のメモを合わせて考えると、これは円谷プロ関係の打ち合わせではなさそうだ。


9月30日（月）桔梗屋PM9、橋本氏と会う。

10月1日（火）島崎AM10、青春家族企画打合せ。徹夜で「どんとまかせろ」脱稿。


『青春家族』という番組企画は、「おれの涙でガラスも光る」というタイトルで、木原光名義の生原稿が現存している。円谷プロの社員が自社に無関係な番組の脚本を書くのはまずいということでペンネームにしたのだ。「どんとまかせろ」は『どんといこうぜ！』と紛らわしいが、文脈から考えて、『青春家族』の一エピソードだったのだろう。

（注一）
「恐怖の電話」「死神の子守唄」ともに脚本・佐々木守、監督・実相寺昭雄、特殊技術・大木淳。

（注二）
六九年一月六日～六月三〇日。大映テレビ室制作。出演は中村玉緒、なべおさみ他。

この後、上原が退社する直前、六九年一月二八日まで、『青春家族』『どんといこうぜ！』それに広告代理店、新弘社の企画を円谷プロの仕事の合間にこなしている。この中で番組として形になったのは、『どんといこうぜ！』のみだ。
この番組で判明している上原担当回は以下の通り。なお、二月十日放送の第六話までは、木原光名義である。

第五話「人も歩けば車に当たる」（監督・白井更正）
第六話「男度胸でどんといけ」（監督・山際永三）
第十四話「おかしな来訪者」（監督・筧正典）
第十五話「男だ！よいしョ」（監督・山際永三）
第二二話「急がば回れ」（監督・山際永三）
第二三話「サンゴ礁のあいつ」（監督・山際永三）

なお「サンゴ礁のあいつ」は沖縄ロケ編で、金城が山際と上原を、実家のすき焼き店松風苑に招待し、歓待したそうだ。上原が橋本や佐々木と打ち合わせしていた九月二八日は、『怪奇大作戦』の放送が始まったばかり、前日の二七日には、のちに「霧の童話」となる飯島敏宏監督作品「呪いの村」のストーリー打ち合わせが入っており、翌二九日には、上原が金城と共作した第三話「白い顔」が放送されている。いわば上原が作家として羽ばたこうとしていたこの時期、橋本は上原を社外作品に誘っているのだ。

橋本は『ウルトラセブン』中盤から、TBS側のプロデューサーだった三輪俊道の補佐として番組についている。もっとも番組責任者というより、次作のプロデューサーを橋本が担当することが決まっていたため、その引き継ぎの意味合いが強かったという。

橋本は作家の本質を見極めようとするタイプのプロデューサーである。上原が執筆した『ウルトラセブン』第二八話「700キロを突っ走れ!」(注三)を見た時に橋本は、「ウエショーじゃなきゃ書けない脚本だね」と本人に言ったという(注四)。このエピソードは、地球防衛軍が新たに開発した高性能火薬スパイナーを実験場に運搬するため、ウルトラ警備隊のダンとアマギがラリーの選手に化け、その任務に当たるという内容である。途中、謎の敵から様々な妨害工作を受け、アマギは自分が抱えるトラウマに苦しむことになる。アマギが小学生の頃、近くの花火工場が爆発し、家も人間もバラバラになった。それ以来、似たような場面で足がすくむようになってしまったのだ。

橋本はそれを、上原の戦争体験と勘違いしたようだ。しかしすでに記した通り、上原は戦場にいた体験はない。

上原　戦争が激しくなって、我々一家も疎開することになったんだけど、父親(敬和)は糸満の警察署長だったから沖縄に残してね、台湾で成功していたおじさんを頼って行ったんだよ。凄くでかい屋敷でね、アイスクリームなんか何なのというぐらいに食べさせてくれる(笑)。

(注三) 監督・満田稔、特殊技術・高野宏一。

(注四) 『「ウルトラセブン」の帰還』より上原正三の証言。

そこにしばらくいたんだけど、僕の姉が、長女だけど、ひめゆり部隊の師範学校（沖縄師範学校女子部）にいたわけ。でも台湾には姉が通える師範学校がなかったから、沖縄に帰るか、九州の師範学校に入れ、という指令が来たんで、この際、沖縄に帰ろうということになってね、結局、台湾には二ヶ月ぐらいしかいなかった。それで帰ることになったのが四四年の十月。その頃すでに悪石島の沖で、対馬丸が沈没させられていたんだけど、戦時中だから僕らの耳には入ってこない。だから船に乗って行ったんだけど、途中台風に遭って西表島に避難して、三日ぐらいいて沖縄に着いたら、十月十日の大空襲で那覇は焼け野原。僕は神風という言葉は嫌いなんだけど、あの台風は、僕らにとってまさに神風だったね。

それで沖縄にいてもいずれやられるということで、那覇には入らないで九州に向かったんだ。でも船長には色々情報が入っていたんだろうね、あそこでやられたとか、あっちでやられたとか。だからジグザグ航行で、結局、西表島から一週間ぐらいかけて鹿児島に着いたんじゃなかったかな。まさに漂流だね、だから夜寝る時に、船が沈んでも家族が離ればなれにならないように、紐で結んでね。

上原一家は、その後熊本に渡り、ある寺で終戦を迎える。そこには沖縄から来た家族が四組ほど世話になっていたという。結局、沖縄に帰ったのは終戦から一年後だった。

上原　アメリカ統治下の沖縄は琉球政府といってね、それこそ沖縄の人達の命は缶詰より安い。町中を爆発物とか武器を積んだ車が走り回っているけれども、一体何を運んでいて、どこに運ばれているのかまったくわからない。そういう恐怖を感じていたんで、それが「700キロを突っ走れ！」になるんだよ。（『「ウルトラセブン」の帰還』より）

橋本の鋭い感性は、「700キロを突っ走れ！」の中に込められたメッセージ性を嗅ぎ取るとともに、上原の作家性を見出したのだろう。上原が作家性を開花させたのは、前記の通り『怪奇大作戦』である。その序盤で、橋本が上原に他社の仕事を回したという意味は大きい。のちに橋本が上原に放った「給料貰ってあんのんと書いているうちは本物じゃないね」という言葉は本音だろう。

この頃、橋本のお気に入りの作家はラジオドラマ時代からの盟友、佐々木守であり、若手では『コメットさん』でめざましい活躍を見せた市川森一であった。橋本としては、将来的に上原をフリーの脚本家に育て上げようとしていたのではないだろうか。六八年九月から翌年にかけては、そのためのテスト期間だったのかも知れない。

上原は、フリーになった六九年二月以降、『どんといこうぜ！』をメインに、TBS映画部が大映テレビ室、国際放映と制作していたテレビ映画『青空にとび出せ！』『オレとシャム猫』を執筆している（注五）。

この年、上原にとって最大の転機は『柔道一直線』に参加する機会を得たことだろう。上原メモに番組の名前が初めて登場するのは七月十六日。〝PM1、並木氏　アポロ11、月へ、

（注五）
『青空にとび出せ！』六九年三月三〇日〜九月二八日。
『オレとシャム猫』六九年二月五日〜九月二四日。

夜、橋本氏、柔道打合せ〃とある。

上原の『柔道一直線』初登板は、九月二八日放送の第十四話「剛道にぶち当れ」で、以降、六九年は十本、七〇年は二一本（佐々木守との共作を含む）執筆している。

上原にとって佐々木との共作は大いに得るところがあったようだ。「書き始めたら書き終わるまで、一心不乱にカリカリと書いている。あの集中力は凄いし、とてもかなわないと思った」と、生前上原は筆者に何度も語っていた。そしてこの番組の存在が、『帰ってきたウルトラマン』に重大な影響を与えることになる。

一九七一年の状況

一九七一（昭和四六）年最大のトピックは、八月のドルショック（第二次ニクソンショック）であろう。アメリカ合衆国第三七代大統領リチャード・ニクソンが、金とドルの交換を停止、世界は変動相場制へと移行し、その後の世界経済に多大な影響を与えたのである。一方、日本国内では学生運動が暴力化、内ゲバが頻発した。また六六年に次いで、航空機事故が多かったことも記憶に残る。

スポーツ、文化面ではボウリングが空前のブームとなり、国鉄が七〇年十月から始めたディスカバー・ジャパンキャンペーン（注一）は、同年創刊の雑誌『ａｎ・ａｎ』（平凡出版、現・

（注一）個人旅行客の増大を目的に始めたキャンペーン。キャッチフレーズは「美しい日本と私」。

マガジンハウス刊）と七一年創刊の『ｎｏｎ－ｎｏ』（集英社刊）（注二）が、地方の風景をファッショナブルに紹介したことから一気にブームを加速した。両誌の記事は、若い女性が個人で旅行を楽しむスタイルを生み出し、雑誌の読者は〝アンノン族〟と呼ばれた。

映画は、日活ロマンポルノ第一作となる『団地妻 昼下りの情事』（注三）の公開が、トピックとしてまず挙げられる。この作品のヒットで、日活はポルノ路線に一気に舵を切ることとなった。十二月には大映が倒産し、五社協定が崩れた。

テレビの世界では前年ＴＢＳで行われた分社化（独立プロ化）が進み、この年はフジテレビからフジプロダクションが、翌年には日本テレビから日本映像記録センターが独立した（注四）。『調査情報』七五年五月の「年表・テレビジョン20年（５）昭和46～47年」の冒頭は、七一年十二月の朝日新聞「ブラウン管の裏側」という記事から、テレビマンユニオン代表、萩元晴彦のコメントを引用している。

「局にいたころはまだ作品を作っているという気持ちがあった。いまは商品を作っているという感じだ。一定の予算で注文を受け、注文通りの品を納品する。その納めた商品をまたスポンサーがチェックする。テレビ文化のためのものを作ろうという意欲を持ち続けるのはむずかしい」

富士ゼロックスの「モーレツからビューティフルへ」というコピーが流行語となったのは

（注二）『ａｎ・ａｎ』七〇年三月二〇日、『ｎｏｎ‐ｎｏ』七一年五月二五日創刊。

（注三）脚本・西田一夫、監督・西村昭五郎、七一年十一月二〇日公開。

（注四）フジプロダクションは、フジテレビ制作局を分社化した社内プロダクション。日本映像記録センターは、「皇太子御成婚」の中継や、『日立ドキュメンタリー すばらしい世界旅行』（六六年十月九日～九〇年九月十六日）で知られる牛山純一が設立した会社。

前年だったが、七〇年安保が終わり、日本万国博覧会の狂熱が去った七一年は、それまでの成長一辺倒だった時代とは異質の空気が流れ始めていた。この年の流行語に新グロモントの「ガンバラナクッチャ」がある。日の丸を着けた男が棒高跳びに挑むも、審判がヒョイとバーを上げたためにクリア出来ない。目標をクリアすることが出来ないという、どこか暗示的なこのアニメのバックに流れたのは、録音テープのピッチを上げて金属的な声にした「ガンバラナクッチャ～」の歌声。そして小松方正の声が「疲れたら新グロモント」と商品をアナウンスするシンプルなＣＭである。

日本はまだ高度経済成長期にあったが、明らかに人々は疲弊しつつあった。この年、公害を題材とした二本の特撮作品、『宇宙猿人ゴリ』と『ゴジラ対ヘドラ』が登場したことでもわかる通り、成長の代償と言える公害問題も広がりを見せていた（注五）。

二月二二日、成田空港建設予定地で、第一次代執行始まる。四月二八日、日比谷公会堂前で、共産主義者同盟（ブント）各派が乱闘となる。五月二八日、薬害スモン訴訟が始まる。六月十七日、沖縄返還協定調印に反対する中核派と警視庁機動隊が、明治公園にて衝突。赤軍派が投げつけた鉄パイプ爆弾が爆発、重傷者二名を含む三七人の機動隊員が負傷（明治公園爆弾事件）。同月三〇日、富山県神通川のイタイイタイ病訴訟、富山地方裁判所、第一審での原告勝訴の判決。七月三日、東亜国内航空のばんだい号（ＹＳ－11）が、函館の横津岳に激突、乗員乗客六八人全員死亡。同月三〇日、航空自衛隊のＦ－86セイバー機が、全日空

（注五）
『宇宙猿人ゴリ』七一年一月二日～七二年三月二五日、フジ。『宇宙猿人ゴリ』から『宇宙猿人ゴリ対スペクトルマン』へ、さらに『スペクトルマン』と二度改題された。
『ゴジラ対ヘドラ』脚本・馬淵薫、坂野義光、監督・坂野義光、特殊技術・中野昭慶、七一年七月二四日公開。

のボーイング727機と岩手県雫石上空で空中衝突。自衛隊機のパイロットは脱出するも、727の乗員乗客は一六二人全員死亡（全日空機雫石衝突事故）。八月、日本共産党（革命左派）神奈川県委員会が、山岳ベース（テロ作戦の拠点となるアジト。警察の目の届かない山岳地帯に築かれていた）を脱走した男女二人を殺害（印旛沼事件）。同月十五日、第二次ニクソンショック。九月十六日、成田空港第二次代執行。東峰十字路の警備に派遣されていた神奈川県警の特別機動隊が、地元住民、学生と激しい攻防となり、警官三人が死亡（東峰十字路事件）。同月二十九日、新潟地方裁判所、阿賀野川の第二水俣病訴訟で原告勝訴の判決。十二月十八日、警視庁警務部長、土田國保宅で、お歳暮の贈答品に偽装した郵便爆弾が爆発、土田の妻が死亡する（土田邸小包爆弾事件）。同月二四日、新宿三丁目の警視庁四谷警察署追分派出所にて、クリスマスツリーに仕込んだ爆弾が爆発。警察官が重傷、通行人六人が重軽傷を負う（新宿クリスマスツリー爆弾事件）。二八日、大映倒産。

以下、「年表・テレビジョン20年（5）昭和46〜47年」から、七一年のテレビ情勢を採録する。

前年三本であったボウリング番組が四月の番組改編時には、「パーフェクト・ボウリング」（NTV）「クイーンズ・ボウル」「レッツゴー・ボウル」（TBS）「パワー・ボウリング」（NET）「チャレンジ・ボウル」（12ch）など一〇本以上、ドラマでも女子プロのタマゴを主人公とした「美しきチャレンジャー」（TBS）（注六）が制作され空前のボ

（注六）七一年四月四日〜十月十七日。

ウリングブームとなった。（中略）しかし、視聴率は「美しきチャレンジャー」が二七・二％をとったのみで、ボウリング中継番組で二〇％を越えた番組は一つもなく、一〇％を越えれば高視聴率番組であった。

ボウリングはこの年をピークとして一挙に衰退の道をあゆむことになる……。

別の面からいえばボウリング番組は経費節減・合理化の申し子であり、ワイドショー、ホームドラマもその線に沿ったものであった。

「（ホームドラマは）俳優さんにお金かけても、同じ台所やカマ場をなんどでも使えるから、そこでやりくりする、望んで作っているのではなく、合理的だからね。」（飯島敏宏、本誌70年3月号）

バラエティ、ドラマ部門では、〝全般に低調で、二番煎じや連続もの、サクセスものがほとんどで新鮮さや熱っぽさなど制作者の積極的な意欲のみられない番組が多い〟と前置きした上で、この年の収穫として『8時だョ！　全員集合』と『お荷物小荷物』（注七）という二つのＴＢＳ番組を取り上げている。以下は採録である。


「全員集合」は69年の十月に始まり、再三、四〇％以上の視聴率を得ていたが、この年の一月二十三、三十日の両日、五〇・四％という高視聴率を記録した。

レギュラー番組で五〇％以上の高視聴率を記録したのは隠密剣士（ＴＢＳ）（注八）64年

（注七）
七〇年十月十七日～七一年二月十三日。続編「お荷物小荷物カムイ編」（七一年十二月四日～七二年四月十五日）もある。どちらも脚本を手がけたのは佐々木守。

（注八）
六二年十月七日～六五年三月二八日。

十一月二十九日、五三・〇%とプロレス中継65年七月二十六日、五一・二%の二番組しかない。この二番組はまだテレビがそれほど普及せず番組が多様化していなかった頃のものであることを考えると、「全員集合」が五〇%以上を獲得したのが驚くべきことであることが理解できるだろう。

この番組の魅力は大ざっぱにいって制作者と出演者の番組にかけた熱っぽさであるだろう。(中略)

居作プロデューサー(引用者注・居作昌果)は「全員集合」の制作態度は脱体制で、みんなが作家であり、演出家であるという。

一方の「お荷物小荷物」は出演者が突然芝居をやめて、自分の考えを話したり、スタジオ風景をうつしたりすることで、「脱ドラマ」と喧伝されたが、制作者が「月火水木金金金」(注九)の成果をふまえて「もっとも現在的なテーマを背負った人物を毎回登場させる」ことに全力を注ぐという姿勢保持することで、全出演者の真剣さ、緊張感が画面にあらわれ、視聴者に新鮮な印象を与えた。(中略)

以後「白雪姫と七人の悪党たち」(TBS)「焼きたてのホカホカ」(NTV)「おんな・男」(NET)(原文ママ)など脱ドラマと称する番組があらわれたが(注十)、どう脱するかばかりを先に考えてしまって、脱する必然性を喪した(原文ママ)番組が多く、みるものになにも与えなくなってしまった。(『調査情報』七五年五月号「年表・テレビジョン20年(5)昭和46〜47年」より)

(注九)
六九年四月十七日〜七月十日。

(注十)
『白雪姫と七人の悪党たち』七一年四月十七日〜八月二八日。『焼きたてのホカホカ』七一年四月三日〜九月十八日、NTV。正しいタイトルは『女・おとこ』七一年十月二一日〜十一月十八日、NET。

この年に放送された『宇宙猿人ゴリ』も『仮面ライダー』（注十一）も、それに『帰ってきたウルトラマン』も、いわば二番煎じの企画であった。しかしこれら三つの番組が、時代を超えて語り継がれているのは、この記事の記者がいみじくも語った〝新鮮さ〟はともかくとして、番組からにじみ出る〝熱っぽさなど制作者の積極的な意欲〟なのではなかっただろうか。

ウルトラマン始動す

一九七一（昭和四六）年一月二日土曜日、子供達にとっては寝耳に水の出来事があった。夜七時、フジテレビが唐突に『宇宙猿人ゴリ』という番組を放送したのだ。それはまさに椿事と言っても差し支えなかった。『スペクトルマンVSライオン丸「うしおそうじとピープロの時代」』（太田出版刊）で、番組のプロデューサーだったうしおそうじこと鷺巣《さぎす》富雄《とみお》ピープロ社長は、企画成立から放送までの慌ただしさを以下のように証言している。

うしお（前略）とにかく急ぐでしょ。放送の第一回が一月の第一週で、放送決定の知らせが来てフジとの間に契約が成立したのが一二月の頭ぐらい。一ヶ月ないんだもの。（中

（注十一）七一年四月三日～七三年二月十日、NET。

略)

——ほとんど前宣伝のようなものもなかったと聞いています。僕ら子供には唐突に何年かぶりに新しい怪獣番組が始まった感じで。そこがまた衝撃でもありましたが。

うしお　時間がなかったからね。しょうがないからね、僕は自分でもってね、秋田書店に頼んで号外風のビラを作ってもらったんですよ。ただし、放送が始まったら、秋田で連載を開始するという約束で。

「宇宙猿人ゴリ、ついに東京に現る!」みたいな文面を自分で考えて、割り付けして。印刷があがってきたのが一二月の三〇日ですよ。人を頼んで配るわけにもいかないんで、一日タクシーをチャーターして、荻窪から世田谷、練馬まで行ったかな、新聞配達所に持ち込んで、折り込みにしてもらうんです。

同書にはそのチラシの図版が載っているが、発行日が〝昭和四七年一月一日〟になっているので、元日付の新聞の折り込み広告だったのだろう。そのような状況で、前宣伝もほとんどなく正月二日夜七時のゴールデンタイムに、アメリカ映画『猿の惑星』(注一)を想起させるタイトルの番組が登場したのだ。しかし主題歌が始まると、真っ先に登場するのはスペクトルマンというニューヒーローの飛行シーン。そこで、この番組が新しい巨大ヒーローものだと気づいた視聴者は多かったのではなかろうか。実は筆者もそうである。そしてこの番組が、のちに第二次怪獣ブームと呼ばれるムーブメントの先駆けになろうとは、この時は誰も

(注一)六八年、脚本・マイケル・ウィルソン、ロッド・サーリング、監督・フランクリン・J・シャフナー、日本公開は六八年四月十三日。

予想していなかったに違いない。

『宇宙猿人ゴリ』が放送された土曜夜七時の時間帯は、スポ根ブームの代名詞である『巨人の星』（NTV）が無敵の王者として君臨していた。他局にとっては、言わば魔の時間帯であった。フジテレビはクイズ番組、歌番組で『巨人の星』に対抗したが、いずれも短命に終わり（注二）、ならば！と、スポ根要素を加えたアクションドラマを対抗馬としてぶつけた。それが七〇年十月から放送された『紅い稲妻』（注三）である。

沖縄で、祖父から空手の手ほどきを受けた松村奈美は、行方不明になった父親を探すためヤマト（日本）に密航する。そして父を誘拐したと見られる悪の結社と戦うというドラマだった。企画、脚本を担当したのは前年円谷プロを退社した上原正三。氏が初めてメインライターを手がけた作品であり〝戦争犯罪を隠しテーマとして描こうとした〟（注四）野心作だったが、やはり『巨人の星』の牙城を突き崩すことは出来ず、一クール十三回での打ち切りが決定する（注五）。そこで浮上したのが『宇宙猿人ゴリ』であった。ピープロはこの年の夏、同タイトルでパイロットフィルムを制作しており、それが功を奏したとも言える。

フジテレビからの制作決定通達は、鷺巣の記憶では〝一一月の頭ぐらい〟ということだが、キャラクター、及び怪獣造型を担当した高山良策の日記には、十一月二三日にピープロとの打ち合わせと記され、翌日からゴリの面の粘土原型作りに入っている。パイロット版『宇宙猿人ゴリ』におけるゴリは、放送版ではゴリの部下になったラーの着ぐるみを使用していた（ラーは登場しない）。つまり、それより前に制作は決定しており、パイロット版からの設定

（注二）『ザ・ヒットパレード』（六九年十月〜十二月）、『クイズ・キングにまかせろ！』（七〇年一月〜三月）、『SOSドキドキクイズ』（七〇年四月〜九月）など。

（注三）七〇年十月三日〜十二月二十六日。制作は当時フジテレビと提携関係にあった新国劇映画社。

（注四）『上原正三シナリオ選集』〈第2部解説〉の『紅い稲妻』第一話準備稿解説より。執筆は筆者。

（注五）上原メモによれば、打ち切りが氏に伝えられたのは、十一月十六日である。

変更が行われたことになる。したがって『宇宙猿人ゴリ』制作のGOサインが出たのは、実際には十一月後半だったと考えられる。だがいずれにしろ翌年一月二日からの放送に間に合うかどうか、ギリギリのタイミングだった（注六）。打ち切られた『紅い稲妻』の代わりとして、撮影に手間がかかる特撮ものを持ってくるのは、スケジュール的にかなりリスキーな決断だったと思うが、その背景に『ウルトラファイト』人気、怪獣玩具の再発、そして『帰ってきたウルトラマン』があったことは間違いないだろう。

十一月の後半と言えば、『帰ってきたウルトラマン』の最終企画書は提出されていないが、番組の制作自体にはGOサインが出ていたと推測出来る。第一部で少し触れたが、この時期の上原メモにウルトラマンの名前が記されるのは十一月二七日〝2PM、円谷プロ ウルトラマン打合せ〟という書き込みが最初だ。

無論、ウルトラマン復活の情報は、フジでも掴んでいたと考えるのが自然だ。怪獣ブーム再燃の可能性もありと見て〝常勝巨人〟に『宇宙猿人ゴリ』をぶつけたと考えても、あながち間違いではあるまい。結果として『宇宙猿人ゴリ』は、ピープロ制作の『マグマ大使』が『ウルトラマン』に先んじてカラー特撮番組第一号となったように、第二次怪獣ブームの先駆けとして、そしてその代表作の一本として、ファンの心に永遠に残る作品となったのだ。

話を本題に戻そう。十一月二七日以降、上原メモにウルトラマンの名前が登場するのは、十二月七日である。

（注六）ピープロから第一話を依頼された、脚本・辻真先、監督・土屋啓之助の二人は、いずれも早書き、早撮りの職人（タイトルは「ゴリ・地球を狙う！」特撮監督・的場徹）。

12月7日（月）8、PMファニーウルトラマン打合せ、中野君（引用者注・光学撮影技師・中野稔）と帰る。

この後、十日、十九日、二一日、二三日、二四日に打ち合わせが入っている。

12月24日（木）PM3TBS、ウルトラマン、橋本打合せ。ウルトラマン第一話準備ということになる。

12月29日（火）ウルトラマン 書き始める。

12月30日（水）柔道プロット、ウルトラマン第一稿打合せ、TBS、AM1、30帰。

残念ながら上原の手帳は、七一年以降のものが未発見で、この後の流れを追うことが出来ない。以後は残された資料、証言等で『帰ってきたウルトラマン』の流れを追っていく。

上原　『帰ってきたウルトラマン』の前に、僕と市川（森一）は、『仮面ライダー』の企画を通す、通さないで頑張ったんだ（注七）。番組自体の企画はもう上がっていて、伊上（勝）さん、市川、

（注七）
七〇年の上原メモで『仮面ライダー』に関する記述は以下の二箇所のみである。
12月25日（金）3PM東映本社。企画の段階で疑問点と全体の展開についてのべる。がために深みに入りそう。
12月28日（月）仮面ライダー、12時、東映打合せ。

僕の三人で番組を回していこうと平山（亨・東映プロデューサー）は考えたんじゃないかな。結局僕は『仮面ライダー』を一本も書いていないよね。企画が通って、じゃあそろそろやろうかということで打ち合わせをしてね、島田陽子（注八）なんかも挨拶に来ている時、僕を『帰ってきたウルトラマン』の方に引き戻したのは橋本さんですよ。

ただ同時に『仮面ライダー』もやるというのは、橋本さんが好まなかったね。かといって『帰ってきたウルトラマン』をやらないで、『仮面ライダー』をやるという雰囲気じゃなかったんだよ。

それもそうでね、円谷一さんが帰って来て『帰ってきたウルトラマン』をプロデュースする。それは円谷英二さんが亡くなってその追悼の意味もあるよね。だから第一話、第二話は巨匠の本多猪四郎さんが撮る、と一さんが言ってさ。やる気が凄いんだよ。そういう中で、御家再興のためにはせ参じなきゃ、元家臣としては立つ瀬がない。

（注八）野原ひろみ役。まだ無名時代で、同じ事務所に本郷猛役の藤岡弘（現・藤岡弘、）がいた関係のバーターであった。

上原が第一話を担当することになった理由として、氏は『帰ってきたウルトラマン大全』のインタビューで以下のように証言している。

上原　この頃の一さんは切羽詰まっていた。オヤジ（円谷英二）が死んだという思い詰めたものがあったし、金城はいないし、ボクが一さんに呼ばれて「もう一度ウルトラマンをやるんだけど、金城哲夫もいねえしな」と言ったんだ。結局ボクが1話を書くことになったんだ。それに橋本さんとのパイプ役としてこいつは必要だと思ったんだろうね。橋本さんというのは、円谷プロにとって悪い意味じゃなくてある種の壁だったからね（笑）。

現存する第一話の脚本は三種類ある。最初に印刷されたのは準備稿「不死鳥《フェニックス》の男」で、七一年一月十三日の日付がある。これが前年十二月三〇日提出の第一稿の直しなのかどうかははっきりしないが、いずれにせよ、この準備稿で第一話の骨格はほぼ出来上がっている。変更点を確認するため、まず完成作品の第一話「怪獣総進撃」のストーリーを紹介しよう。

「世界各地が異常気象におおわれている。日本列島でも、毎日のように起こる小地震が不気味な地殻の変動を告げ、そしてついに怪獣達が一斉に目を覚ましてしまった」（オープニングナレーションより）。

勝鬨橋近くの海中から、突如タッコングとザザーンが現れた。その知らせを受け直ちにMATが出動した。MATとはモンスター・アタック・チームの略称であり、基地は海底にある。MATは、国際連合機構の地球防衛組織に属し、地球の平和を守るために、あらゆる怪事件に挑む特別チームなのだ。MATには、加藤隊長（塚本信夫）の他、柔道五段で副長格の南（池田駿介）、銃の名手、岸田（西田健）、熱血漢のムードメーカー、上野（三井恒）、紅一点で剣道四段の丘（桂木美加）という五人の隊員達がいた（注九）。

勝鬨橋近くに、坂田自動車修理工場という町工場があった。社長は坂田健（岸田森）。かつては一流のレーサーとして活躍したが、五年前のレースでゴールを目前に車がスピン、足

（注九）
隊員達の設定は、一話ではまだわからず、二話以降にはっきりするが、キャラクター性という意味では、『ウルトラマン』『ウルトラセブン』の隊員達ほど明瞭な色分けはない。

を負傷し、以後は杖をつくようになった（注十）。彼はアキ（榊原るみ）というハイティーン の妹、次郎（川口英樹）という小学生の弟と一緒に暮らしている。従業員は郷秀樹（団次郎、現・団時朗）という青年で、田舎に母親がいる。坂田は流星号というレーシングマシーンを設計開発中で、郷はそのレーサーとして彼の手助けをしていた。

怪獣を見に行った次郎を連れ戻そうと、郷は勝鬨橋方面に向かう。そこへアパートに取り残された子供を救うため、加藤隊長と丘がやって来る。だが真っ先に飛び出したのは郷だった。郷は鳩を逃がそうとしていた少年を助けた後、アパートにつながれたままの子犬も救うが、やって来たタッコングが崩した建物の瓦礫の下敷きとなり、重傷を負ってしまう。

郷と少年に迫るタッコング、だが突如謎の閃光が走り、怪獣を包み込む。たまらずタッコングは東京湾の海中に消えた。

郷は傷が元で死んでしまうが、その目の前に幻のようにウルトラマンが現れる。ウルトラマンは郷に語りかける、

「郷秀樹、私は君の勇敢な行動を見た。自分の危険も顧みず、子供を助けようとした君に感動した。私は、このままの姿では地球上に留まることが出来ない。だから私の命を君に預ける。一緒に地球の平和と人類の自由のために頑張ろうではないか」

そしてウルトラマンは郷と一体化、再び生を受けた。

坂田の元に帰った郷だが、流星号が送り火にされたと知りショックを受ける。流星二号を作ろうと郷は坂田に言うが、そこに加藤隊長がやって来る。加藤は郷をＭＡＴへスカウトに

（注十）第二話でアキの口から明らかにされるが、準備稿「不死鳥の男」では、加藤隊長がその事故のことを語る。

来たのだ。

ためらう郷、だがその耳に怪獣の咆哮が聞こえてきた。そしてその声に導かれるように、車に乗って飛び出してしまった。

朝霧高原に出現した怪獣はアーストロン。直ちに出動するMAT。やって来た郷は、倒壊した鉄塔に挟まれた老人を救うが、自身は炎に巻かれてしまう。

その時、天空からまばゆい光が降り注ぎ、郷はウルトラマンに変身。苦戦の末、アーストロンを倒す。

夜が明け、河原で力つきたように倒れている郷を加藤隊長が発見する。そして郷を新しい隊員だと、部下達に紹介する。こうして郷は、MATの一員として、ウルトラマンとして、人類の平和を脅かすあらゆる敵と戦う任に着いたのだった。


完成作品と準備稿の違いは、オープニングナレーションがなく、いきなり怪獣が登場すること。ザザーンはエラを持ち、毒ガスを吐く（注十一）。タッコングは甲羅の中に手足を引っ込めることが出来る怪獣であること。ザザーンの吐く毒ガスで、勝鬨橋一帯が汚染されること。子供を助けようとした丘の近くにザザーンの破片が落下、それがガス状になり蒸発すること。丘はガスに巻かれてうずくまり、郷は加藤隊長から奪うようにマスクを取って、アパートに閉じ込められた少女を救うこと（完成作品で郷が助けた少年は、二番目に救ったという設定）。犬を救う描写がないこと。流星号を送り火にする描写がなく、代わりに流星号でのレースシー

（注十一）設定上、ザザーンの武器は毒ガスとされているが、劇中それを吐く描写はない。

ンがあること。郷が怪獣の咆哮（脚本では〝奇妙な宇宙音〟と表現されている）を聞くのは病院の廊下であることなどだ。

準備稿では流星号が残されているため、加藤隊長が郷にMAT入隊を願うシーンのニュアンスがかなり違っている。

郷と坂田が流星号をトラックの荷台に積んでいる時、加藤隊長がやって来て〝郷君をマットに下さい〟と言う。だが坂田は、

「あんたもずいぶん勝手な人だな。郷はマットになんかわたしゃしない（注十二）。おれと一緒にレース場を走りつづけるんだ」

と言い放ち、郷とトラックに乗って去る。

アキは加藤隊長に〝兄から夢を奪わないで下さい〟と言う。坂田は五年前の事故で果たせなかった青春の夢を郷にかけているのだ。

だが加藤隊長は、地球の平和を守るためには郷が必要だと言い、マットビハイクルで去る。

レースが始まり、流星号が疾走している。

アキと次郎もレース場にやって来て、加藤隊長は双眼鏡で流星号の動きを追っている。だが第三コーナー辺りで、流星号はいきなりスピンし、岩に激突して炎上する。

またしても奇跡が起きた！　燃え上がる炎の中から、郷が無傷で生還したのだ。

郷は、コースに子犬が飛び出して来て、ハンドルを切ったため、流星号はスピンしたのだ

（注十二）台本では「マット」とカタカナ表記である。本書の劇中の台詞は以下同様に表記する。

と言う。

坂田は「おれたちの青春の夢は燃えつきた」と言い、踵を返して医務室を出て行く。

上原の狙いとしては、ウルトラマンと一体となった郷の特殊能力を見せるとともに、彼がMATに入隊する理由を描きたかったのだろう。しかしレースシーンに予算がかかりすぎるためか、この展開ではその後の郷と坂田の関係修復が面倒という判断があったのか、バッサリとカットされた。そして一月二九日、「まぼろしの一番星」と改題された脚本が印刷され、これが決定稿となる。決定稿はもう一種類、番組タイトルが『帰って来たウルトラマン』から『帰ってきたウルトラマン』に変更され、エピソードタイトルが放映バージョンと同様の「怪獣総進撃」になったものが存在するが、内容は「まぼろしの一番星」と同一だ。

準備稿と決定稿の最大の違いは、レースシーンがカットされたことと、郷が助けるのは少年と子犬になったこと。ただし後者は完成作品とはニュアンスが違う。完成作品では、助けた少年が犬に気づき、郷が助けに行くが、決定稿では植え込みの中でうずくまっている子犬を郷が発見するという展開になっている。つまり、撮影現場での変更ということになる。オープニングナレーションも完成作品とは若干異なり、〝世界各地が異常気象におおわれている。チリの大地震、東パキスタンの大津波。ロスアンゼルスでは真冬から真夏に一変し、海岸は海水浴客で満員になったと報じられた。そして日本列島でも、毎日のように起こる小地震が、不気味な地殻の変動を告げている。それはまた、怪獣達が一斉に目を覚ます時でもある〟と、より具体的な内容だった。

第一話最大のテーマが、ウルトラマンと怪獣の復活を高らかに宣言することなのは明らかだ。第一話で怪獣を三体出すというのは、おそらくは円谷一のアイディアであろう。一が監督した『ウルトラマン』第八話「怪獣無法地帯」で、番組の人気を高めるため、一挙に五体の怪獣を出したのと同じ発想だ。

一方、橋本と上原がドラマに込めたテーマは、人間目線のウルトラマンと言えるのではないだろうか。『ウルトラマン』『ウルトラセブン』とシリーズを見続けてきた子供達にとって、『帰ってきたウルトラマン』が違った印象を与えたとしたら、それは市井の人間の視点が描かれているということだろう。

当時筆者は小学五年生。〝市井の人間の視点〟などという言葉は無論知らなかったが、普通の人間が出てくるのか、とは思っていた。

『ウルトラマン』『ウルトラセブン』は、高額な制作費を補填するため、海外販売を視野に入れていた。『ウルトラマン』制作前にＴＢＳと円谷プロの間で交わされた、番組制作に関する覚え書き〝「レッドマン」最終申し合わせ事項報告〟(注十三)には、以下のような一文がある。〝内容はインターナショナルであること。日本にだけしか通用しない習慣、建造物、状況設定等は必要としない〟。この方針は『ウルトラセブン』にも引き継がれ、両作品とも近未来を舞台にしていることもあってか、日本的な風景、生活習慣、市井の人々が描かれることは少なかった(注十四)。

(注十三)
『レッドマン』は『ウルトラマン』の仮タイトル。

(注十四)
例えば『ウルトラマン』第二六、二七話「怪獣殿下」前後篇は、『ウルトラマン』のメタフィクションだったため、市井の人間の視点でドラマが展開した。また、実相寺昭雄の『ウルトラセブン』最後の監督作、第四五話「円盤が来た」(脚本・川崎高、上原正三、特殊技術・高野宏一)は、さえない職工の青年が主人公だ。

しかし『帰ってきたウルトラマン』は、過去のタブーとも言える申し合わせをあっさりと破った。上原は過去のインタビューで以下のように語っている。

上原　金城哲夫編『ウルトラマン』というものは、もうあれ以上のものはできないと今でも思っているんだ。（中略）それは『ウルトラQ』から『ウルトラマン』に至る、まさに最盛期の金城哲夫のだな、それこそ天才的な才気が横溢しているシリーズだと思うよ。（中略）金城が持つ世界観や楽天性というものがスカッとした作品群を生み出したわけだからね（中略）それと成田亨さんのキャラクターも天才のなせる技だよね。あれ以上シンプルなものはないからね。（中略）金城編『ウルトラマン』に対抗するのはとても難しい。橋本さんも「そのとおりだ」ということになって、後はじゃあどうするかということから出発するしかないわけです。

『ウルトラマン』でいえば、ハヤタは一つの魂を宇宙人からもらうわけだけど、じゃあ、ハヤタという人物はどういう人物かというのは最後まであまり描かれてない。この人はウルトラマンとイコールの化身なんだよということだよね。そうじゃないんだ。一人の地球人の若者としての未熟なものもあるだろうし、その若者なりの意見もあるだろう。迷いもすれば暴走もするし（中略）宇宙人と地球人というものの、それぞれのキャラクターを合体させたのが『帰ってきたウルトラマン』だという考え方だった。

それともうひとつは、ウルトラマンもウルトラセブンも、雲の上に持ち上げちゃって、大ヒーローになっちゃった。それを子供達の目線に降ろそうということにした。だから町の修理工場で働かせるという設定にした。(『帰ってきたウルトラマン大全』上原正三インタビューより)

『ウルトラマン』にしろ『ウルトラセブン』にしろ、主人公達の私生活が描かれたことはほとんどない。ただ『ウルトラセブン』では、「北へ還れ！」でフルハシの家族が登場したり、「ひとりぼっちの地球人」でソガ隊員の婚約者が登場したりと、例外的には表現された(注十五)。しかし『帰ってきたウルトラマン』は、主人公の生活空間と、彼を取り巻く市井の人々が作品世界の核となる。

橋本　それとホームドラマ的な要素もなんとかして入れようと思っていました。つまり石井ふく子さん(注十六)のホームドラマがヒットしてましたから、そういうことに対して視聴者に違和感はないはずだし、それを入れることで前作との差別化を図ろうとしたんです。(『帰ってきたウルトラマン大全』橋本洋二インタビューより)

『帰ってきたウルトラマン』のクランクインは、七一年二月六日である。第一話「怪獣総進撃」と第二話「タッコング大逆襲」の二本持ちで、世田谷区にあるマンションをロケセットに、坂田自動車工場のシーンから撮影が開始された。

(注十五)「北へ還れ！」第二四話、「ひとりぼっちの地球人」第二九話、ともに脚本・市川森一、監督・満田稔、特殊技術・高野宏一。

(注十六)六一年TBS入社後、数々のホームドラマを制作した名プロデューサー。橋田壽賀子とのコンビで知られる。

監督は今では怪獣映画の巨匠として名高い本多猪四郎。特殊技術（注十七）は円谷英二の愛弟子、高野宏一だったが、監督以下のスタッフは本編（ドラマ部分）と特撮を分けない、いわゆる一班体制が組まれ、予算の削減を図っている（注十八）。

橋本　本多（猪四郎）監督は一番特撮ものをわかっててくださる監督ですし、本多さんならということで、スタッフが収斂《しゅうれん》していく部分があるんですよ。そういう意味で本多さんのような大監督にやっていただくというのはスタートとしては良いんですね。（『帰ってきたウルトラマン大全』橋本洋二インタビューより）

MAT本部の作戦室は、東宝の第一ステージに組まれ、局やスポンサーに対する円谷プロの意欲を見せつけた（注十九）。三体の登場怪獣は東宝特美に発注され、安丸信行が造型を担当したが、本人は全く記憶にないという（注二〇）。また、怪獣デザインを担当した池谷仙克《いけやのりよし》の証言によれば、アーストロンはゴジラの改造ということだが、確認は取れていない。

こうした東宝がらみの段取りは、プロデューサーとして円谷一と並んでクレジットされている斉藤進の尽力に負うところが大きい。

当時、円谷プロの制作部長だった斉藤は、親会社東宝からの出向社員であった。この頃の東宝は、映画低迷のあおりを受けて会社再編が行われつつあった。『東宝五十年史』（東宝刊）によれば、前年（七〇年）三月一日、製作部の特殊技術、美術、電機の三課、芸能部の業務、

（注十七）
シリーズではもともと「特技監督」とクレジットされていたが『ウルトラマン』第十話「謎の恐竜基地」から「特殊技術」と変更された。

（注十八）
筧正典監督による第三話「恐怖の怪獣魔境」、第四話「必殺！流星キック」の二本持ちまでで、以後は従来通りの二班体制となった。

（注十九）
『帰ってきたウルトラマン大全』で、斉藤進は〝NO．1〟池谷仙克は〝NO．2〟と証言している。ステージの広さは同じ。

（注二〇）
筆者が安丸から聞いたコメント。なお、アーストロン、サザーンは開米プロが撮影用に改造している。安丸が手がけたタッコングは硬くて動きが悪かったので、中のあんこ（ウレタンや

演技の二課を廃止し、「総務室」「美術部」「映像事業部」「管財部」「機材部」が新設されている。三月三一日には東宝美術株式会社（社長・西野一夫）が設立され、『帰ってきたウルトラマン』が放送された七一年の四月一日には、東宝映像株式会社（社長・田中友幸）が、十一月八日には株式会社東宝映画（社長・藤本真澄）が、翌七二年五月二六日には株式会社芸苑社（社長・佐藤一郎）が設立され、東宝の分社化が行われていったのである。

製作封切り本数で言えば、戦後最高の記録を打ち出した五六年の九六本がピークで、七一年には五〇本と激減しており、映画の斜陽ここに極まれりの感があった。

そんな激動期の東宝に、ジャリ番と呼ばれていた子供番組が乗り込んできたのである。

斉藤　僕もやはり初めてのプロデューサーでしたから、東宝の人達に多く参加してもらいたかったのが本音でした。メインスタッフに関しても僕がある程度お願いして派遣してもらいました。第1話でＭＡＴの本部のセットを東宝の第1ステージに組んだのも、特撮美術を除く本編美術を東宝美術にお願いしたかったからです。怪獣を東宝特美に頼んだのもまずステージを借りるためということが本音で、いろいろと先輩方に助けていただきました。（『帰ってきたウルトラマン大全』斉藤進・熊谷健インタビューより）

池谷　（東宝の）特美と組むのは、造型、セットも含めて初めてですね。あの頃は、東宝には活動屋のプライドがあって、〝テレビ？ 怪獣もの？ 円谷プロ？ 若手のお前？ いいよ、

布）をくり抜いたという。池谷曰く「高山（良策）さんが作ったら、もうちょっとやわやわと僕好みになったと思うんだけど」（『帰ってきたウルトラマン大全』池谷仙克・高橋昭彦・大沢哲三インタビューより）

仕事だから組んでやるよ〃みたいな感じですからね。それを乗りきるのは結構大変でしたけど、もちろん自分にとってプラスになったし、こういうことを言えばこうやって聞いてくれるんだとか勉強になりました。（『帰ってきたウルトラマン大全』池谷仙克・高橋昭彦・大沢哲三インタビューより）

斉藤　怪獣のぬいぐるみも東宝の美術部にお願いしましたが、ガッチリ作っちゃうからコストが高いんですよ。

それで次からは開米さん（引用者注・開米プロダクション）にお願いしました。開米さんは予算の相談に応じた作りをしてくれました。また、セットのほうも第1ステージは2カ月ぐらいで引き上げて東宝ビルトに引っ越しました。東宝のステージを使用したのは、撮影開始時は雑誌社の取材などで大勢押しかけてきますから宣伝という事情もあったんですよ。

（『帰ってきたウルトラマン大全』斉藤進・熊谷健インタビューより）

本多猪四郎監督による第一話は、氏らしい正攻法の演出で安定感がある。郷の死や、流星号を送り火にするシーンは、かつてドキュメンタリータッチが持ち味であった本多の、一歩引いた視点が過度な感傷を押さえ、本エピソードの白眉となった。

オリジナルのウルトラマンが、現在のキャラクターに変化した時期は不明だ。そもそも、ウルトラマンが帰って来たという設定であったため、スーツは前のデザインで制作されていた。デザインの変更は、版権営業上の問題である。ただし、急な変更だったため、当時円谷プロの営業課長だった末安正博（注二二）が、ウルトラマンの商品化用三面図に、赤いラインを付け加えた。その図版は確認できるがデザイン画の決定稿といったものは存在しない。『帰ってきたウルトラマン』初期のデザイナーだった池谷仙克と企画担当の満田穧は、以下のように証言している。

池谷　ウルトラマンの修正デザインは僕じゃないです。というのも僕はウルトラマンに手を加えるのは一切やめているから。（中略）もし手をつけるんなら成田さん（引用者注・成田亨）がやるべきで、少なくとも僕がやるべきじゃないと思った。（『帰ってきたウルトラマン大全』池谷仙克・高橋昭彦・大沢哲三インタビューより）

満田　ウルトラマンを違うものにするとはクランクイン直前までまったく考えてなくて、だからデザインもまったく要らなかったです。円谷の営業と当時ＴＢＳの版権を扱う会社だった日音のほうから出た商売上の理由からですね。（中略）新しいウルトラマンが出せれば新たな（引用者注・商品化の）契約ができる。ということで慌てたから、線一本程度の違いしかできなかったんですよ。（『帰ってきたウルトラマン大全』満田穧インタビューより）

番組宣伝用の素材撮影も先行しなければならない。そこでスーツに線を一本足しただけの

（注二二）市川利明を継いで六〇年代末に円谷プロ支配人だった末安昌美の弟。

ものでで撮影に入ったのだが、結局はNGが出て、ウルトラマンとアーストロンの格闘シーンはリテイクとなった。

こうしたアクシデントに見舞われながらも、『帰ってきたウルトラマン』第一話「怪獣総進撃」は、『キックの鬼』（注二二）の後番組として、七一年四月二日十九時から放送された。視聴率は二六・四％。

橋本　それでうまくあそこ（引用者注・放送枠のこと）に納まったっていうのは、やはり彼（引用者注・円谷一）の（TBS）社内における人徳のお陰ですね。最初は営業も、前のように単独提供で売ろうとしたんですが売り切れなかったんです。でも編成局の方針はウルトラマンをやるとハッキリしていましたから、「ツブちゃんがやるんだから、PT（複数社がスポンサーにつくこと）でいいからなんとか売ってこい」、営業のほうも「そうかツブちゃんのためなら」っていう気持ちはどこかであったと思います。（『帰ってきたウルトラマン大全』橋本洋二インタビューより）

（注二二）七〇年十月二日〜七一年三月二六日。

対立と調和

第一話「怪獣総進撃」が放送された一九七一（昭和四六）年四月二日の視聴率（民放）を比べてみると、NTV『新そっくりショー』十一・九%、『帰ってきたウルトラマン』三二六・四%、フジ『赤白パネルマッチ』十一・三%、NET『ぱあてえマエタケだ！』三・七%、12CH『牧伸二のサァお立合い！』（一時間番組）十一・一%であった（注一）。しかしTBSの編成としては及第点ではなかったと、橋本洋二は証言している。やはり平均視聴率三六・八%を誇った『ウルトラマン』と比べられてしまうのは仕方ないことだったのだろう。

第二話「タッコング大逆襲」は、郷がMAT本部内で、先輩隊員達よりもはるかに優れた身体能力の持ち主であることを示すシーンから始まる。ウルトラマンと一体化し、一種の超人となったことに気がついた郷は慢心してしまう。MATはマットサブ1号、2号でタッコングを挟撃しようとするが、郷は命令を無視し、単独攻撃を仕掛ける。しかし、マットサブ1号は怒ったタッコングの逆襲に遭い、機長の南は負傷、気を失う。郷はウルトラマンになろうとするが、なぜか変身出来ず、その間にタッコングは姿を消してしまった。命令を無視した郷に対し、加藤隊長は解雇処分を言い渡す。

失意の郷は坂田の元に帰り、「流星二号を作りましょう」と言うが、意外にも坂田の態度は冷たく、もう郷と組む気はないという。

（注一）
『新そっくりショー』七〇年十月十六日～七一年九月二四日。『赤白パネルマッチ』六九年八月八日～七一年八月二七日。『ぱあてえマエタケだ！』七一年四月二日～五月二八日。『牧伸二のサァお立合い！』六九年四月四日～七二年九月二九日。なお、『ぱあてえマエタケだ！』終了後の十九時三〇分からは『客船SOS大怪獣タコヘドラの襲来』が放映されている。視聴率は十二・八%。これはマイケル・カレラス監督作品『魔獣大陸』（六七年）の改題である。

坂田「これから五年として……、お前は一体幾つになるかな……。レーサーとしては薹《とう》が立ちすぎている……。組むんなら……、俺はもっと若い奴と組むね」
郷「（愕然）それ本当ですか？……坂田さん」
坂田「（乾いた笑い）鈍いなお前も……。その気がないんなら、何でお前をマットになんかやるか……」

坂田の態度に怒った郷は、事務所を出て行く。アキはそんな兄の態度を責める。しかし坂田の本心は違っていた。そして妹に優しく問いかけるのだった。

坂田「アキ！……今……、一番郷に必要なことは……、一人で考えることだ……」

一人海に来た郷は、冷静に自分を見つめ直してみる。そして一つの結論にたどり着く。

郷（独白）「おれは確かに思い上がっていた……。ウルトラマンであることを、誇らしく振り回そうとしていた……。その前に……、郷秀樹として全力を尽くし……、努力しなければならなかったんだ」

それに気がついた郷は、再び現れたタッコングに挑み、ウルトラマンに変身して撃退する。

第一話の流れを受け、郷はウルトラマンである真の資格を身につけたのである。
このようにMAT内部の問題に対し、坂田家が緩衝材となる展開は、『帰ってきたウルトラマン』前半の見どころの一つとなった。そして主人公の慢心、挫折、そして覚醒はスポ根もののパターンの一つであった。橋本洋二と上原正三は、スポ根ものと『帰ってきたウルトラマン』の関係について、以下のように証言している。

橋本　あの頃は『巨人の星』とかスポ根ものの全盛でしたね。僕がプロデュースしたのでは『柔道一直線』が当たってましたが、それもそういった時代の風潮が生んだんですね。スポーツドラマに限らず、苦しいけれども頑張れば何かが見つかるみたいな、日本の高度経済成長期のパターンみたいなものにハマッてたんですね。でも上正に根性もので行こう！って言った覚えはなくて、ともかく変身のポーズは止めようと（引用者注・変身アイテムの意味）。じゃあどういう時にウルトラマンになるのかと言ったら、やっぱり人間が自分の能力のギリギリまで頑張って、それでも駄目だった時に、ある種の天啓というか、何かの力を得てウルトラマンに変身できる。（中略）その頃の子供達は、大勢で何かやるってことはあっても、自分で立ち向かうってことが欠けてるんじゃないかと思っていましたから、そうじゃないんだという部分を前面に出していきたい。生意気にいえば昇華、アウフヘーベン（Aufheben　ドイツ語）、それがウルトラマンなんだと。（中略）
だから自分なりのテーマとかコンセプトはスポ根ではないんですが、その一方でスポ根は排除はしないという気持ちもあったんです。つまり『柔道一直線』はとにかくヒットした番組でしたから、それに引っ張られたところはありました。（『帰ってきたウルトラマン大全』橋本洋二インタビューより）

上原　人間の成長物語がコンセプトでホンを立ち上げて、主人公が成長していく物語という観点で書いていった。スポ根ものというより、主人公がどんどん鍛えられていって強くなっていくのはいいんだけど、そんな単純なものじゃないんじゃないかと。若者としての迷い、正義とは何なんだとかを含めてのドラマ。怪獣出てきたらただやっつければいいのかとか、そこにいろいろとドラマがあるわけでしょう。（『帰ってきたウルトラマン大全』上原正三インタビューより）

続く第三話「恐怖の怪獣魔境」と第四話「必殺！　流星キック」は、筧正典監督の二本持ち。「恐怖の怪獣魔境」はサドラとデットン（注二）という二大怪獣が登場する、ある意味サービス編である。準備稿には、蔦に似た吸血植物（脚本表記）まで登場していることから、上原の狙いは『帰ってきたウルトラマン』版「怪獣無法地帯」だったのかも知れない。『ウルトラマン』には二体以上の怪獣が登場する回が「怪獣無法地帯」の他にもあったが、ウルトラマンが複数の怪獣と同時に戦うことはなかった（注三）。それゆえ、本エピソードのクライマックスで、ウルトラマンをセンターに、上手にサドラ、下手にデットンという構図

（注二）
デットン、決定稿では地底怪獣ゴーモン。

（注三）
『ウルトラセブン』では、第三九話「セブン暗殺計画」前篇（脚本・藤川桂介、監督・飯島敏宏、特殊技術・高野宏一）で、ウルトラセブンが二体のガッツ星人と戦っている。

は当時の子供達の夢だった。なお準備稿段階では怪獣の名前はサドラだけで、もう一頭は〝地底怪獣②（ありもの）〟と表記されていた（注四）。

監督の筧正典は〝お姐ちゃんシリーズ〟（注五）などのプログラムピクチャーで知られる。本多猪四郎同様、正攻法の演出が持ち味で、初期話数を担当するにはふさわしい人材である。熊谷健と斉藤進は、筧監督の印象を次のように語る。

熊谷　本多さんは本当に温厚な方で、ひと事の苦情も言ってきませんでしたね。だから逆に準備がここまででいいのか、こちらのほうが気を遣って、もっと良いものを用意しなきゃって思わせる人でした。筧さんは現場ではうるさい監督で有名だったんですけどね。

斉藤　でも肩を張ってるような人じゃないんですよ。話をしていても肩の凝らない監督さんでした。筧監督は特撮ものは初めてだったんです。実は特撮よりもドラマという考え方があって、映画出身の監督にメガホンを取ってもらいたかったのです。予算的になんとか特撮の分量を減らしたいということもありましてね。（『帰ってきたウルトラマン大全』斉藤進・熊谷健インタビューより）

だが筧はクランクインの当日、急病で撮影に参加することが出来なくなってしまう。そこで代役に立ったのは、当時『チビラくん』を担当していた満田稭だった。筧は三日ほどで現場に復帰したが、満田はＭＡＴ本部のシーン、加藤隊長の霧吹山探索、郷の隊長探索、怪獣

（注四）
なお、「恐怖の怪獣魔境」準備稿では、地底怪獣②は、サドラと闘い敗れてしまうため、ウルトラマンとは戦わない。

（注五）
東宝が五九年から六三年までに製作した全八本の青春喜劇映画シリーズ。主演は団令子、中島そのみ、重山規子。最終作『お姐ちゃん三代記』は、団、重山、中島は脇に回り、〝スリー・チャッピーズ〟と呼ばれたフレッシュ・トリオ、中川ゆき、桜井浩子、南弘子の主演。監督は筧正典。

と対峙する二人、駆けつけるMAT隊員のシーン、そして第四話の一部で、コンテを書き、現場を指揮した。クレジットはされていないものの、この「恐怖の怪獣魔境」に関しては、筧と満田の共同監督と言って差し支えないと思う（注六）。

第三話で注目したいのは、郷の特殊能力が、隊員達との間に軋轢を生むというシリーズ初期のパターンが前面に出たエピソードだということだ。このパターンは、第五話「二大怪獣東京を襲撃」、第六話「決戦！　怪獣対マット」、第七話「怪獣レインボー作戦」でも踏襲されていくことになる。

郷は、原因不明の転落事故が続出している霧吹山（注七）近くの上空を、マットアロー1号（注八）でパトロール中だった。と、郷の耳に怪獣の咆哮が響く。そしてコクピットから怪獣の姿を目視する。だが同乗の上野には、怪獣の声も姿も見えなかった。郷がアローから撮った写真には、怪獣の尾らしき物体が写っていたが、岩にも見える不確かなものだった。だが加藤隊長は、隊員達に霧吹山の調査を命じた。そこで郷はまた怪獣の咆哮を聞いた。しかし南、上野、岸田には何も聞こえず、異常も見つからなかった。

かくて郷は孤立してしまうが、郷の言葉を信じた加藤隊長は、単身霧吹山を登っていた。〝霧吹き山の怪獣をめぐって微妙に対立する郷と他の隊員たちとのわだかまりをなくするためにである……〟（決定稿のナレーションより）

（注六）編集は筧の担当。満田の証言では、氏の撮影した部分は全部使われたそうだが、撮影コンテとは微妙に違うつなぎだったそうだ。

（注七）台本のト書きでは「霧吹き山」となっている。

（注八）脚本では、準備稿、決定稿ともなぜかマットビハイクルと表記されている。

このナレーションが本エピソードのテーマを如実に示していると筆者は考える。つまり、郷と隊員達の対立が前面に出るが、上原は、その解決を通して郷と加藤隊長の信頼関係を描きたかったのであろう。後のエピソードで郷が語る、「(自分には)隊長という父があり、MATという家がある」(注九)下地が出来上がったのである。

第四話「必殺！ 流星キック」は、ウルトラマンが開巻間もなく、キングザウルス三世に敗れるという驚愕の展開を示す。キングザウルス三世が角から発したバリアで、ウルトラマンの攻撃がことごとく跳ね返されてしまったのだ。

キングザウルス三世との戦いに勝利を収めるためには、怪獣のバリアを飛び越えて急降下攻撃するしかない。郷は、新しい必殺技を会得するために平井峠に行く。そこは、かつて郷と坂田が、フォーミュラーのレースを制するため、猛特訓を行った場所だったのだ(注十)。『帰ってきたウルトラマン』が、スポ根ものの影響下にあることを象徴する一編。猛特訓、そして新しい技の開発というその黄金パターンを踏襲している。

このキングザウルス三世というユニークなネーミングの怪獣は、「必殺！ 流星キック」のために生み出されたキャラクターではなく、第三話として執筆された「呪われた怪獣伝説〝キングザウルス三世〟」に登場する怪獣だった。脚本は、宣弘社や東映作品でお馴染みの伊上勝で、準備稿の印刷は二月一日。伊上は本作品が、『帰ってきたウルトラマン』初登板だった。本作品に登場するキングザウルス三世は、ト書きに〝長く首を伸ばしたザウルス三世〟とあることから、池谷仙克が番組制作に先んじてデザインしていた四足歩行タイプの怪獣を

(注九)
第三三話「怪獣使いと少年」より。

(注十)
特訓中の郷が、崖を飛び越える空抜けのカットも、満田の担当。

念頭において執筆されたことは間違いない。骨格標本から甦ったキングザウルス三世は、アトランティスを滅ぼしたと言われる怪獣で、人語を解し、バリア（脚本表記は電磁防御網）を張り身を守ることが出来るという強烈なキャラクター性を持っていた。その意味ではシリーズ初期を飾るにふさわしいインパクトを持った怪獣だったが、内容はキングザウルス三世を意のままに操ろうとする茜博士を描く、典型的なマッドサイエンティストもので、『帰ってきたウルトラマン』初期のフォーマットには収まりにくい脚本だった。

結局、この話は準備稿の時点でキャンセルされ、上原が代わりに第三話を執筆することになり、「怪獣流れ星殺法」と題された準備稿を執筆する。登場怪獣はゴーモン（注十一）。この怪獣もやはりバリアを張り、ト書きには〝四つ足の重心の低い怪獣なので（引用者注・ウルトラマンは）戦いにくい〟とあり、伊上脚本に登場したキングザウルス三世からスペックを移植したことがわかる。印刷は二月四日。つまり「呪われた怪獣伝説〝キングザウルス三世〟」がキャンセルされた直後に、上原は同じ怪獣を使って代わりの脚本を用意したのだ。なお、第四話扱いとなった決定稿「必殺！流星キック」の印刷は、「恐怖の怪獣魔境」（準備稿）と同じ日の二月九日。

伊上版キングザウルス三世のバリアは、クライマックスのMATとの戦いで使用するだけで、上原版のようにウルトラマンの脅威にはならなかった。

以下は筆者の推測である。準備稿「怪獣流れ星殺法」は、打ち合わせの段階で、バリアをもっと有効に使った物語の作成が検討され、その中でスポ根もののスタイルが出来上がって

（注十一）「恐怖の怪獣魔境」決定稿に登場する怪獣と同じ名前である。「必殺！流星キック」の際、怪獣名にキングザウルス三世が使用されることになったため、ゴーモンの名前が前者に登場する地底怪獣②の代わりに使われた。

いったものではないだろうか。あるいはスポ根もののスタイルを構築するために、バリアが使われたのかも知れないが。

準備稿と決定稿には、怪獣に敗れたウルトラマンを見た加藤隊長が、MATの剣道場で上野に稽古を付けるシーンがある。

激しい気迫で上野を打ちつける加藤。

上野「乱暴ですよ隊長」
加藤「私は鬼になったのだ」
上野「なんですって？」
加藤「ウルトラマンですら勝てない相手に勝つには心を鬼にするしかない」
上野「心を鬼にすれば勝てるのですか」
南「隊長は心構えをいっておられるのだ」

この精神論をぶつスポ根ものの典型的なやりとりを見てもわかる通り、上原の狙いはスポ根ものとウルトラマンの世界の融合にあったのだろう。第二話で郷秀樹の精神的な成長を描いた上原は、次のステップとして精神に肉体が伴う成長を狙ったのかも知れない。その視点で本作を見ると、『帰ってきたウルトラマン』初期を代表する一本ということになろうが、当時の子供達は、このエピソードを見てすぐに気がついた。なぜウルトラマンは飛べるのにジャンプしようとするのか、と。そもそも超人であるウルトラマンに特訓など不要なのではないか。

スポ根ものとウルトラマンの世界の融合を狙った上原であったが、残念なことに超越的な存在がいる世界では、上手く混じり合わないことを明らかにしてしまったのである。

だが、シリーズがスポ根ものから完全に脱却したわけではない。橋本と上原は、二人が担当していた『柔道一直線』高校編がドラマに組み込んでいく別のパターンを、『帰ってきたウルトラマン』で試みる。すなわち組織内部に主人公と相対する存在がいるという設定である。

それは第二話「タッコング大逆襲」では、命令に違反した郷を非難する岸田、第三話「恐怖の怪獣魔境」では、霧吹山の調査結果に対する、郷と岸田の対立という形で表現されていた。だがいずれも加藤隊長の賢明な判断が功を奏し、決定的な対立には至らなかった。しかし第四話「必殺！　流星キック」を経た第五話「二大怪獣　東京を襲撃」、第六話「決戦！　怪獣対マット」では郷と岸田二人の対立がドラマの核となる。この前後編は、シリーズ前半の白眉であると同時に、『帰ってきたウルトラマン』の番組フォーマットの限界も露呈したエピソードであった。

内なる敵

第五話「二大怪獣 東京を襲撃」と第六話「決戦！ 怪獣対マット」の前後編を監督したのは、東映の冨田義治《よしはる》。橋本お気に入りの監督で、円谷プロから東映に〝監督起用願い〟を提出して貰い、招聘した。

橋本　冨田（義治）さんは僕の推薦です。『柔道一直線』の頭のほうを冨田さんがやってくれてね。感性がヴィヴィッドで繊細な神経の持ち主でした。（中略）『柔道一直線』は〝スポーツドラマ〟ですから、強引な作り方をしても番組は成立するんですが、それを細かく細かく作ってあるんですね。それもただ細かいだけではなく、彼の作品にはドラマ全体に爽やかな風が吹くんですよ。（中略）あの雰囲気がウルトラマンでも出せないかと思ったんです。（『帰ってきたウルトラマン大全』橋本洋二インタビューより）

冨田　脚本は打ち合わせのときから出てたと思いますけど、まず上原さんに言われたのは「とにかく妥協しないでホン通り撮ってよ！ ねえ冨田さん！」って。僕は台本もらったらそれ以上にと思ってやってたんですけど、現場ではチーフ助監督の東條（昭平）君から「監督、もうちょっと妥協してくれませんかね！」なんて何回か言われました（笑）。（『帰ってきたウルトラマン大全』冨田義治インタビューより）

東條（引用者注・チーフ助監督の東條昭平）　冨田監督はやっぱり良い作品を撮るんですよ。コンテ割りもちゃんとしてくるし。ただその説明をスタッフにしないんですよ。だから僕とか鈴木清さんとかで一生懸命考えるわけで、その分スタッフは一体化するんです。（『帰ってきたウルトラマン大全』東條昭平インタビューより）

地下ショッピングセンターの工事現場で、アンモン貝の化石が付着した卵状の岩石が掘り出された。下校途中の次郎はそれを怪獣の卵と考え、MATに連絡する。岸田はそれをただの岩石と判断し、念のためマットシュートで焼いた。しかし郷が石に耳を近づけると、中から心臓の鼓動のような音が聞こえていた。郷は岸田にさらなる調査を具申するが拒まれる。

この岸田の判断に、基地に帰った郷は不満をぶつける。もともと郷とそりの合わない岸田は怒りを露わにし、一触即発の空気がMAT内に流れる。加藤隊長はとりあえず岸田を立てて事態の収拾を試みるが、郷は釈然としない。そこへ第二採石場の異変が、MATに知らされる。

第二採石場に出現した怪獣はグドンだった。岸田はマットアロー1号に同乗していた郷に、MN爆弾でグドンを攻撃するよう命令する。だが爆弾を発射しようとした瞬間、郷の視界に蝶を追う少女が飛び込んできた。

郷はMN爆弾の発射を中止、結果としてグドンを取り逃がしてしまう。岸田は工事現場の一件以来、自分に対し反発の機会を狙っていたと、郷の命令違反を激しく糾弾した。岸田は加藤隊長に、郷に対する断固たる処分を要求。それを受け加藤は、郷に三日間の謹慎処分を言い渡す。

第五話「二大怪獣 東京を襲撃」はこのように始まる。謎の岩石について岸田の判断に対する不満、それを受けてのグドンの出現。上原は二人の決定的な対立に向け、Aパート（中CM前の部分）に手際よく配置している。第三話と違い、今回は命令違反という隊の規律を脅かす行動とあって、加藤も厳しい処分を下さざるを得ない。

そんな郷に精神的な安らぎを与えるのが坂田一家だ。『帰ってきたウルトラマン』はドラマの舞台がMATと坂田家の二つに分かれているので、それまでのシリーズに比べ、筋立てがやや複雑になっている。初期話数でそれぞれの舞台の役割ははっきりしていて、MATで傷つき疲弊した郷の、魂の安らぎの場が坂田家である。この「二大怪獣 東京を襲撃」「決戦！怪獣対マット」前後編は、過去のエピソード以上に、それらの舞台の意味が際立っている。とりわけ、郷の兄貴分である坂田健の存在、彼の発する言葉はドラマに強い影響力を持っている。釈然としない郷に対し、坂田は車の整備をしながら言う。

坂田「俺にも経験がある……。小学校四年の時だったっけな……、俺は……職員室の窓ガラスを割ったと言うんで、廊下に立たされた……。いくら俺じゃないと言っても信じてくれないんだなあ……。そこで俺は……、一週間学校に行かずに抗議した……。とうとう一週間目に……、真犯人のガキ大将が名乗り出たがね……。（自嘲気味にかすかに笑い）ハ、ハ……、（傍らの郷に）スパナ……、少女を見たんなら……、どこまでも見たと押し通すべきだ……。三日や四日の謹慎食らったって……、胸を張ってればいいよ」

坂田の言葉に郷の心は晴れる。だがその頃、地下ショッピングセンター付近で異変が発生していた。地面を割って、巨大な卵が地上に現れたのだ。それは工事現場で掘り出されたあの物体が成長したものだった。悪いことに、ショッピングセンターで買い物をしていたアキと友人が、同時に発生した地震の影響で、地下に閉じ込められてしまったのだ。

アキの救出作業中だった郷は、丘からの呼び出しを受けてMAT本部に帰る（注一）。

本部には岸田長官と二人の参謀が来ていた。長官に促され、岸田隊員が卵の正体を説明する。あれはグドンと同じ中生代ジュラ紀に生息していた、ツインテールという怪獣の卵であるという。グドンはツインテールを常食にしており、このままだと餌を求めてグドンが東京に現れる。だからツインテールが孵化する前に、卵をMN爆弾で焼き払おうという作戦だ。

それに真っ向から反対する郷。地下にはまだアキ達五人の人間が閉じ込められているのだ。しかし長官は、MN爆弾は地上で使用するから大丈夫と聞く耳を持たず、東京一千万都民の命を救うためには、五人のことは忘れると言い放つ。決定に納得出来ない郷は、MATを去

（注一）
郷が呼び出しを受ける前、MAT本部に岸田長官（藤田進）、佐川参謀（佐原健二）らが姿を現す。その際、脚本にはない以下のナレーションが流れる。脚本で参謀の二人に名はなく、ただ参謀A、Bという表記だ。
N「この頃、MAT本部に岸田地球防衛庁長官が、何の前触れもなく姿を現した。これは極めて異例のことであった。この岸田長官は、MATチームの岸田隊員の叔父である」
なお、佐原健二演じる参謀が「佐川」と呼ばれるのは第五、六話のみで、その後は「佐竹」となり、それが公式の設定となった。

る。

冷徹な制服組岸田長官の出現で、MAT隊員達の間に亀裂が生じていく。五人を救出した後に卵を攻撃すべきだという郷の意見に賛同する上野、命令に従い、直ちに出撃すべきと強く加藤隊長に迫る岸田。ここまでのエピソードを見る限り、加藤は〝和をもって尊しとなす〟を信条とする人物のようだ。そんな加藤の判断は、郷の命令違反の処分までは、かろうじて機能していたと言っていい。

しかし岸田長官の強権の前では、加藤的采配は意味をなさない。MATが国際連合機構の地球防衛組織に属しているという設定は、明らかに『ウルトラセブン』の地球防衛軍とウルトラ警備隊の関係をなぞったものだ。『ウルトラセブン』極東基地のヤマオカ長官も、岸田長官同様、軍人役者と呼ばれた藤田進が演じている。どちらも叩き上げの軍人という雰囲気がただようが、キャラクター像は真逆である。防衛軍のヤマオカ長官とウルトラ警備隊の間には、強力な信頼関係があった。しかし「いざという時は、必ずウルトラマンが来てくれるさ。心配いらんよ」と笑って作戦室を後にする岸田長官とMATとの間にはそれがない。岸田長官とは違い、ヤマオカは、作戦執行のイニシアチブをキリヤマ隊長に預けていて、それゆえの信頼関係なのだ。この辺りの組織の描写にも、金城哲夫と上原正三の作家的資質の違いが出ているし、『帰ってきたウルトラマン』の世界観にはふさわしいと言える。

ここでは加藤隊長に、ムラマツ、キリヤマのような強いリーダーシップを感じることは出来ない。しかしそんな加藤が下した決断は、五人を救出した後に作戦を執行する、というものだった。岸田は〝長官命令に背くつもりか〟と強く意見を具申するが、加藤は、「私はマットの隊長だ。マットが犯した不始末は、マットのやり方で収拾をつける」と静かに語り、自分の決意を隊員達に告げる。

強いリーダーシップを感じさせない加藤隊長だからこそ、この台詞は強く心に響く。彼にそう決断させたのは、無論、ツインテールの卵の処分を巡る隊の不協和音、それを上手く収めることの出来なかった自責の念もあるだろうが、「いざという時は、必ずウルトラマンが来てくれる」という岸田長官のいわば〝ウルトラマン神風〟発言も要因の一つだろう。

岸田長官が、帝国陸軍軍人のカリカチュアであろうことは容易に想像できる。そこには神風を信じ、沖縄を浮沈空母と呼び、戦禍に巻き込んだヤマト政府に対する、上原の怒りが込められていたのかも知れない。

MATは五人の救出に取りかかるが、卵を割ってツインテールが誕生してしまう。郷はウルトラマンに変身するが、そこへグドンが現れた。（前編終了）

（後編）二大怪獣に挟撃されたウルトラマンは敗れ、逃げるツインテールを追って、グドンは東京湾に消える。

アキは救出されたものの、重傷を負って入院する。そこへ南と上野が来る。上野は是が非でも郷をMATに連れ戻すつもりだが、郷の決心は固い。誰が何と言おうと、郷はアキの側にいてやることにしたのだ。

マンモス都市東京は、怪獣のために死の街と化した。岸田長官は命令違反を厳しく責め立てるが、加藤隊長は一歩も引かず自分の判断の正しさを主張する。

そこへグドン出現の報が入る。しかし頼みのMN爆弾も、グドンには全く歯が立たなかった。ウルトラマンが敗れ、MN爆弾も効かないとわかった今、残された手立てはもうないのか⁉

作戦室を絶望的な空気が支配した時、参謀が長官に耳打ちする。

「加藤君、怪獣どもをやっつける武器が残っていたぞ」

怪訝な顔の加藤に、再び長官が言う。

「最後の切り札だ……」

その言葉に、加長の顔が引きつる。

「長官……、まさかスパイナーを使用なさるおつもりでは⁉」

スパイナー、それは小型水爆並みの破壊力を持つ、地球防衛庁の最終兵器だった。だがそれを使えば、東京は廃墟になってしまうのだ。だが東京決戦に関しては、作戦の一切の指揮を長官が取ることになったので、加藤の反論は封じられてしまった。

東京全地区に緊急避難命令が発令され、全都民に対して五時間以内の避難が決定された。アキの病院も伊豆へ移ることになったが、彼女の容体では長距離の移動は不可能だった。

坂田はアキを自宅へ連れて帰ることにした。その夜、加藤、南、上野、そして岸田が坂田家を訪れる。

岸田は、坂田が避難を拒否したことについて尋ねる。坂田は理由を答える。

坂田「昭和……二〇年三月……、空襲の時……、私はまだ三歳でした……。私のお袋は……どうしても疎開するのが嫌で……、空襲のたびに、庭の防空壕に飛び込んで……、この子だけは殺さないでくれと、空を飛ぶB29に祈ったそうです……。（引きつって笑う）ハ、ハ、私もお袋に似てるんですね」

岸田「しかし、スパイナーの高熱は鉄やコンクリートも溶かしてしまうんですよ」

郷「（驚き）スパイナー!?（加藤に）みんなを避難させたのは、スパイナーを使うためなんですか！」

加藤「……強く反対はしたんだがな」

郷「あんなものを使えば……、東京はいったい！」

衝撃音とともに、廃墟と化した広島のモノクロスチールが数点インサートされる。

自分達が助からぬと知った坂田は、次郎の命を郷に託す。この坂田の行為は、戦争という不条理に対する死の抗議である。それを受け郷は、加藤に言う。

郷「マットの使命は、人々の自由を守り、それを脅かすものと命を懸けて戦う。（キッと加藤を見て）隊長、そのためにマットはあるんじゃなかったんですか！」

その言葉を聞いた加藤は、怪獣とMATの最終決戦を決断する。

二〇一六（平成二八）年二月、劇団民藝は、金城哲夫を主人公とした『光の国から僕らのために―金城哲夫伝―』の公演を行った。

その中で、「決戦！ 怪獣対マット」を見た金城が、「東京で水爆を使うなんて」とショックを受けるシーンがあった。

東京決戦が本土決戦を皮肉っていることは明らかで、ここにも上原の軍国主義に対する怒りを見ることが出来る。

上原　沖縄人は日本の中では異端者だよ。マイノリティだからね。それで権力にすり寄っていたら救いがないからね、常に国家と権力を疑うようにしている。それに育った場所がさ、戦場の跡だったから。僕なんか熊本の田舎のお寺に疎開していたんだけど、日本軍がそこを駐屯地にしてるんだよ。そしたらいつの間にかグラマンが飛んできて、バリバリバリと機銃掃射する。ボクは慌てて畑に伏せる。青空高く銀色のB29が飛んでいくのが見える。そいつが熊本を空襲したんだ。いや、あのB29はもしかしたら広島、長崎に原爆を落としたかもしれない。そう考えたりもする。疎開生活のあとに沖縄に帰ったら一面焼け野原だもんね。本当にそうなるとね、人生の価値観というのか、狂っちゃうよね。（『帰って

きたウルトラマン大全』上原正三インタビューより）

加藤隊長の作戦は、十メートルの至近距離から怪獣の目に麻酔弾を撃ち込むというものだった。岸田長官はあくまでスパイナーの使用にこだわり続けるが、加藤以下、MAT隊員達の強い決意を知り、作戦を許可する。ただし失敗した場合、MATは直ちに解散、スパイナーの使用に踏み切るとの条件付きだった。

甥の岸田隊員までが加藤の作戦を支持すると、頑なだった長官が折れるというのはいささか型通りだが、これはやむを得ないだろう。

上原は「二大怪獣 東京を襲撃」「決戦！ 怪獣対マット」の前後編で、怪獣の生態を縦糸に、怒号するMAT隊員達、坂田家の人々のキャラクター、MATと地球防衛庁の対立という横糸を見事に織り込み、『帰ってきたウルトラマン』初期の集大成と言うべき傑作を生み出した。

ここには金城哲夫調のエンターテインメント性あふれる構成美はない。むしろ金城の世界とは対極の、息づく人間達の激しいドラマがある。上原の言う〝人間の成長物語がコンセプト〟が、理想的に表現されたエピソードであり、その頂点である。そして成長物語としてのもっとも重要なポイントは〝内なる敵〟であった。

敵は組織、あるいはグループの中にいるという展開がなぜ生まれたのかという問いに、残念ながら橋本洋二も上原正三もはっきり答えてはくれなかった。ただ、同じく内なる敵との軋轢がテーマとなる『柔道一直線』高校生編に関して、橋本は〝外に敵がいなくなったから、内に求めた〟と筆者に語ったことがある（注二）。そしてこの時代〝内なる敵〟でまず思いつくのは〝内ゲバ〟であろう（注三）。

日本において内ゲバは、一九五〇年、日本共産党が二派に分裂し、両派の学生運動家達がテロやリンチといった暴力行為に及んだのが始まりとされる。そして七〇年安保に向け、六八年頃から内ゲバが頻発していく。そんな時代の空気が『帰ってきたウルトラマン』に反映されたと見るのはあながち間違いではあるまい。

だが、これほど完成度の高いエピソードを生み出しながら、番組の視聴率は第二話以降、徐々に下降していく。「タッコング大逆襲」二五・一%、「恐怖の怪獣魔境」二二・六%、「必殺！流星キック」十九・八%、「二大怪獣 東京を襲撃」二一・一%、「決戦！怪獣対マット」十九・四%。

その原因はいくつか考えられるが、まず言えるのは子供達が、毎週のように郷と他の隊員がいがみ合うことに対し、拒否反応を示し始めたということだ。同一のテーマで『柔道一直線』の人気が衰えなかったのは、視聴者の年齢差であろう。

七〇年十二月に印刷された最終企画書『帰って来たウルトラマン』において、視聴対象とされたのは〝子供を中心にした家庭一般〟であり、はっきりとした年齢層が書かれているわけではないが、ドラマを見る限り、小学校の中～高学年以上を狙ったのであろう。しかし実際の視聴者は、『ウルトラファイト』に飛びついた低学年層であった。つまり『帰ってきたウルトラマン』は、番組の開始当初から、対象視聴者を見誤っていたと言える。

（注二）内部の軋轢という展開が現れるのは『帰ってきたウルトラマン』が先である。『柔道一直線』は、『帰ってきたウルトラマン』初期のテーマを発展させたものと言える。

（注三）「内部ゲバルト」の略。実際には、左翼学生のグループ間の争いなのだが、同じ学生運動というくくりで見れば内輪もめということになる。

もう一つは第四話「必殺！ 流星キック」、第五話「二大怪獣 東京を襲撃」と、二週続けてウルトラマンが怪獣に敗れる展開だったこと。無敵のヒーローであるはずのウルトラマンが、今回は弱々しい。僕らが求めていたのは、そんなウルトラマンではないという思いが、数字に現れてしまったのではないだろうか。

喘ぐ数字

視聴率の低下傾向はさらに続く。第七話「怪獣レインボー作戦」十七．八%、第八話「怪獣時限爆弾」十六．四%、第九話「怪獣島SOS」十九．二%、第十話「恐竜爆破指令」二〇．一%、第十一話「毒ガス怪獣出現」十八．五%、第十二話「怪獣シュガロンの復讐」十七．五%（注一）。

第四話、五話ほどではないが、郷と隊員達の対立は「怪獣レインボー作戦」「怪獣時限爆弾」「恐竜爆破指令」でも描かれる。この頃になると、その展開がドラマ的な広がりの障害となってきている。極端な話、怪獣が変わっただけで、やっていることは毎週似たようなことばかり、というのが放送当時の筆者の印象であった。

ストーリー的にも新鮮味に欠けたのが、第六話以降の特徴だ。例えば「怪獣レインボー作戦」は、次郎がハイキングで撮った写真に怪獣が写っていたことが発端だが、それは第三話

（注一）シュガロン、脚本ではアイガー。

「恐怖の怪獣魔境」と展開が類似している。身体を周囲の色に合わせられるカメレオン怪獣という設定はなかなか面白い。しかしそれを破る方法が空からカラーペイントを振りまくというアイディアは『ウルトラセブン』第一話「姿なき挑戦者」を容易に思い起こさせた。

過去の作品との類似性は、第十話「恐竜爆破指令」、第十二話「怪獣シュガロンの復讐」にもある。前者は『ウルトラマン』第十五話「恐怖の宇宙線」(注二)に、後者が同じく『ウルトラマン』第二〇話「恐怖のルート87」、第三〇話「まぼろしの雪山」に似たところがある。

第十三話、十四話の前後編に登場するシーモンス、シーゴラス以外、魅力的な怪獣が登場しなかったことも響いたのではないだろうか。『ウルトラマン』の場合、第一話「ウルトラ作戦第一号」(宇宙怪獣)、第二話「侵略者を撃て」(宇宙人)、第三話「科特隊出撃せよ」(透明怪獣)、第四話「大爆発五秒前」(海底原人)、第五話「ミロガンダの秘密」(植物怪獣)、第六話「沿岸警備命令」(汚染で巨大化した爬虫類)、第七話「バラージの青い石」(伝説の怪獣)と続き、第八話「怪獣無法地帯」では、一気に五体の怪獣を登場させる(注三)。

怪獣の設定に劣らず、そのデザイン、造型もバラエティに富み魅力的で、子供達はたちまち『ウルトラマン』の怪獣に夢中になった。

一方『帰ってきたウルトラマン』であるが、設定の類似性もあり魅力的なキャラクターを創造出来なかったことに加え、恐竜型のデザインに執着したあまり、見た目にもバラエティ感が乏しくなってしまった感がある。

また、制作費を抑えるため、第五話から十二話の舞台は山中、孤島、造成地に限定され、

(注二)
「恐怖の宇宙線」脚本・佐々木守、監督・実相寺昭雄、特殊技術・高野宏一。

(注三)
「侵略者を撃て」脚本・千束北男、監督・飯島敏宏、特技監督・的場徹。
「科特隊出撃せよ」脚本・山田正弘、監督・飯島敏宏、特技監督・的場徹。
「大爆発五秒前」脚本・南川竜（野長瀬三摩地）、監督・野長瀬三摩地、特技監督・高野宏一。
「ミロガンダの秘密」脚本・藤川桂介、監督・飯島敏宏、特技監督・的場徹。
「沿岸警備命令」脚本・山田正弘、監督・野長瀬三摩地、特技監督・高野宏一。
「バラージの青い石」脚本・南川竜、金城哲夫、監督・野長瀬三摩地、特技監督・高野宏一。

都市破壊のカタルシスを体験することが出来なかったのも視聴率低下の一要因であった。東京が二大怪獣によって蹂躙される「二大怪獣 東京を襲撃」「決戦！ 怪獣対マット」にしろ、大規模な都市破壊は行われず、ツインテールの卵が現れる場面は、高速道路の高架と木軸（木製の壊れないビル）のビルで表現し、ウルトラマンが二大怪獣に挟撃されるシーンは手前に高架をナメ、バックに大都会を想起させる飾り付けで表現している。後編のクライマックスは、荒涼たる埋め立て地であった。

橋本　一クール目はなかなか数字（引用者注・視聴率）が上がらなくて（笑）。つまり結局は制作費の問題になってしまうんです。要するに都会の特撮だと作り物にお金かかるわけです。ツブちゃんも、予算の問題があるからしばらく山の中でやらせてほしいと言ってきて、僕もそれは容認していたんです。その中でもツブちゃんはいろいろと工夫をしていたんですが、やっぱり山の中ばかりだと駄目なんですね。（中略）あとは発想を転換するしかないですよね。つまりじゃあどうすれば都会で安く出来るかに発想を持っていこうということでツブちゃんと話し合いました。（『帰ってきたウルトラマン大全』橋本洋二インタビューより）

脚本の印刷時期を調べてみると、第十二話「怪獣シュガロンの復讐」の決定稿は、四月十七日、第三話「恐怖の怪獣魔境」が放送された翌日である。だが第十三話「津波怪獣の恐

怖 東京大ピンチ！」（脚本時のタイトルは「津波怪獣・東京湾に出現‼ 前篇」）決定稿は五月四日の印刷と、やや日が開いている。放送日程でいえば、四月三〇日「二大怪獣 東京を襲撃」、五月七日「決戦！ 怪獣対マット」というタイミングである。

第三話「恐怖の怪獣魔境」は、怪獣が二匹登場するサービス編としての側面を持ちながら、視聴率が前回より三ポイント近く下落してしまっている。この時点で仕上がっている脚本は、地味な話ばかりで視聴率回復は難しい。おそらくは第十二話の決定稿が上がった段階で、TBS（橋本洋二）と円谷プロ（円谷一）の間で、打ち合わせが行われたのだろう。その中で、一クール目ラストの第十三話、二クール目の開幕である第十四話、一話置いて（前後編が連続すると、視聴者が離れるという配慮だろう）第十六話、十七話を前後編に、東京を舞台にした大作で視聴率回復を図ろうということが話し合われたのではないだろうか。第十二話と十三話の決定稿印刷に、若干の開きがあるのはそのせいではないかと筆者は推測している。

一クール目残りのエピソードで注目したいのは、無論、第十三話、十四話の前後編だが、第十一話「毒ガス怪獣出現」にも触れてみたい。本エピソードの脚本は金城哲夫。沖縄に帰郷した金城は、琉球放送の『モーニングパトロール』のキャスターや、沖縄芝居『佐敷のあばれん坊』『一人豊見城』の脚本、演出を担当していたが、久しぶりに上京した際執筆したのが本作である。

怪獣らしきものが出たという営林署職員の報告を受け、MATは連日森林のパトロールを続けていた。マットジャイロでパトロールしていた南と郷は、岸田から山中で大勢の人間が死んでいるとの報告を受ける。

死んでいたのは時代劇のロケに来ていた撮影スタッフとキャストだった。現場に残されていたフィルムを現像してみると、そこには彼らが黄色いガスを吸って次々と死んでいく様子が記録されていた。さらに映像の終わりには、怪獣と思われる生物の一部が写っていた。

ＭＡＴ本部にやって来た佐竹参謀は、そのガスはかつて日本軍が開発した即効性の毒ガス〝イエローガス〟であるという。

岸田の胸に、佐竹の言葉がグサリと突き刺さった（注四）。

岸田隊員をメインにしたサイドストーリーものである。『帰ってきたウルトラマン』一クール目のエピソードにバラエティ感が乏しいのは、毎回のように郷と他の隊員との対立が描かれ、各隊員のサイドストーリーを展開出来なかったというのも一つの要因である。金城はシリーズにバラエティ感を持たせようと本作を執筆したわけではなく、設定上、岸田を主人公にすることとの必然から、結果的にサイドストーリーものとなったのだろう。

岸田の父は軍人だった。岸田には兄がいたが自殺していた。彼はその原因が、父がイエローガスの開発に手を貸したことにあると推測していた。

怪獣モグネズンは、イエローガスを餌として、毒ガスを吐くことが出来るようになったのだ。岸田は父の犯した罪を償うため、自分一人の手でモグネズンを倒そうと決心した。

本エピソードは、この年、一九七一（昭和四六）年一月十三日と、七月十五日から九月九日にわたり行われた、沖縄の知花弾薬庫（現在の嘉手納弾薬庫地区）からジョンストン島へ

（注四）
劇中、岸田は母親にふみおと呼ばれる。本来は「文夫」だが、第十一話台本のト書きはすべて「文男」となっている。

の毒ガス（サリンやVXガスなど）移送作戦、いわゆるレッドハット作戦がヒントとなっている。毒ガスの存在が明らかになったのは、六九年七月十八日、ウォール・ストリート・ジャーナル紙のスクープだった。知花弾薬庫内の〝レッド・ハット・エリア〟で、致死性のVXガスの放出事故が発生し、アメリカ軍人ら二四人が病院に収容されたのである。

当時、知花弾薬庫に保管されていた毒ガスは一万三〇〇〇トン。その付近では、以前から身体の不調を訴える人や、植物が枯れるといった異常が起きていたが、アメリカ軍は住民の訴えに耳を貸さなかった。

六九年といえば、金城が沖縄に帰郷した年だ。東京で深い挫折感を味わい、精神的に満身創痍の金城が故郷で見たのは、アメリカに隷属する沖縄の姿だった。

円谷プロ時代の金城は、このような社会性のあるテーマを取り上げたことはない。ただ、背景として利用することはあった。例えば「恐怖のルート87」は、怪獣出現の背景に〝交通戦争〟があったものの、それ自体をテーマとして表現した作品ではなかった。

『ウルトラセブン』第四二話「ノンマルトの使者」（注五）を沖縄問題と絡めて論ずる者はいまだにいるが、あれは沖縄人としてのアイデンティティが、言わば尻っぽの先として出たに過ぎない（注六）。

「毒ガス怪獣出現」にはかつての金城作品に見られた、突き抜けるような明朗さ、エンターテインメント性あふれる構成の妙はない。作品のテーマは重く、全体の構成は粗い。まるで毒ガスへの怒りに任せて書き綴ったかのような印象を受けてしまう。

（注五）脚本・金城哲夫、監督・満田穧、特技監督・高野宏一。

（注六）拙著『「ウルトラマン」の飛翔』『「ウルトラセブン」の帰還』を参照願いたい。

しかも毒ガスという社会性を持ったテーマは、父の名誉を守る岸田個人の戦いに矮小化され、しかも彼自身、それを解決出来ずに終わってしまうという、羊頭狗肉のようなストーリーになってしまっている。

結局、本エピソードは、明確なテーマを掲げて執筆することは、金城の作家的資質とは相容れないということを、皮肉にも証明してしまう結果になってしまったのである。

上原 「毒ガス怪獣出現」は、上京した金城に、満田が書かせたものなんだけど、無理をしているね。つまり橋本洋二に合わせているんだよ。『怪奇大作戦』のリベンジじゃないだろうけどね。彼はメインライターじゃなかったし、あの雰囲気では難しかったんだろうね。金城の場合は、彼がメインライターで、第一話から書いてもらわないと駄目なんだよね。

一クール目と二クール目の橋渡しとなる「津波怪獣の恐怖 東京大ピンチ!」と「二大怪獣の恐怖 東京大龍巻」は、骨太のドラマ、高野宏一に代わって特殊技術を担当した佐川和夫の特撮(注七)が目を引くエンターテインメント編である。

とりわけ「二大怪獣の恐怖 東京大龍巻」における大竜巻のシーンは、テレビの規模をはみ出した大スケールの特撮である。佐川があまりにも予算を使うため、撮影現場を訪れた円谷一が、「会社を潰す気か!」と怒りの声を上げたという。

(注七)
一部、ライブ映像も使用している。

佐川　津波怪獣の撮影は美セン（注八）だったんですが、1カ月はオーバーかもしれないけど、結構かかったよね。水ものだし、竜巻もやらなきゃいけないし、それだけかかるということですね。津波は、合成も35ミリから『マイティジャック』の時に使った特別の16ミリのハイスピードカメラ（注九）借りてきたし、千葉の外海の波をロケーションもしたんですよ。内海だとあの波は撮れないからね。大洗の先のほうじゃなかったかな？（中略）津波は、東宝から2トンの水落しのタンクを2つ借りてきて、足りない部分をドラム缶で補助しました。これだけの大きい津波ですから、4トンぐらいの水を落として挟み撃ちでドーンと落とさないと迫力が出ないんです。（中略）とにかくシリーズとしては一番お金かかったんじゃないですかね。

竜巻で吹き飛ぶミニチュアは、バルサで作ったんです。それでボンド付けじゃなくて、糊でくっ付けるんですが、乾くとヒビが入ってすぐに剥がれるんです。（『帰ってきたウルトラマン大全』佐川和夫インタビューより）

シーゴラス、シーモンスのデザインは、三クール目から番組のプロデューサー補となる熊谷健。それまでデザインを担当していた池谷仙克が、実相寺昭雄監督の『曼陀羅』（注十）を担当することになったため、画家としての顔も持つ熊谷にお鉢が回ってきたのである。

熊谷　初めはプロデューサーという立場よりも、美術の池谷さんが実相寺さんの映画の撮

（注八）
東京美術センター。七三年十一月、東宝ビルトに名称を変更。二〇〇八年、解散。

（注九）
モニター600、三〇倍までの高速度撮影が可能だった軍事用カメラ。

（注十）
脚本・石堂淑朗、七一年九月十一日公開、ATG。

影で京都に行くんで抜けちゃったから、怪獣デザインを引き受けてくれないかって斉藤さんに言われたのが先だったんです。デザインは先行してなきゃいけないんで。それで描いたのがシーモンスとシーゴラス。あれは雄鳥《おんどり》と雌鳥《めんどり》がモチーフなんです。(『帰ってきたウルトラマン大全』斉藤進・熊谷健インタビューより)

久しぶりに力の入った上原の脚本は、「二大怪獣 東京を襲撃」「決戦! 怪獣対マット」ほど高密度ではないが、見どころは多い。

この前後編が成功した第一の要因は、シーモンス、シーゴラスという魅力的な怪獣を創造し得たということである。メスのシーモンスは、卵を産むために海を渡り、殻を作るため宝石の原石を積んだ貨物船を襲い、日本上陸後は、セメント工場に居座る。

オスのシーゴラスは、シーモンスを守るために東京湾に潜み、二匹は産卵の邪魔をする敵を寄せ付けないよう、津波や竜巻という災害を発生させる。「二大怪獣 東京を襲撃」「決戦! 怪獣対マット」同様、怪獣の生態を縦糸に、横糸に人間ドラマを絡めていく。

横糸の人間ドラマの要となるのは、小林昭二演じる高村船長だ。高村は、事故のショックで記憶を失い、貨物船座礁の責任を取らされそうになる。責任を個人に押しつけようとするという設定は、上原が『ウルトラQ』で初めて執筆した「O・il S.O.S」(注十一)で早くも試みられ、『帰ってきたウルトラマン』以降の作品で氏の得意パターンとなるものだ。

高村は戦争中、西イリアンのモロタイ島(注十二)でシーモンスとシーゴラスの伝説を知り、

(注十一)円谷一が監督する予定だった。

(注十二)西イリアンはニューギニア島西部のこと。モロタイ島はモルッカ諸島の北端に位置し、太平洋戦争中は激戦地となった。

それを伝える原住民の歌を記憶している。それが怪獣達の生態を知るヒントとなるという謎解きのアクセントが楽しい。

隊員同士の深刻な対立がなく、特撮も大がかりな「津波怪獣の恐怖 東京大ピンチ！」「二大怪獣の恐怖 東京大龍巻」は、第五話、六話に比べエンターテインメント性では勝っているものの、クライマックスは「決戦！ 怪獣対マット」に酷似しており、評価の点では先の前後編に及ばない。

シーモンス、シーゴラス編は、円谷プロが総力を結集した超大作だったものの、視聴率は第十三話が十八．八％、第十四話が十八．四％と期待した数字を上げることが出来なかった。『帰ってきたウルトラマン』二クール目は、視聴率というモンスターとの戦いとなったのである。

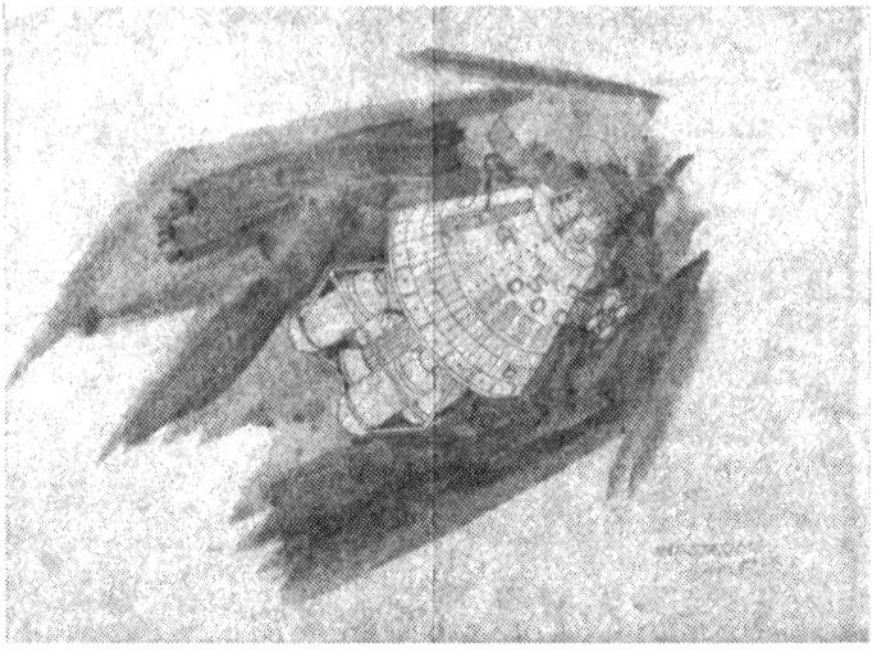

第29話「次郎くん怪獣に乗る」より、MAT無人宇宙ステーションNO.5（脚本での表記）のデザイン画。

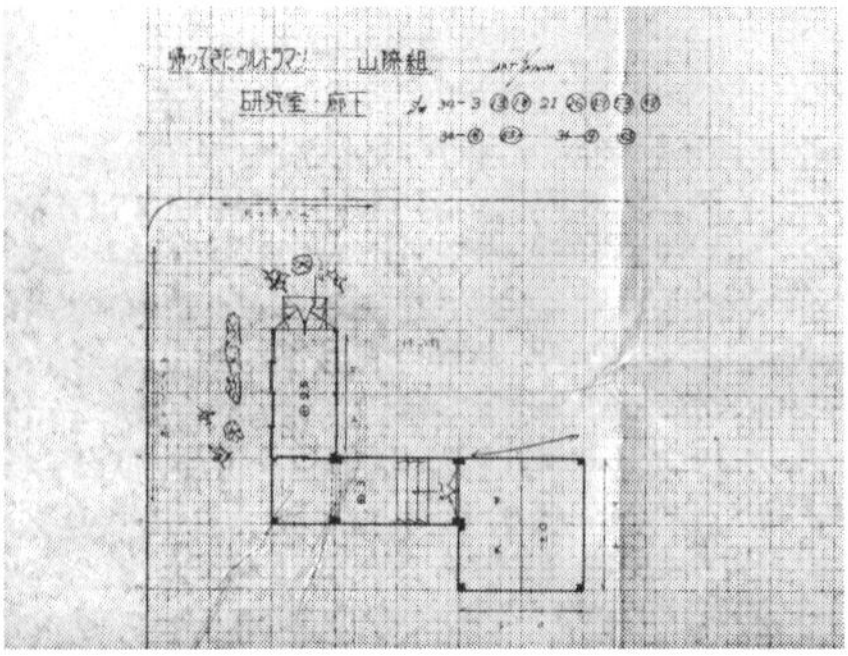

第34話「許されざるいのち」より、水野研究室の平面図。（上と左の画像はいずれも青焼きの複写である）

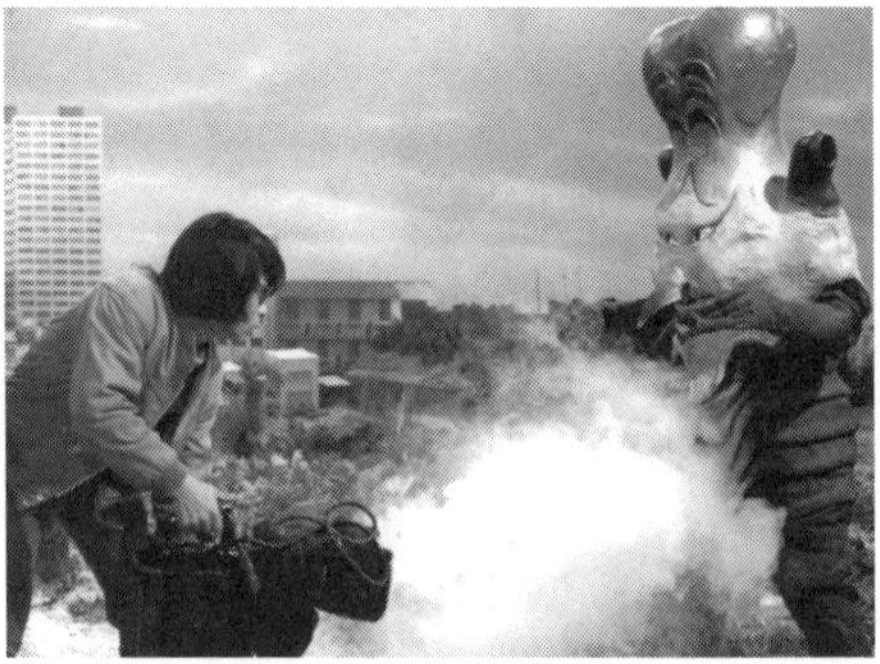

第39話「20世紀の雪男」撮影現場より（写真提供：白熊栄次）。白熊が手にしているのは、リチャードソンと呼ばれているフォグメーカー。オイルを熱してフォグを噴射する。吹き出し口に黒い袋が装着されているが、その中にはドライアイスが仕込まれている。フォグの熱気がドライアイスの気化を促進し、地面に漂う靄を発生させる。

第三部

復活と円熟

テーマ主義の監督

『帰ってきたウルトラマン』の世界観を構築するという意味だったのだろうが、第一話から第十四話までのうち、上原正三が執筆した脚本は十一本。真にメインライターと呼ぶにふさわしい充実ぶりだが、橋本洋二と上原が目指したテーマ主義的な世界観は、メインの視聴者であった小学校低学年層には敬遠されたのか、当初二〇％台半ばだった視聴率は、第四話で十％台後半に落ち込んでしまい、その後回復の兆しを見せなかった。

その反省からか、二クール目からは隊員同士が対立する描写は一歩後退し、怪獣も恐竜型からの脱却が図られ、都市を舞台とするエピソードも増えていった。

スタッフ的にも変化があった。『帰ってきたウルトラマン』の特撮は、第一話から東京美術センター（美セン）で行われていたが、スケジュールが遅れ気味になってしまっていた。そこで第十三話、十四話の前後編で、撮影の佐川和夫が特殊技術（事実上の特技監督）に昇格、それまで一人でこなしてきた高野宏一とのローテーション制となった。それに伴い、第十五話「怪獣少年の復讐」、第十六話「大怪鳥テロチルスの謎」、第十七話「怪鳥テロチルス東京大空爆」の三本持ちから高野班は東宝のステージを使って撮影を行っている。

操演もそれまでの塚本貞重に加え、東宝特殊美術部の小川昭二が就任した。小川は一九五四（昭和二九）年の『ゴジラ』以前から、円谷英二の元で操演を担当していた大ベテランである。また、本編撮影は佐川和夫と鈴木清のローテーションであったが、第十三話以降、鈴木清一人に固定された。鈴木のナメの多い、鋭角的な画面構成は、『帰ってきたウルトラマン』の特徴となっていく。

制作サイドにも動きがあり、第二クールからプロデューサーのクレジットは円谷一単独になった。

熊谷　企画を通すためには、元局員で橋本さんとも同僚だった円谷一さんが必要でした。現場が撮影を始めたら斉藤さんが表に立つことになるんですが、制作部長として対外的な折衝をしなければならない立場と、現場の両方を兼任するというのは大変なわけです。どこにも文句の言いようが無いわけですから。

斉藤　自分で自分を締めてかかるようなものですからね。そういうことで僕は1クール終わったところで制作デスクに戻ったんです。（『帰ってきたウルトラマン大全』斉藤進・熊谷健インタビューより）

監督は、東宝出身（筧正典）、東映出身（冨田義治）、日活出身（鍛冶昇）に加え、新東宝（注一）出身の理論派、山際永三が参加。その初監督作は田口成光脚本の第十五話「怪獣少年の復讐」である。田口は第八話「怪獣時限爆弾」で脚本家デビューを飾ったばかりだった。

山際　橋本さんと最初に組んだのは『コメットさん』（注二）です。僕を『帰ってきたウルトラマン』

（注一）
四七年三月二五日、新東宝映画製作所として発足、四八年四月二五日、株式会社新東宝として正式に設立される。五八年一二月一日、新東宝株式会社に商号変更、六一年八月三一日に倒産。

（注二）
山際は第一話「星から来たお手伝い」（脚本・佐々木守）から担当。全七九話中、最終回を含む三四本を監督。

に呼んだのも橋本さんで、僕を実相寺（昭雄）さんの後釜のように考えていたようです。実相さんは、色んな不思議なことをやるから、みんなハラハラしていたようですね。ウルトラマンが怪獣を連れて宇宙に戻ってしまうんですからね（笑）（注三）。なるほど、そこまで面白いものを考えていたんだと感心しましたよ。

熊谷さんは、「実相さんはそんなことだったから、山際さんは自由にどうぞ」、（円谷）一さんは、「山際さんはあまり変なことをしないでね」って言っていましたよ。

橋本さんとは『コメットさん』をやるずいぶん前に会ってます。僕がまだ新東宝の助監督の頃、慶應（義塾大学）で同じクラスだったＴＢＳの砂田実さん（注四）の家に行った時、橋本さんがいて、彼が橋本さんを紹介してくれました。

橋本さんとは、『コメットさん』の後、大映テレビの『どんといこうぜ！』や『胡椒息子』（注五）をやっています。『胡椒息子』は獅子文六の原作でね、妾の子が主人公。中村光輝（現・三代目中村又五郎）が演じていました。『コメットさん』の途中から市川森一さんが来て、『胡椒息子』も一緒にやりました。それから京撮（東映京都）で撮った『彦左と一心太助』、京都映画で『千葉周作 剣道まっしぐら』、京撮の『熱血猿飛佐助』も市川さんと一緒、橋本さんとの最後が『それ行け！カッチン』ですね。これは全部、ブラザー枠でした（注六）。

『帰ってきたウルトラマン』には、『千葉周作 剣道まっしぐら』が終わって七一年六月に東京に帰って来て、それから参加したんです。僕はＳＦとか非現実なものは好きなんですが、ヒーローものは初めてでしたから、中身に関しては熊谷さんが教えてくれて、参考試写もやってく

（注三）『ウルトラマン』三五話「怪獣墓場」（脚本・佐々木守、監督・実相寺昭雄、特殊技術・高野宏一）のこと。

（注四）ＴＢＳ初期を代表する演出家、音楽プロデューサー。『日本レコード大賞』などを手がけたことで知られる。東京都立第二十一中学校（現・東京都立武蔵丘高等学校）時代、すぎやまこういち、青島幸男と同期だった関係で、ＴＢＳ社員でありながら、ハナ肇とクレージーキャッツ主演の『おとなの漫画』（五九年三月二日〜六四年十二月三一日、フジ）の構成台本を執筆。砂田に誘われ、飯島敏宏も青島幸男名義で同番組の台本を二本書いたという。

（注五）六九年七月七日〜十月二七日。

れました。

山際は『帰ってきたウルトラマン』を担当するに当たり、シリーズの作品分析を行い、三枚のメモにまとめている。これは新発見の資料である。

一枚目には〃現実と虚構（怪獣）との接点〃と表題が付けられ、〃☆地震——①②⑤⑦
☆原因不明の登山事故——③　☆現代文明を喰う怪獣　石油——②　毒ガス——⑪　ウラン——④〃といった具合に、十二話までの怪獣出現のパターンが列記されている。

興味深いのは、〃MAT内部の対立ドラマ〃と題された二枚目だ。以下、重要と思える部分を採録する。一七六ページの図版も参照してもらいたい。

☆郷を隊員として獲得出来るかどうか——①
☆郷の思い上がり——反省——②
郷↓ウルトラマン変身のポイント　自己超越
変身にそなえての猛訓練——④
←
バーリア（原文ママ）というフィクションによる弱さ
☆郷だけに怪獣の兆候がわかる。　声——③　殺気——⑧
他の隊員は信用しない——バカ

（注六）
『プラザー劇場』六四年八月三日〜七九年九月二四日。月曜十九時半〜二〇時、ブラザー工業一社提供のドラマ枠。

『彦左と一心太助』六九年十一月三日〜七〇年十月二六日。

『千葉周作 剣道まっしぐら』七〇年十一月二日〜七一年八月三〇日。

『熱血猿飛佐助』七二年十月九日〜七三年四月九日。

『それ行け！カッチン』七五年十一月二四日〜七六年五月三一日。

新発見資料：山際永三メモ

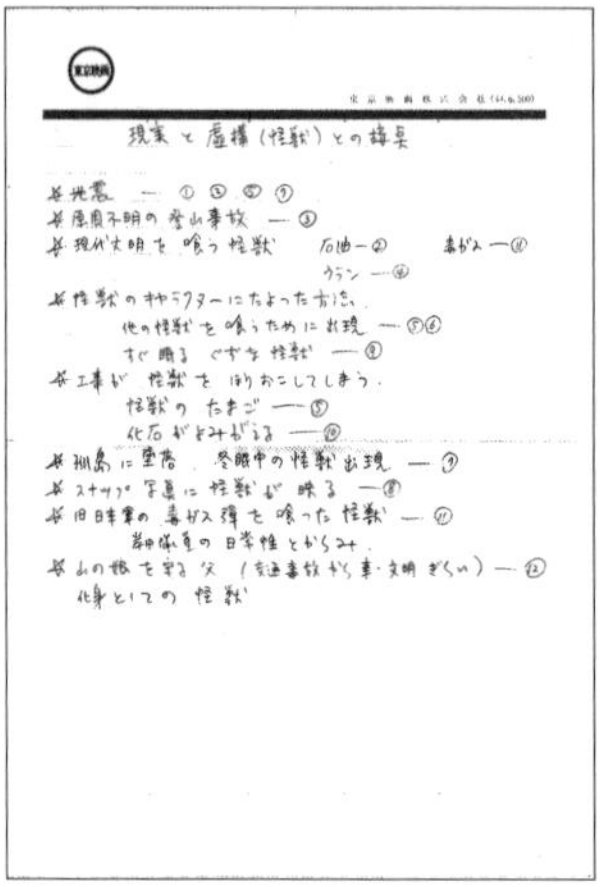

現実と虚構（怪獣）との接点

※地震 ― ①②⑤⑦
※原因不明の登山事故 ― ③
※現代文明を喰う怪獣　石油 ― ②　赤ガス ― ⑪
ウラン ― ④
※怪獣のキャラクターによった方法、
他の怪獣を喰うために出現 ― ⑤⑥
すぐ眠る ぐずな怪獣 ― ⑧
※工事が怪獣をほりおこしてしまう。
怪獣のたまご ― ⑤
化石がよみがえる ― ⑩
※孤島に墜落　冬眠中の怪獣出現 ― ⑨
※スナップ写真に怪獣が映る ― ⑧
※旧日本軍の毒ガス弾を喰った怪獣 ― ⑪
岸田隊員の日常性とからみ、
※山の掟を守る父 ― ⑫
化身としての怪獣

メモ1

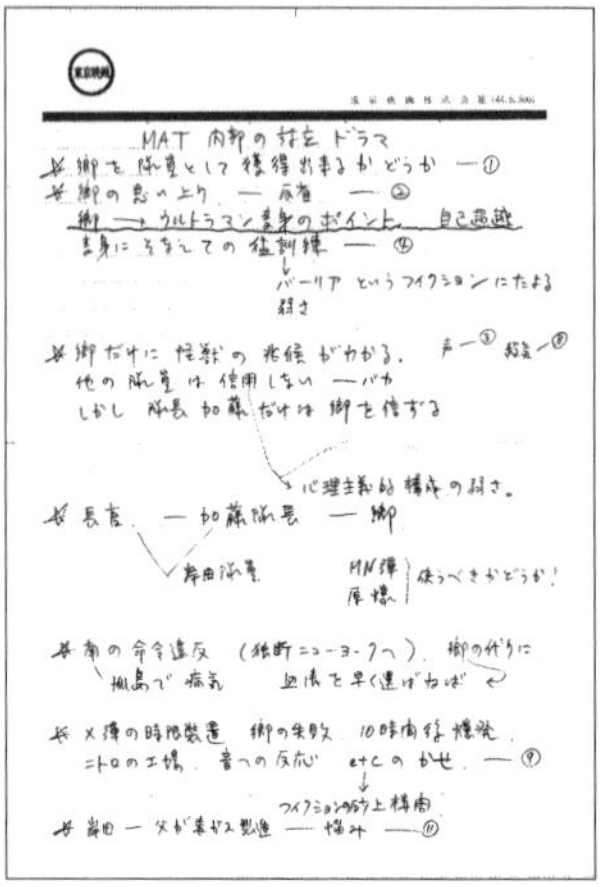

MAT内部の対立ドラマ

※郷を隊員として信頼出来るかどうか ― ①
※郷の思い上り ― 反省 ― ②
郷 → ウルトラマン変身のポイント、自己認識
変身にそなえての猛訓練 ― ④
バーリアというフィクションによる弱さ
※郷だけに怪獣の形態がわかる。声 ― ③ 殺意 ― ⑧
他の隊員は信用しない ― バカ
しかし隊長加藤だけは郷を信ずる
心理主義的構成の弱さ。
※長官 ― 加藤隊長 ― 郷
岸田隊員　MN弾 原爆 使うべきかどうか！
※南の命令違反（独断ニューヨークへ）、郷の代りに
孤島で病気　血清を早く運ばねば
※X弾の時限装置　郷の失敗　10時間後爆発
ニトロの工場、音への反応 etc のかせ。― ⑨
※岸田 ― 父が毒ガス製造 ― 悩み ― ⑪

メモ2

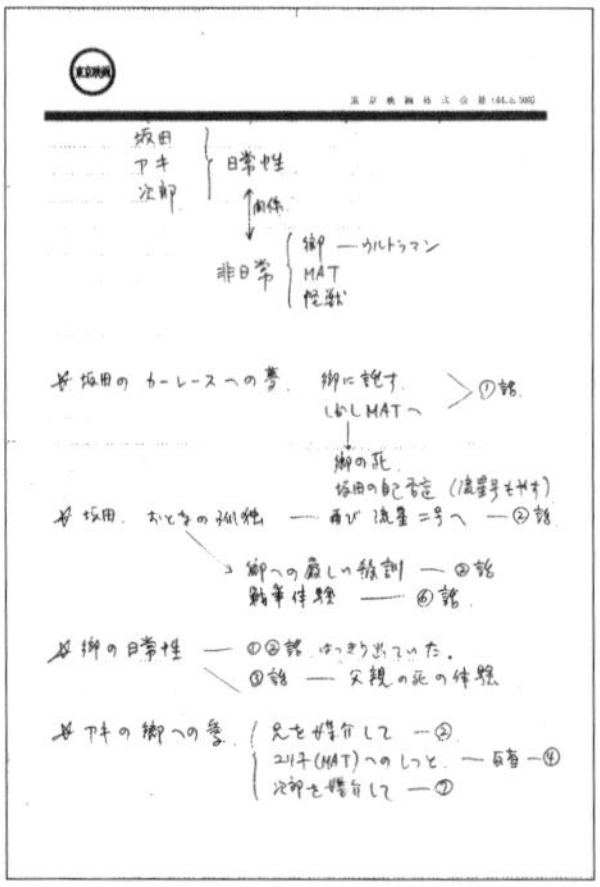

坂田
アキ
次郎
日常性
関係
非日常
郷 ― ウルトラマン
MAT
怪獣

※坂田のカーレースへの夢、郷に託す ― ①話
しかしMATへ
郷の死
坂田の記念
※坂田、おとなの孤独 ― 再び流星二号へ ― ②話
郷への厳しい教訓 ― ②話
戦争体験 ― ⑥話
※郷の日常性 ― ①②話 はっきり出ていた。
⑤話 ― 父親の死の体験
※アキの郷への愛
兄を媒介して ― ②
ユリ子(MAT)へのしっと ― 反省 ― ④
次郎を媒介して ― ⑦

メモ3

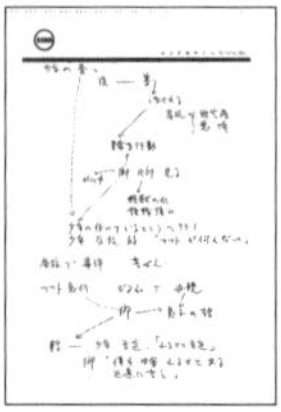

メモ4

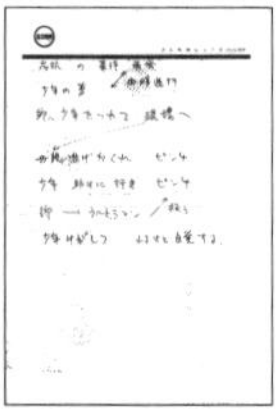

メモ5

※メモ4とメモ5は「怪獣少年の復讐」打ち合わせ時のメモ、あるいは初期のアイディアであろう。

しかし隊長加藤だけは郷を信ずる（引用者注・この二行については、〝心理主義的構成の弱さ〟と指摘している）

（中略）

☆X弾の時限装置　郷の失敗　10時間後爆発

ニトロの工場　音への反応　ｅｔｃのかせ――⑨

←

フィクションの砂上楼閣

三枚目のメモは、郷と坂田家の関係性についての分析で、〝坂田、アキ、次郎〟を日常性、〝郷――ウルトラマン、MAT、怪獣〟を非日常とし、相反する関係にあるとしている。坂田に関する部分では、郷の死をきっかけに流星号を燃やすシーンは、〝坂田の自己否定〟と記している。この三枚のメモは、理論派の山際らしい分析である。この分析表を作成したのち、『帰ってきたウルトラマン』の演出に挑んだのである。

山際の証言、それに「怪獣少年の復讐」撮影台本に記されたメモから判断すると、撮影は七一年五月三〇日、川崎ロケからスタートしたようだ。その台本には、『帰ってきたウルトラマン』を演出するに当たっての抱負が記されている。以下、採録する。

――

☆現実（日常性）と虚構（非日常）の橋わたしを考えたい。　表現派的な何か!!

☆怪獣を擬人化しない。動物的な（その意味で人間にも共通する）本能　ないしはキャラクターは設定する。
ともかく　恐怖　大事件として描きたい。
☆現実と虚構の橋わたしの一つとして
幼児体験
不思議な出来事
不安な心理――気にかかること――くせ
他人との意識のづれ（原文ママ）
←　→
（MAT内部の対立を含む）↑↓（MATの隊員の厳しさ）
☆日常性を大切にするが、自然主義は排する。
従って
時代は不特定の未来
場所はなるべく　不限定

「怪獣少年の復讐」は、心に傷を持った少年の自己回復の物語だ。少年史郎の父は、電車の運転士だったが、一年前に発生した鉄道事故で死亡していた。史郎はその事故のため、足が不自由になってしまっている。

史郎は、事故はエレドータス（注七）という怪獣のせいだと主張するが、聞く耳を持つ人はおらず、父の運転ミスということで片付けられていた。それ以来、史郎はウソをつきまくる歪んだ少年になってしまっていた。

史郎の歪んだ心理を象徴するものとして、当時大流行したアメリカンクラッカーが使われている（田口のアイディア）。それは紐の両端に直径三〜四センチ程度のプラスチックボールが二個付いただけの玩具で、上部に付いた輪を中指に通し、腕を上下させることで耳障りなカチカチという音を出すことから、カチカチボールとも呼ばれていた。

山際はその耳障りな音を効果的に使い、少年の歪んだ心理の奥に潜む暴力性まで表現している。

山際　子ども達はウルトラマンも好きなんだけれども、怪獣も大好きだ。子ども達がカブト虫や、ヌメヌメした両生類なんかも好きなのと一緒で、それは意識下で、彼らは神にもなれれば、悪魔にもなれるんだ……みたいなことを僕が言ったら、橋本さんも「そうだ、そうだ」と賛同してくれたんですが、脚本を担当する田口さんは、頭を抱えてね（笑）。観念的すぎるとね。でも何度か打ち合わせをしていくうちに、嘘つき少年の話という線が出来て、田口さんが上手く収めてくれました。

田口成光は、第八話「怪獣時限爆弾」では、橋本洋二に脚本を何度も何度も書き直させら

（注七）シナリオによると当初はエレギラスという名前だったようだ。

れたというが、橋本イズムに応えようという思いが、逆に作品を萎縮させてしまっていた。しかし「怪獣少年の復讐」は、少年の鬱屈した心情を浮き彫りにすることに成功している。郷に〝好きな怪獣は〟と聞かれ、史郎は〝エレドータス〟と答える。が、嫌いな怪獣も〝エレドータス〟と答える。怪獣は憎しみの対象であると同時に、己の鬱屈した思いを仮託するツールなのだ。

田口　僕は台本におけるロジックというのをこれで山際さんに教わったんです。とにかく計算し尽くしてやるテーマ主義の監督ですね。（中略）

とにかくこれが終わってから自信がついて楽にはなったと思います。でもそれから長い間書いてて、未だにこれを越えられないっていうところもある作品なんですよ。（『帰ってきたウルトラマン大全』田口成光インタビューより）

橋本の脚本作りは、プロデューサー、脚本家、そして監督の三者による徹底的なディスカッションが基本である。気に入らない脚本の場合、何度も書き直しを命じる。橋本を中心としたこのグループは、のちに〝橋本学校〟と呼ばれるようになる。しかしこのスタイルにも例外があったという。

田口　山際さんとやる時は、橋本さんはあまりいろいろ言いませんでした。やはり山際さんには山際イズムっていうのもあって、それは橋本さんは認めていたんですね。佐々木さん、実相寺さんみたいに託せる人には何も言わなかったんです。（『帰ってきたウルトラマン大全』田口成光インタビューより）

続く「大怪鳥テロチルスの謎」「怪鳥テロチルス 東京大空爆」前後編の脚本は上原正三。山際と上原は、『どんといこうぜ！』で何度か組んだ経験があった。

このテロチルス編は、グドン、ツインテール編、シーモンス、シーゴラス編同様、怪獣の生態を描くシーンと人間ドラマが並行して描かれる。その中で、もっとも人間ドラマ部分のウェイトが大きいのが、この前後編だ。ただ人間ドラマは、怪獣部分とは距離を置いた構成なので、二つのマッチングという意味では、過去の前後編ほど上手く行っていない。

「怪獣少年の復讐」が、傷を持った少年の自己回復物語なら、テロチルス編は、貧しき青年が、ブルジョワ階級に対してテロを仕掛けるという、かなり政治的なメッセージを有するエピソードである。怪鳥テロチルスが巣を作ったビルに、ダイナマイトを持った青年（石橋正次）が人質を取って立てこもるというプロットは、翌七二年二月に発生したあさま山荘事件を想起させる。山際はかつて、「未来を予見するテレビ」という言葉を使っていたが、テロチルス編は真に未来を予見したエピソードだったと言える。

山際 六〇年代後半から七〇年代前半というのは、新宿の西口広場が学生に占拠されるという過激な時代だったんです（注八）。全共闘運動が、弾圧されている時代ですね。テロチルスの話も、僕と橋本さんがいいと言えば、通っちゃうような時代でした。それはあさま山荘の前ですけど、金嬉老の立てこもり事件はありましたね。

この話は、僕よりも橋本さんが熱心でね、僕はこんな話やってもいいのかな、とハラハラしていた感じです。橋本さん自身は、イデオロギーがある人ではないんですが、ラジオ時代、佐々木守と組んで、社会の裏側を描く番組をやっていましたから、そういうものを取り上げるのは上手いんですよ。

だからストーリーに関しては僕はあまり意見を言っていなくて、ウエショー（上原正三さん）と橋本さんが二人でやっていました。石橋正次と金持ち男を二股かける女が出てくるでしょう。その辺はウエショーが準備していましたね。

石橋正次のバックはそんなに描いていないけれども、全共闘的ですよね。僕は、自分がやっていた社会活動的なことをテレビで放送するのはやめようと思っていたんですよ。というのも、『いつか青空』（注九）という作品で、ある宗教団体を批判したら、クレームが付いたんです。これは放送出来ないと。その宗教団体の名前を削って放送はされたんですけど。

テロチルス編には異なるタイプの二人の女性が登場する。同郷の貧乏な青年、松本三郎を振り、大企業の跡取り息子、浩を選ぶ小野由紀子（服部妙子）とアキだ。由紀子はアキの友人で、乗っていたクルーザーが爆発した夜、空に黒い怪鳥を見たという。郷はアキの頼みと

（注八）六九年六月二八日の反戦フォークゲリラ事件など。以後、西口広場は〝通路〟とされ、集会が禁止された。

（注九）六四年一月六日〜七月三日。

あって事件の調査を始めるが、浩は由紀子に近付きすぎる郷に反感を持つ。そしてアキに郷が朝から晩まで、由紀子といちゃついていると嘘を言う。ショックを受けたアキは、郷に冷たく当たり、二人はつまらないことで喧嘩してしまう。辺りにはテロチルスが吐く白い粒子が、雪のように舞っている。真夏の雪だ。坂田はアキに、雪にまつわるエピソードを言い聞かせるように語る。

坂田「東北辺りでは……、〝風花〟（注十）と言ってね……。青空なのに雪がちらつくときがある……。まるで花びらのようにヒラヒラ舞うんだな……。その風花を見ると……、ああ、もう冬が来たんだなってそう思うんだ」

一クール目後半から、坂田家はドラマに登場することが少なくなってきていた。それは脚本構成上、MATと怪獣を描くだけで手一杯だったからだろう。だが今回のエピソードは、由紀子という女性の存在が、久しぶりに郷とアキの青春ドラマを浮かび上がらせることに成功している。『帰ってきたウルトラマン』の世界観を作り上げた、上原ならではの構成の妙である。

上原　山際さんは、テロチルスの前後編で上手くやってくれたよ。これは山際永三じゃなければ出来ない凄みがあった。あの人は常に全力投球、手抜きはいっさいなし。『帰ってきたウル

（注十）東北よりも、静岡県や、からっ風で有名な群馬県でよく見られる自然現象。

トラマン』というのは、冨田（義治）も含めて、非常に腕力の強い監督が多かったよね。

テロチルスというのは、漂泊する青春もので、どちらかというと、僕が一番苦手とする素材だね。でもそれなりに書いちゃうところがずるいんだな。それと山際永三という人は、橋本洋二と一緒で、作家の未知なるものを引き出すのが得意な監督だったね。

山際　この頃のウエショーに感じたのは、ひじょうに重いものを書けるんだけれども、小回りを効かす器用さはなかったということですね。むしろその辺は、東映に行ってから身につけたものかも知れないね。

なにしろちょっと押してもなかなか動かない。つまりね、橋本さんと僕が、ホン（脚本）のここを直してくれ、と言って、翌日持って来るんだけど直っていない。これで通るだろうと思っていたけど、持ってきたら駄目だった、みたいな感じでした。

ですからこの当時のウエショーのホンで、これは素晴らしい、って思えるものはなかった。ただ『どんといこうぜ！』に、田舎のバスで珍道中する「急がば回れ」という話があって、それはよかったですね。

ガンコというのか、彼はコスモポリタンだから、誰々のため、何々のためというものはないんだ。ただ、コスモポリタンと言いながら、沖縄を引きずっている。『キジムナーｋｉｄｓ』が彼の正体ですよ。

結局、テロチルスの話はウエショーに押しつけてしまいましたが、嫌々やっていたわけじゃないですよ。いいテンポですし出来上がりはいいと思います。唯一不満なのは、テロチルスが羽ばたかないことですね。

空を飛ぶ怪獣に関しては、〝金がかかる〟という理由で、円谷一がやりたがらなかったという特撮研究家、竹内博（注十一）の証言がある。しかし視聴率低下の前には、手間のかかる（つまりは金のかかる）飛行怪獣登場もやむなしと言ったところだったのだろう。

本作の特殊技術を担当した高野宏一は、テロチルス編について、以下のように証言している。

高野　テロチルスは東宝の特撮専用の第11ステージじゃないかな？　モノレール（操演用の鉄製のレールが天井にセッティングされていた）は使えるし、大型のクレーンは使えるし、それで（操演は）ショウちゃん（小川昭二操演技師）がやったと思うんだ。飛びの怪獣だから11が使いやすかったんだと思うし、東宝辞めた俺が、まさか11で監督やるとは思わなかったけど（笑）。でもテロチルスは着ぐるみ吊っているからスピード感はない。ショウちゃんは人がいいから頑張ってくれたけど、やっぱり厳しかったですね。（『帰ってきたウルトラマン大全』高野宏一インタビューより）

第十一特撮専用ステージは、この年の七月に解体される。決定稿の印刷時期から考え、テ

（注十一）七一年円谷プロ入社。退社後は特撮研究家、作家として多くの著作を残す。一一年没。

ロチルス編の撮影は六月に入ってからだろう（注十二）。高野の記憶が確かならば、第十一ステージで撮影された最後期の作品は、『帰ってきたウルトラマン』だったと言っていいだろう。『帰ってきたウルトラマン大全』のインタビューで高野は、第二一話「怪獣チャンネル」は東宝の第四ステージで撮影されたと証言していたが、そこには第十一ステージの解体という事情があったのだろう。

石橋正次が立てこもったビルは、かつて東宝スタジオの表門を入って右側にあった通称〝新館〟前でロケをしている。正面玄関前の噴水が印象的である。

当時のスタッフの証言によれば、扇風機をブンブン回してスモークとカポックの雪で汚し放題、東宝から大目玉を食らってしまい、所内での撮影は当分禁止になったという。

新しい血

第十六話「大怪鳥テロチルスの謎」、第十七話「怪鳥テロチルス 東京大空爆」の前後編に続く第十八話は、市川森一が『帰ってきたウルトラマン』に初参加した作品である。「ウルトラセブン参上！」（注一）は、宇宙怪獣の初出現、ウルトラセブン初登場というイベント編であった。

（注十二）
「怪鳥テロチルスの謎」五月二一日、「怪鳥テロチルス・東京大空爆」五月二四日。山際永三の撮影台本によれば、クランクインは五月三一日の江ノ島ロケから。

（注一）
本来は七月三〇日の放送だったが、当日は、全日空機雫石衝突事故の報道特別番組があったため、一週飛ばされた。放送日は、番組タイトル部分に、郷秀樹のメッセージが流された。「こんばんは、郷秀樹です。先週は急にお休みしてごめんなさい。今夜はウルトラセブンも出ます。みんなで見て下さい」

橋本　市川森一は、どちらかというと何かイベントがあるとスラスラ書くタイプなんです。だからセブン出そうとか、そういうイベントを提示すれば乗ってくるだろうと（笑）。

（『帰ってきたウルトラマン大全』橋本洋二インタビューより）

加藤隊長は、大学時代からの親友で、今はマットステーション（注二）のキャプテンを務めている梶（南廣）と交信中だった。しかしその最中、ステーションは突如飛来した宇宙怪獣の襲撃に遭い、梶は殉職してしまう。

宇宙怪獣の正体は、かに星雲の宇宙生物ベムスター。加藤は、梶の仇を討つために何が何でもベムスターを倒さなければならない。しかしベムスターの力は強大で、ウルトラマンさえも倒される。

〝ウルトラマンはエネルギー補給のため宇宙へ飛ぶが、太陽の引力に捉えられ　炎の地獄の中に転落していく〟（決定稿のト書きより）。

絶体絶命のピンチを救ったのは、M78星雲から飛来したウルトラセブンだった。セブンはウルトラマンに新たな武器、ウルトラブレスレットを渡す。

ほぼ全編にわたり、ベムスターとMAT、ベムスターとウルトラマンの戦いがフィーチャーされた異色編である。復讐の念に駆られた加藤隊長は、普段の冷静沈着なイメージをかなぐり捨て、命懸けでベムスターに挑んでいく。

（注二）
マットステーションの乗組員役で、大門正明が、出生名の羅雅煌（ロー・ヤーファン）で出演している。

市川　「ウルトラセブンで殴り込みをかけたらどうか」とか、橋本さんにおだてられたりして、それで僕は「ホームドラマは書けませんよ、スポ根ものは嫌いですよ。それでいいんですね」というようなことで入ったんだと思います。僕はウルトラマンは、よりサイエンスフィクションであるべきだと主張してきてましたから、アメリカのテレビ映画みたいなタッチでやりたいというのはありました。多少人間ドラマを入れるにしろ、あんまりベタベタしたタッチを入れるのは嫌だ。だから特に「ウルトラセブン参上！」は、怪獣が暴れるだけの話になっちゃったんじゃないでしょうか（笑）。（中略）「ウルトラセブン参上！」のような企画もの的なものを僕が書くというのは珍しいですね。そういうのこそ、普通、上原正三の得意だったんだけどね。たまたま与えられた回がセブン登場の回だったんで、そういう諸条件を入れて書いたんだと思います。時々こういうカンフル剤みたいなものを放り込んで、周囲を刺激しながら競い合わせるというのは、橋本さんの得意でしたからね。
（『帰ってきたウルトラマン大全』市川森一インタビューより）

確かに市川森一らしくない設定のエピソードである。しかし、中にも市川らしい発想はある。太陽の子であるウルトラマンが、逆に太陽によって命を奪われそうになるというシチュエーションがそれだ。

ことの真偽は定かではないが、それを知った金城哲夫は憤慨したと伝えられている。金城にとってウルトラマンは太陽の子、神の子なのである。ゆえに親である太陽が、子であるウルトラマンを殺すはずがないという言い分だったようだ。事実とすれば、明らかに沖縄人と、クリスチャンである市川との、神に対する考え方の違いだろう。

旧約聖書によれば、神は自分達の姿に似せて、土からアダムを作った。アダムの肋骨から作られたのがイブである。市川森一は、次回作『ウルトラマンA《エース》』（注二）で、男女合体変身というアイディアを番組に持ち込んだ。

市川 （引用者注・『ウルトラマンA』は）聖書から色々と材を取ったんですよね。ウルトラマンエースの誕生の仕方も、アダムとイブが合体して完全体となる。いわば観音様に近いような、男でもない、女でもないというヒーローの誕生の仕方を一番基本にしました。
（『KODANSHA Official File Magazine ULTRAMAN VOL.6』市川森一インタビューより。講談社刊。インタビュー、構成は筆者）

ウルトラマンAは、男女合体変身だから完全体である。深読みすれば単独変身の場合は、完全体ではないという意味になる。つまり、神では決してないということになるがゆえに、ウルトラマンは太陽に焼き殺されそうになるのだ。

ところで『帰ってきたウルトラマン』の頃は、今と違いシリーズ全体を俯瞰して作品を整えていくシリーズ構成という役割は存在しない。上原はメインライターであるが、シリーズ

（注二）七二年四月七日～七三年三月三〇日。

初期にその作品世界を構築し、要所要所の話を担当する役目で、他のライターの脚本会議に立ち合っているわけではない。したがって、似たような話が連続するケースがままある。「ウルトラセブン参上！」は、空を飛ぶ怪獣という設定がテロチルスと連続しているし、続く第十九話「宇宙から来た透明大怪獣」は、宇宙怪獣という設定がベムスターと連続している。しかも十九話に登場するサータンはゴルバゴス、エレドータスに続いてシリーズ三つ目の透明怪獣であり、郷と次郎を軸に展開するドラマもシリーズ前半の焼き直しのようで、いささか新味に欠けるエピソードであった。

第二〇話「怪獣は宇宙の流れ星」は、アニミズムの権化、石堂淑朗《いしどうとしろう》のシリーズ初参戦作品。登場するのはまたしても宇宙怪獣だが、力業の石堂脚本のお陰で、ちょっと風変わりな作品に仕上がった。

石堂　あの頃は食えなかったんだよな。実相寺の『無常』やったとき、プロデューサーが最初脚本料5万って言ったんだよ（注四）。返事のしようがなかったね。人を馬鹿にしてるというかなんというか。それで粘って粘って何とか10万にしてもらったんだけどね。で、『帰ってきたウルトラマン』1本10万出てるんだからね。ひでえ話だよ（笑）。（中略）だから円谷（一）とTBSでばったり会ったとき、「どう、やるね？」って言うから、渡りに船でしたね（笑）。その前一緒に『煙の王様』やったんだけど、僕は途中で降りたんです。最初書いていただけ、全然円谷と話が合わなくて、第一題名から気にくわねえし。それで円

（注四）『無常』脚本・石堂淑朗、監督・実相寺昭雄、七〇年八月八日公開、実相寺プロ、ATG。プロデューサーは映画の翌年『ミラーマン』を手がける淡豊昭。

谷とは一時、喧嘩別れしたんだけどね。(『帰ってきたウルトラマン大全』石堂淑朗インタビューより)

北極近くで眠っていた怪獣マグネドンが、熊沢渓谷のダム近くに出現した。怪獣は地球の磁力を吸収し、無限の力を持ち始めていた。果たしてMATとウルトラマンは、マグネドンを倒す事が出来るのだろうか?

石堂　小学校の頃、少年用の物理の百科事典があったんですよ。一冊の本をボロボロになるまで繰り返し繰り返し読むんだよね。あれで地球全体が一個の磁石であるということを知って非常に感心したんですよ。(『帰ってきたウルトラマン大全』石堂淑朗インタビューより)

今回もまた、強大な力を持った怪獣との攻防戦で構成された脚本である。しかし「ウルトラセブン参上!」と異なるのは、MATはマグネドンの生態を研究し、それに則した作戦を次々と繰り出している点だ。『ウルトラマン』で言えば、佐々木守、実相寺昭雄コンビの諸作品(注五)的な構成だが、彼らの作品群にあった風刺性、社会批判的な視点は本作にはない。佐々木、実相寺コンビの怪獣達が、よその世界から我々の世界に迷い込んでしまった異物なら、石堂淑朗のそれは土着神、荒ぶる神とでも言おうか。

(注五)
第十四話「真珠貝防衛指令」、第三四話「空の贈り物」など(いずれも特殊技術・高野宏一)。

MATの攻撃でバラバラになったマグネドンが、満月の夜に再生する怪談のようなシーンは、怪獣が土着神であることの証明であろう。

石堂　僕は宗教段階じゃアニミストなんだよ（笑）。だからアニミズムでやるからみんなファンタジーに見えちゃうんだろうね。（中略）俺はどこかで生だからね。抽象化されてなく生なんだよな。神様の中ではアニミズムというのが一番だというのがどこかにあるんだよね。だから佐々木守みたいにシンボルとかメタファーとかそういったもの頭に入れてよく書けると感心するよ。俺はそんなこと思うとキャーッと台詞飛んじゃうよ、具体性がないから。（『帰ってきたウルトラマン大全』石堂淑朗インタビューより）

第二一話「怪獣チャンネル」は、カメラ状の目で捉えた映像をテレビ中継出来る怪獣ビーコンを登場させ〝テレビの中でのテレビ批評〟を試みた作品で、脚本は市川森一。この怪獣、MATが敗退する様子まで中継してしまうのだから始末が悪い。

本作は冒頭と半ばにドキュメンタリー風のナレーションが用意されている。例えば冒頭は、「世田谷区に住む会社員坂井信夫氏の末っ子、ミカコちゃん五歳が、つけっぱなしのテレビを消しに起きたその時……事件は起こった」という具合にだ。本書で引用している『調査情報』の連載記事「年表・テレビジョン20年」は、ドラマ評よりもドキュメント、そして報道姿勢の変化を語る部分がもっとも熱い。テレビの花形はやはり報道であり、即時性が最大の武器だった。ビーコンはテレビの即時性を象徴、あるいはそれをパロディ化した怪獣であり、その存在自体が〝テレビの中でのテレビ批評〟なのだ。

そして市川は、二つのナレーションで、送り手と受け手の関係を明確にした上で、〝テレビの中でのテレビ批評〟を形成したのである。なお本作は、劇中、主婦が昼メロを見ながらハンカチを涙で濡らすというシーンがある。昼メロは既存の番組ではなく、筧監督が新撮したもの。楽しんで撮っているのが、画面からも伝わる。本編撮影の鈴木清は、筧監督の印象を以下のように語った。

鈴木 筧さんは面白い監督でね。役者さんの芝居を全部自分で振り付けするんですよ。ビーコンの時、劇中テレビで流れるメロドラマがあるんですが、「監督、ここ芝居がわからないんですよ」なんて言うと、「わかった」と言って男役も女役も全部自分で芝居して見せてね、それを周りがニヤニヤ笑って見ているわけですよ。しかもあのシーンは、普通だったら尺を調整するのに使うんですが、目一杯使ってましたからね。

MATチームただ今参上！

『帰ってきたウルトラマン』の視聴率は、四月二三日放送の第四回「必殺！流星キック」で十九．八％と、二〇％を切って以来、番組開始当初の二〇％台半ばに復帰することなく、その後もおおむね十％台後半で推移していた。

視聴率回復の切り札であった第十三話「津波怪獣の恐怖 東京大ピンチ！」、第十四話「二大怪獣の恐怖 東京大龍巻」は、それぞれ十八．八％、十八．四％と前回より一ポイントほど上昇したが、無論、十分な数字ではなかったし、その後の反応も鈍かった。

七月放送分の視聴率を列記してみると、第十五話「怪獣少年の復讐」十四．三％、第十六話「大怪鳥テロチルスの謎」十五．〇％、第十七話「怪鳥テロチルス 東京大空襲」十七．三％と、横這い状態だった。

七月後半から八月いっぱいは、関東以南の小学校は夏休みに入って在宅率が下がるため、視聴率は全般的に下がってしまう。

『帰ってきたウルトラマン』に限らず、当時は、一年間放送する予定の番組でも、原則的に契約は二クール、二六本で交わされる。視聴率が低下傾向にあったとはいえ、それでも十％台後半を維持していたこと、同時間帯では圧倒的な強さを見せていたことが幸いしたのか、『帰ってきたウルトラマン』は第一クール終了時に契約が更新されたはずである。

第一クール終了は六月末である。この頃、第二二話「この怪獣は俺が殺《や》る」の決定稿が、六月二九日に印刷されていたことが判明している。残り二クールを乗り切り、新シリーズにつなげるためには、視聴率の回復が急務だった。

その対策の一つが、小学館が、ＴＢＳ、円谷プロと合同で行った箱根合宿だった。

ＴＢＳと円谷プロは、番組制作開始当初から、『帰ってきたウルトラマン』の記事を独占掲載していた小学館の学習雑誌（注一）の編集部員を呼んで、意見交換を行っていた。

彼らは入社二年から四年までの若手で、『帰ってきたウルトラマン』にちなんで〝ＭＡＴチーム〟と呼ばれていた。その隊長が、当時入社四年目で、チームでは最年長の上野明雄だった。上野は『小学一年生』の編集者だった。

上野　話があったのは、70年の年末近くでした。今度はうちの独占だというわけで、全学年を横断して展開することになったんです。テレビとの本格的なメディアミックスは、このときが初めてだったと思います。（『小学館だより　２００５年春』「小学館カルチャー秘史発掘」より。小学館刊）

ＭＡＴチームに選ばれたのは上野の他に、田辺茂男（『幼稚園』）土井尚道、平山隆（『小学二年生』）、八巻孝夫（『小学三年生』）、畠中貞行（『小学四年生』）、福島征英（『小学五年生』）といった面々だった。

（注一）小学館の学年別学習雑誌は大正時代の創刊。七一年当時は『小学一年生』から『小学六年生』まで揃って刊行されていた。

上野　その頃テレビ局は新入社員を採っていなかったから、あまり若い連中がいなかったんでしょうね。だからTBSプロデューサーの橋本洋二さんとしては、小学館の若い連中が来て、うっとうしいけど嬉しいみたいなところがあったんじゃないかな。特に僕は円谷のほうに片足突っ込んでたみたいな形で、TBSのほうには福島くんと畠中くんがわりと行っていたな。それでこっちのMATと円谷と橋本さんとは何度も打ち合わせしたり呑んだりしてたり、脚本ができるとTBSに呼ばれて、そこでみんなで読み合わせしたりなんていうこともありました。（『帰ってきたウルトラマン大全』上野明雄インタビューより）

こうした話し合いの中で、怪獣のキャラクター強化が図られ（子供達の嗜好は、MATチームの方が熟知していただろう）、宇宙怪獣やウルトラマンの新兵器が提案されたという。

忘れてはならないのは、NETが土曜日十九時半に放送していた特撮ヒーロー番組『仮面ライダー』の動向である。『帰ってきたウルトラマン』がスタートした翌日、一九七一（昭和四六）年四月三日に放送された『仮面ライダー』第一話「怪奇蜘蛛男」の視聴率は八・一％と、関係者の期待を裏切る数字だった。しかし第二話「恐怖蝙蝠男」は十一・七％で十％台に乗せ、その後、徐々に人気を上げていった。七月最後の放送は三一日、第十八話「化石男ヒトデンジャー」で視聴率は十五・四％と、ライバル『帰ってきたウルトラマン』に肉薄していった（注二）。

『仮面ライダー』の視聴率は、九月四日の第二三話、「空飛ぶ怪人ムササビードル」が

（注二）「怪奇蜘蛛男」脚本・伊上勝、監督・竹本弘一。「恐怖蝙蝠男」脚本・伊上勝、監督・折田至。「化石男ヒトデンジャー」脚本・滝沢真理、監督・山田稔。

二一・六％と初の二〇％台に乗ると、以後はそれをキープする。そして仮面ライダー１号、２号が揃い踏みした七二年一月八日の第四一話「マグマ怪人ゴースター 桜島大決戦」で三〇・一％を記録（注三）、『帰ってきたウルトラマン』が達成することの出来なかった大台に乗せるのである（注四）。

上野 『仮面ライダー』と視聴率を競ってたんですよ。でもあっちの視聴率がどんどん上がるのにこっちは今ひとつだったから、強化策を考えなきゃいけないということで、箱根で合宿したんです。時期は覚えていないけど、ブラックキングなんか出るきっかけになったのはあれだと思ったんだよね。小学館が円谷とＴＢＳを招待したような形でしたから、向こうは接待だと思っていたのに真面目な話ばっかりで面食らったみたいですね。（『帰ってきたウルトラマン大全』上野明雄インタビューより）

箱根合宿の日時について、上野は『小学館だより ２００５年春』では〝夏頃〟と証言している。

上野 たしか平山くん、福島くんあたりが中心になって、人気の怪獣の条件というのは何かというのをまとめて、橋本さんの前で発表をしたんです。立ち怪獣であるということ。ゴジラ型、色が黒に近い色であるということ、牙ある、角があるとかね、名前にキングが

（注三）「空飛ぶ怪人ムササビードル」脚本・島田真之、監督・折田至。「マグマ怪人ゴースター 桜島大決戦」脚本・伊上勝、監督・山田稔。

（注四）もっとも三〇％を越えたのは、この回のみ。

付くとかね。（中略）ブラックキングは全部入っている。（中略）

僕は〝ウルトラ係数〟って、生意気にも視聴率と番組の内容の相関関係みたいなものを発表しました。六本木の円谷の事業部で、『ウルトラマン』の16ミリだったと思うけど、ストップウオッチ片手にそれを見ながら、始まって何分後に怪獣が出てくるか、ウルトラマンらしき影が出てくるか、それと画面上の滞在時間が何秒だってことまで全部調べて、オープニングからポイント制で指数を出して、（中略）それと視聴率の関係を表にしてレポートにしたんだけど、橋本さんを怒らせちゃってね、もうだいぶ酔っ払っていたから（笑）。「だったら1本書いてみろよ」みたいな話になったと思いますよ（笑）。（『帰ってきたウルトラマン大全』上野明雄インタビューより）

『調査情報』七二年六月号に水沢周が寄稿した「聞書 脱々ヘンシン番組」という記事に、〝ウルトラ係数〟が紹介されているが、それは以下のような計算式だった。

Ｆ（怪獣の力）＋Ｍｔ（怪獣出現の時刻）＋ＭＴ（怪獣の出ていた時間）＋α（Ｕｔ＋ＵＴ）

Ｕｔはウルトラマンの出現時刻、ＵＴはウルトラマンの出ていた時間という意味である。計算式の下には、その使用例が記されていて、〝Ｆ＝強５～弱１（例＝ブラックキング５、ザザーン＝１）、ｔ＝早３～遅１（例＝開始早々３、終わりの方＝１）、α＝係数で２、これをかけると視聴率と近似する数値がえられる〟とのことである。なお〝ウルトラ係数と視聴率の関係〟については、二〇〇ページの図を参照願いたい。

上野は『帰ってきたウルトラマン』と小学館の関係を、初めての〝テレビとの本格的なメディアミックス〟と証言している。実は、小学館とライバル関係にある講談社は、『帰ってきたウルトラマン』にやや遅れて、『仮面ライダー』のメディアミックスを展開、『週刊ぼくらマガジン』誌上で、七一年十六号から漫画版の連載を始めている（作・石森章太郎）（注五）。その意味で言えば、一ツ橋（小学館）と音羽（講談社）の代理戦争が、『帰ってきたウルトラマン』と『仮面ライダー』の視聴率争いだったと考えることも可能だ。

箱根合宿と同じ時期に、『帰ってきたウルトラマン——延長にあたっての強化案——』と題された資料が作成されている。印刷時期は不明だが、内容から考えて八月頃に作成されたと推測できる。

橋本　これは編成用の儀礼的なものですね。山にこもった怪獣ばかりで苦戦してたから、延長は決まってても何かメッセージを出さないといけないということですね。（『帰ってきたウルトラマン大全』第三章解説より）

これは円谷プロ側からTBSに提出したものとされるが、熊谷健は〝局側で作ってくれたもの〟と証言している（注六）。内容的に番組を左右するようなものではないが、資料として

（注五）直後に『ぼくらマガジン』が休刊したため、『週刊少年マガジン』へ移籍した（七一年二三号より）。

（注六）『帰ってきたウルトラマン大全』第三章解説より。

「ウルトラ係数」の計算方法

（『調査情報』七二年六月号「聞書 脱々ヘンシン番組」より）

ウルトラ係数

$$F + M_t + MT + \alpha(U_t + UT)$$

F	Mt	MT	α	Ut	UT
怪獣の力	怪獣出現の時刻	怪獣の出ていた時間		ウルトラマン出現時刻	ウルトラマンの出ていた時間

F＝強5～弱1(例＝ブラックキング5, ザザーン＝1)
t＝早3～遅1(例＝開始早々 3, 終りの方＝1)
α＝係数で2, これをかけると視聴率と近似する数値がえられる。

ウルトラ係数と視聴率の関係

	怪獣名	怪獣の性格	Mt	MT	Ut	UT	ウル係数	視聴率(%)
32話	キングマイマイ	強さ＝中 動き＝やや早い 印象＝陰険	3	中	3	短	10	23.4
33話	ムルチ	強さ＝中の下 動き＝やや鈍い 色彩＝沈み勝ち	2	中	3	短	11	24.0
34話	レオゴン	強さ＝中の下 動き＝やや鈍い 印象＝どう猛	2	中	3	短	10	24.5
37話	ブラックキング	強さ＝特上 動き＝空をとぶ 印象＝凶悪残忍	1	長	2	長	26	27.5
38話	ブラックキング	強さ＝特上 動き＝空をとぶ 印象＝凶悪残忍	3	長	1	長	27	29.1
39話	バルダック星人	強さ＝中の上 動き＝素早い 印象＝魔術的	2	中	3	中	13	28.2
40話	スノーゴン	強さ＝上の下 動き＝力強い 印象＝残忍	3	中	3	短	13	27.4
41話	ビルガモ	強さ＝中 動き＝直線的 印象＝重量感	1	長	3	長	21	28.2

※視聴率はすべて原文ママ。ビデオリサーチの数値とは一部異なる。

紹介したい。

同書は、【I　状況の分析】という項目の中で、『小学一年生』七月号（六月発売）で行われた『帰ってきたウルトラマン』に対するアンケートの分析結果が発表されている。男女二〇〇人を対象としたというアンケートの結果は、他に圧倒的な差を付けて、『帰ってきたウルトラマン』が一番の人気番組であり、『よいこ』『幼稚園』『小学二年生』～『小学四年生』でも同様の結果が出ていると謳っている。

結論として〝小学校低学年については現在のところ改めて強化の必要性は余り感じられません〟としながら、〝小学四～六年生に於いてやや人気度が低下（と言っても一位ですが）していますと分析している。まさに『帰ってきたウルトラマン』のメイン視聴者と、番組が当初狙った視聴者層の乖離が明らかになった結果だ。以下、中～高学年に対する強化策についての部分を採録する。

そこで私たちは小学館の協力を得て、小学四年生～六年生で「帰ってきたウルトラマン」の感想文募集をいたしました。その結果、旧作ウルトラマンで育ったウルトラエイジが多いことと、心理的な成長が思ったよりも早いことが判りました。（ここで言う心理的成長とは低学年にはあまり見られない客観的なものの見方がほぼ大人に近くなっていることです。）

以上のようなことから、感想文を分析し、高学年の視聴者を拡大するために次のような強化案を提出致します。

【Ⅱ　強化案】

1．スケールの拡大

子供たちは旧作ウルトラマンと新ウルトラマンを比べて、新ウルトラマンの方が能力があると信じています。破壊力・超能力・武器など、どれ一つをとってもパワーアップが必要と思われます。

そこはマットチームの活躍の場を拡大することによってかなりのことが解決されるものと思われます。（中略）

（A）MATステーション

地球の外側に複数のステーションがあり、宇宙から侵略してくる怪獣（宇宙を含む）に対して常に監視しています。

（B）MATの世界組織

国境を越えて、他の国のピンチを救うために、出掛けたり、外国のマットが来たりします。

2．怪獣のスケール・キャラクター

MATの活躍の場が増したために、宇宙からも怪獣が登場します。そのために、人間の常識では考えられないような不思議な形や能力を持った・圧倒的な破壊力の新怪獣が登場します。

また、子供たちに人気のあるリバイバル怪獣（怪獣ベストテンの中の、レッドキング、ピグモン、バルタン星人、ゼットンなど）も登場します。この辺が小学校高学年層のウルトラエイジの興味を引く部分でもあります。

三番目の強化案は〝ウルトラマンのパワーアップ〟という項目で、〝(A)ウルトラブレスレット〟〝(B)ウルトラバーリヤ・A&B型〟〝(C)ウルトラスピンキック・A&B〟〝(D)ウルトラスピン〟が挙げられている。

最後は項目がないが、MATの新装備について、〝(A)マットスペース（仮称）〟〝(B)スペースファイター（仮称）〟〝(C)マットシュート改良型〟〝(D)強力破壊砲〟〝(E)その他〟が列記されている。そして『延長にあたっての強化案』は以下の文章で締めくくられている。

以上のような5項目（注七）が強化案として附加されます。全国の視聴者とコンタクトした確実なデーターの分析は今後ともに必要なものと思われます。また強化案は、すでに現在製作中のものの中にも組みこまれ、オンエアに先行して発売された雑誌からは、大きな

（注七）
【I　状況の分析】、【II強化案】、怪獣のスケール・キャラクター、ウルトラマンのパワーアップ、マットの新兵器、で五項目のようだ。

反響があらわれております。

「帰ってきたウルトラマン」はますますおもしろくなります。御期待下さい。

なお、第二十三話よりMATの隊長がスケジュールの都合から、塚本信夫から土屋嘉男（劇団・箱舟所属）に交代します（注八）。

ウルトラブレスレットの項では〝第十八話「ウルトラセブン参上！」でウルトラマンが大ピンチの時兄弟のウルトラセブンから「いかなる宇宙怪獣とも互角に戦えるだろう。」と渡されたものです〟と、ウルトラ兄弟について言及している点が興味深い。また、ここから八月以前に書かれた資料ではないことがわかる。

ところで『帰ってきたウルトラマン』は、人気の点で『仮面ライダー』に及ばなかったという声を時々聞く。だが本当にそうだったのだろうか？　確かに〝怪獣ブーム〟は、いつしか〝変身ブーム〟と呼び名を変え、ポピー（現・バンダイ）が発売した仮面ライダー変身ベルトは、子供達の憧れのアイテムとなり大ヒットした。また、七一年末にカルビーから発売された『仮面ライダースナック』は、おまけとして付けられた〝仮面ライダーカード〟が子供達の間で大人気を呼び、商品は大ヒット、社会現象にまでなった。一方で、『仮面ライダースナック』を買った子供達が、中身を食べずにカードだけを取って捨ててしまうという事例が全国で発生し、社会問題化していた。

『帰ってきたウルトラマン』と『仮面ライダー』の平均視聴率（ただし『仮面ライダー』は、

（注八）実際には根上淳が伊吹隊長役になった。

『帰ってきたウルトラマン』放送終了時までの平均）は、それぞれ二二・七％と二〇・五％である。これは、『仮面ライダー』放送開始時の視聴率が低かったことが影響している。巻頭の放送リストを参照願いたいが、数字だけを比べれば『帰ってきたウルトラマン』は『仮面ライダー』に対して、互角以上の戦いをしていたことがわかる（注九）。

だが『帰ってきたウルトラマン』は、その名が示す通りシリーズの続編であり、企画自体の目新しさはない。一方の『仮面ライダー』は、『月光仮面』以来の仮面ヒーローもので、物語のパターンは古典的な勧善懲悪ものだが、〝変身する等身大ヒーローが改造人間と戦う〟という斬新な設定を有していた。だからこそ番組はエポックメーキングとなったわけで、〝怪獣ブーム〟は、目新しい用語の〝変身ブーム〟に取って代わられたのである。また『帰ってきたウルトラマン』放送中には、『仮面ライダースナック』のように、社会現象にまでなるような新たなキャラクタービジネスも生まれなかった。また、『仮面ライダー』のヒットで、巨大ヒーローものよりも低予算で制作できる変身ヒーローものが、このブームの時期に量産されたことも見逃せない。

以上のような複数の要素が重なったことから、『帰ってきたウルトラマン』は、人気の点で『仮面ライダー』に及ばなかった、という印象が出来上がってしまったのだろう。

（注九）
『帰ってきたウルトラマン』は七月三〇日と十二月三一日が休みだったので、『仮面ライダー』のほうが二話分多い。『帰ってきたウルトラマン』の翌日放送分だけの平均を取ると二〇・六％となる。なお『仮面ライダー』全九八話の平均視聴率は二一・二％で、やはり『帰ってきたウルトラマン』に及ばない。

第二クールを乗り切る！

『帰ってきたウルトラマン』の八月に入ってからの視聴率は以下の通りである。

第十八話「ウルトラセブン参上！」十六・〇％、第十九話「宇宙から来た透明大怪獣」十六・九％、第二〇話「怪獣は宇宙の流れ星」十八・八％、第二一話「怪獣チャンネル」十七・三％。

第二三話から九月に入り、「この怪獣は俺が殺る」十八・八％、第二三話「暗黒怪獣 星を吐け！」二三・四％、第二四話「戦慄！ マンション怪獣誕生」二四・〇％、第二五話「ふるさと 地球を去る」二一・四％、第二六話「怪奇！ 殺人甲虫事件」二五・二％と、第二三話から視聴率がいきなり二〇％台に回復、以後、十％台に下がることはなかった。

ＴＢＳ、円谷プロと小学館の箱根合宿は〝夏頃〟ということだから、仮に七月の頭だとすれば、第二三話「この怪獣は俺が殺る」（六月二九日印刷）から第二四話「戦慄！ マンション怪獣誕生」（七月十日印刷）、八月頭なら、第二七話「この一発で地獄へ行け！」（八月二日印刷）、末ならば第三〇話「呪いの骨神 オクスター」（八月三一日印刷）までの決定稿が上がっている。

つまり視聴率回復の鍵は、箱根合宿ではないということが証明されるが、では何だったのか？ これはもう推測の域を出ないが、『帰ってきたウルトラマン』は、イベント編であった「ウルトラセブン参上！」以降、ハードな内部対立のドラマを捨て、ユニークな怪獣達が続々登場するエンターテインメント路線に徐々にシフトしていった。その成果が出てきたのではないだろうか。もちろん、それはプロデューサー陣が視聴率低下の原因を真摯に分析し、小学館側の意見も参考にした上で（合宿の前から、より低学年向けにという提案を受けていた可能性はある）内容を調整していった結果である。

八月に視聴率の反応が鈍かったのは、やはり夏休みの影響が考えられ、それが終了したと同時に、結果が数字として表れたと筆者は考える。一旦数字の下がった番組が盛り返すのは、至難の業である。しかし『帰ってきたウルトラマン』は、郷秀樹だけでなく視聴率までも不死鳥のごとく甦ったのである。

九月最初の放送となったのは、前記の通り、第二二話「この怪獣は俺が殺る」である。夢の島に現れたプラスチックを栄養とする怪獣ゴキネズラとMATの死闘を描く作品で、隊長交代劇を絡めたイベント編でもあった。「ウルトラセブン参上！」「この怪獣は俺が殺る」、この二本のイベント編が、視聴率回復の要因の一つであったことは間違いないだろう。

当時、脚本の市川森一、監督の山際永三は、『コメットさん』『胡椒息子』『恐怖劇場アンバランス』などの作品で傑作を連発し、名コンビと言われていた。

山際　市川さんとはゴキネズラだけだけど、あれはよく出来ていた。僕はもっと市川さんとやりたかったけど、出来なかったね。夢の島のゴキネズラの話と、隊長の交代劇を上手く仕込んでいますね。急いで書かせたけど、ほとんど直しはなかった記憶があります。この話は橋本さんも喜んだ。

三谷昇演ずるピエロが出てくるでしょう。あれは市川さんのアイディアです。バーが並ぶ裏路地で三谷さんのピエロがゴミ箱の蓋を開けると、中からゴミがパーッと出てくる。その後どういうわけかピエロが夢の島に転移していて、そこにゴキネズラが現れて、ピエロはゴミに飲み込まれてしまう。この、いきなり夢の島に話が飛ぶところなんかも面白かったですね。

それで郷が、東京都の職員と次郎君を乗せてジープを運転してくる。そこで職員が、東京都のゴミは一日何千トン出るとか、ここ十年間で、ゴミは何倍になったという台詞は僕があとで書き込んだものです。

市川さんはそういう社会的なものは入れないんだけど、橋本さんは、社会的な背景を入れるのが好きだから喜びましたよ。

市川　山際永三さんと撮った「この怪獣は俺が殺る」は、久しぶりにふたりでワイワイ楽しんでやった記憶はあります。頭でピエロが出てくるんですが、こういうトップシーンの感覚というのは、僕と山際さんじゃないと生まれないんですよ。もうこの頃は、（シナリオライター、監督の）ローテーションがグルグル機械的に回ってますから、山際さんとはこれ1本ということになったんだと思います。僕としては、もっともっと山際さんとやりたかったですね。（『帰ってきたウルトラマン大全』市川森一インタビューより）

山際　市川さんという人は、それまでの生き様に、人に言いにくいものがあって、それを引きずって、つまりコンプレックスを持っているんです。でも思いは純粋なものがあって、何か夢を探している。だが現実を描くという点では上手く出来ない。そこで僕が現実を入れ込むと、彼は喜んでまた直してくれるんですよ。

長崎とか諫早とか、自分の持っている血筋というものを使って、ドラマを作ろうという感じはありましたね。

キリスト教的な視点というのももちろんあって、彼と一緒にやった『胡椒息子』では、主人公を虐めまくっている義理の兄が、何かの折にピンチに陥った時、主人公は手をさしのべるんです。その後、義理の兄も変わっていくんですが、そういったキリスト教的な善意が彼にはあったし、僕も受け入れましたね。

ともかく誠実に、神は全てを見通してくれるという考え方じゃないのかな。ものごとを俯瞰で見ているというのもあるかも知れません。

新隊長の伊吹にキャスティングされたのは、大映のスターだった根上淳。〝和〟を尊ぶ家父長的な加藤隊長に対し、叩き上げの軍人といった雰囲気がある。だが、命令違反を犯して出撃した郷に寛大さを見せるといった、懐の深い一面もある。

山際　この話で素晴らしかったのは、鈴木清さんのカメラでした。夢の島でピエロがゴミを背負って歩いていると、その上空を飛行機が飛んでいくなんてカット、粘って撮っていました。僕は早く終わって次に行きたいんだけど、清さんはどうしても欲しいと言って粘っていましたね。

鈴木　あの辺は空港が近いので飛行機がよく通過するんです。現代文明を象徴するものとして、飛行機を入れようと思ったんですね。山際さんは、だいぶいらいらしていましたが、そこは譲りませんでした。

山際さんは、とても頭のキレのいい職人のような方で、撮る作品はほとんど佳作と言えるものが多いし、頭の中で全部計算し尽くされていますから。ある時、俳優さんの向きを変えたら、凄く怒られましたよ。それをやられたら全部崩れちゃうと。ですからカメラマンとしては、ある意味息苦しいんです。ガチガチに決められていますからね。ただ、型にはまっている中では泳がせてくれます。

次ぐ第二三話「暗黒怪獣 星を吐け！」は、山際の二本持ちで、石堂淑朗の脚本。ある夜、空から突如北斗七星が消えた。そして山中には巨大なカニの形をした怪獣ザニカが出現した。北斗七星の異変は、暗黒怪獣バキューモンが星を呑み込んだために起きた現象だった。そしてバキューモンは今度は蟹座を呑み込もうとしていた。地球に逃げて来たザニカは、故郷の星が一個呑み込まれるたびに激しい苦痛に見舞われ、暴れ回るのだ。『帰ってきたウルトラマン』中、もっともスケールが大きく、かつ不可思議なエピソードで、SFというよりもおとぎ話、ホラ話に近い。

上野　イギリスで出ていた「サイエンス」の日本語版が出始めた頃でね、その中で星の生成と消滅についての特集があって、ブラックホールの記事なんかは新鮮で、これは使えると思いました。いろんなエセ科学的なものを調べたり、変身の文化人類学とか、仮面の民俗学だとか調べた覚えがありますよ。そういったものを田口さんを通じたりとかして、アイディアとして活かしたと思います。(『帰ってきたウルトラマン大全』上野明雄インタビューより)

石堂　北斗七星呑みこむやつだね。でもどうやって呑み込むんだろうね。要するにデタラメなんだよ、僕は(笑)。北斗七星が見えないなんていうのも、理屈で言ったら間尺に合わないってことだよね。(『帰ってきたウルトラマン大全』石堂淑朗インタビューより)

第二四話「戦慄！　マンション怪獣誕生」の脚本は上原正三。上原は、鍵っ子を現代社会の歪みと捉えていたようで、『ウルトラセブン』でも「寒い夏」という鍵っ子をメインにした脚本を執筆している(未映像化。脚本は未発見、プロットのみ現存している)。だが「戦慄！

マンション怪獣誕生」は、そのテーマを発展させることよりも、MATによって爆破された宇宙怪獣のカケラが、鍵っ子の少年明夫によってマンションの壁に貼り付けられ、彼の思い浮かべる大怪獣に変化するさまを描くことに力を注いでいる。つまり『ウルトラマン』第十一話「宇宙から来た暴れん坊」（注一）、第十五話「恐怖の宇宙線」を思わせる内容なのである。監督の冨田義治は、『帰ってきたウルトラマン大全』のインタビューで、〝妥協して脚本に負けた〟という旨の証言をしている。

グドン、ツインテール編以降の上原脚本は、シーモンス、シーゴラス編、テロチルス編という前後編以外、なぜかこれというものがなくなってしまい、過去のシリーズの焼き直しのようなエピソードが目立つようになる。それは上原が、職人ライターに徹するようになったということだったのかも知れないし、〝内なる敵〟というシリーズ初期のテーマに代わるものを見つけることが出来なかったということだったのかも知れない。その意味で、職人に徹した第二六話「怪奇！　殺人甲虫事件」は、『怪奇大作戦』調のミステリーを狙ったエンターテインメント性あふれる佳作となった。

この時期、大いに気を吐いていたのは、上原の盟友だった市川森一である。〝テレビの中でのテレビ批評〟を試みた第二一話「怪獣チャンネル」、市川、山際黄金コンビの「この怪獣は俺が殺る」、当時大人気だったキックボクシングの沢村忠をゲストに迎えたイベント編で、スポ根ものの市川流パロディとも言える第二七話「この一発で地獄へ行け！」と、傑作、異色作が目白押しである。そして第二五話「ふるさと　地球を去る」は、ＳＦ性と人間ドラ

（注一）
脚本・宮田達男、監督・満田穧、特殊技術・高野宏一。

マが見事に一体化した、『帰ってきたウルトラマン』における市川森一ワールドの完成形だった。監督は冨田義治。

とある建築現場で、外壁がバラバラになり空の彼方に飛び去るという怪現象が発生した。MATの遠隔レーダーによれば、飛び去ったコンクリート片は、銀河系第三惑星のザゴラス星に向かっているという。工事現場で使われた砂利は、群馬県愛野村産だった。伊吹隊長は南と郷に、地質調査に向かわせた。

現場に向かうマットジャイロの中、南は自分の意外な過去を郷に語る。

「ガキ大将からは泣かされっぱなし……、先生からは怒られっぱなし……、じゃみっ子、じゃみっ子って……、散々だったよ」

〝じゃみっ子〟(注二)とは、繭を作らない蚕のことで、誰からもかまわれない子供を、そう呼んでさげすむのだと南は言う。

ドラマには、もう一人のじゃみっ子が登場する。愛野村に住む孤独な少年、六助だ(注三)。彼の名が劇中で呼ばれるのはただの一度、あとはいじめっ子も小学校の教師も彼を〝じゃみっ子〟と呼んでいる。

同級生からも先生からもさげすまれている六助のせめてもの抵抗は、校庭に鎮座している初代村長の銅像(注四)によじ登り、精一杯胸を張ってみせることだけ。

愛野村は、有史以前にザゴラス星から飛来し、地上へ落下した隕石の上にあった。そこへ隕石の放射能の影響で、微生物が巨大化した怪獣ザゴラスが出現する。

(注二)
主に静岡県、山梨県で使われている方言のようだ。小坊主の意味の沙弥《しゃみ》が語源という説が有力で、静岡の焼津では、くず物の小魚のことをジャミと言う。

(注三)
父は死に、母は出稼ぎに出ている設定。

(注四)
脚本のト書きでは〝初代村長らしき人物の銅像〟。胸像ではないから、ハナ肇ではないと思う。

六助は全村民に出された避難勧告のどさくさに紛れ、マットガンを手に入れる。マットガンを手にした六助は、いじめっ子達に「俺は逃げたりなんかしないぜ。怪獣と戦うんだ。お前達、ついて来ないか」と言う。

それを見た教師は、マットガンを奪おうと六助ともみ合うが、銃が暴発して銅像（権威の象徴）を吹き飛ばしてしまう。

音を聞きつけてやって来た南と郷は、じゃみっ子の後を追う。郷は六助に銃を返せと言うが、じゃみっ子に自分の過去を重ね合わせた南は、「弱虫だね……、君も……。友達から虐められても喧嘩なんか恐くてやったことがない……。先生からは一度も誉められたことがなく……叱られてばかり……。郷……、この子に戦わせてやってくれないか。多分、生まれて初めて……、何かと戦おうとしているんだ」と言う。

こうして二人のじゃみっ子はザゴラスに戦いを挑んでいく。

普通の作家ならこの後、ピンチに陥る二人、ウルトラマンの登場、大団円という流れなのだろうが、市川はラスト、強大な力を手に入れた少年の暴力性を白日の下にさらすのである。

愛野村があった場所は、隕石が飛び去ったため、巨大な穴になっている。それを見ながら郷が「故郷を失って、寂しくないかい」と聞くと、六助は「寂しくなんかありません」と答える。

それを聞いた南は、「故郷はなくしても、故郷で戦った思い出だけは、一生忘れないよ。これから先、どこの地に移り住んでも、くじけそうになったら、思い出すんだ。僕は昔故郷で、怪獣と戦ったことがあるんだってな」と六助に言い聞かせる。
するとと六助は、マットガンに頬ずりし、「また起こらないかな。今度はもっと撃ちまくってやる！」と言い、大空に向かって銃を乱射するのだった。

市川　普通、南隊員の台詞で終わるんですけど、ラストのために、あえて予定調和的な台詞を持ってきたんでしょうね。でも少年の「また起こらないかな?」というのが問題になってね（笑）。（中略）

「ふるさと地球を去る」でも、最後に少年に忍び込んでくるものは、普通は悪魔なんだけど、これに限っては、我々ウルトラマンを作っている制作者の意図が、忍び込んだらどうなるのかと。うっかりしたら、こんな危険な少年を育ててしまうんじゃないかと、種をまいているのかも知れないというようなことを、ちょっと感じたんでしょうね、当時。つまり一種のテレビ批評ですね。（中略）

日本的なハッピーエンドというのは当時から反発してました。日本のドラマが、おそらくそのことのために、結構ドラマの質を落としても強引にハッピーエンドにするというのは、人間の「不幸」というものに対する概念が、ヨーロッパの劇と本質的に違うからなんですよ。ヨーロッパの劇は、人間の不幸をどう捉えるかというと、「運命」だと捉えるんです。（中略）

それが不幸の概念ですから、形の上では必ずしもハッピーエンドにならなくてもいいわ

けです。（中略）
ところが日本の演劇上では、「不幸」というのはイコール「悪」なんですよ。因果応報なんですよ。（中略）それは運命じゃないんですよ。因果律の中で報復をされている。だから不幸のまま終わるということは、悪がそのまま勝利してしまうということになるんですよ。（中略）そういうようなことが、子供番組まで影響を及ぼして、なんだかとってつけたような「アハハハ」。一番最後はみんな隊長に集まって、3枚目がずっこけて、空なんか映して（笑）。とりあえず形の上ではめでたしめでたしでしょう。それは嫌だというのはありました。それはどういう番組でも嫌だというのはありまして、私の書いた『帰ってきたウルトラマン』は、全部どこかで必ずハッピーエンドに見せかけて、最後の瞬間で、めでたしめでたしを覆すというのは意識的にやってきた気がします。（『帰ってきたウルトラマン大全』市川森一インタビューより）

円熟の第三クールと問題作

『帰ってきたウルトラマン』は、十月に入って第三クールに突入した。この時期は、傑作、異色作、問題作がひしめき合い、シリーズの円熟を感じさせた。

第二八話「ウルトラ特攻大作戦」は、実相寺昭雄の脚本で、台風怪獣バリケーンが登場する。怪獣を一種の自然と考える実相寺らしい脚本で、奇妙な浮遊感に支配された笑劇だった。監督は山際永三（注一）。だが理論派の山際にとって、実相寺の感覚的な脚本は頭痛の種だったようだ。

山際　これはテーマがない脚本で困りました。嵐の怪獣が出てきてどうなるんだろうかと。実相さんとは一度くらい打ち合わせはしたかも知れないけど、彼、脚本を書いたらどこかに行ってしまって、「直してくれ」と言う暇もなかった。

ですから僕がナレーションを入れたり、台詞を変えたりして、何とかつじつまを合わせたという感じです。これは彼が撮れば面白かったんだろうけど、僕のような普通の監督が撮っても駄目ですね。自信がない作品です。

ただ存在するだけで人類の脅威となる怪獣（バリケーンは、生物の生理現象として台風を発生させるので、その範疇に入るだろう）というコンセプトは、『ウルトラマン』で佐々木守、実相寺昭雄コンビが好んで取り上げた題材だ。しかし同様の題材を扱っても、実相寺脚本に佐々木のような風刺性は乏しく、わずか、バリケーンの脅威が去ったら、東京は再びスモッグに覆われてしまったという辺りが風刺と言えば風刺か。

「ウルトラ特攻大作戦」は自信のない作品ということだが、同時撮影の第二九話「次郎くん怪獣に乗る」は、子ども番組の演出に長けた山際のタッチ（注二）、脚本の田口成光本来の

（注一）
実相寺昭雄夫人は、山際と同じ新東宝出身の女優、原知佐子。新東宝の新人発掘オーディション、〝第四期スターレット〟のメンバー。同期に北沢典子、三ツ矢歌子、万里昌代、朝倉彩子らがいた。なお、第一期合格生は高島忠夫、天知茂、三原葉子、久保菜穂子というのちにテレビの顔となる豪華メンバーが揃っていた。

（注二）
「チャコちゃんシリーズ」（六二年～六九年）「あばれはっちゃくシリーズ」（七九年～八五年、テレビ朝日）など、山際の作品歴はそのまま子ども番組の歴史と言っていい。

持ち味である庶民のドラマが見事にマッチした秀作である。

次郎の友達である桶屋（注三）の娘、よし子の箱根細工（中にはよし子のへその緒が入っている）を巡るシチュエーションと、MAT無人観測ステーションNO．5（注四）の行方不明事件、それを住み処にして地球に降ってきたヤドカリンと、全く異なる世界の二つの出来事が交錯する。

田口　次郎君が彼女のへその緒失くしちゃって気分的に閉じこもっちゃうのとヤドカリを重ね合わせた発想で書きましたね。それに、小さい物から大きな物へ、現実から非現実、そういうテンションの差を狙ってますね。（中略）
　児童ものというのは元々僕は志望していた世界なんですが、子供の出番が増えてくるのは、番組スタート時に小学館の若手編集者たちと箱根で合宿したりした時の話し合いから出たところも大きいんです。（『帰ってきたウルトラマン大全』田口成光インタビューより）

山際　田口さんは一生懸命というよりも、飄々として、打ち合わせでも僕が言うことを、「そうですね、そうですね」と素直に何でも受け入れてやってくれました。
ただ、「次郎くん怪獣に乗る」に関してはほとんど直しがなかった。彼が書いてきた通りになったんじゃないかな。僕も橋本さんも、これはいいや、という感じでしたね。田口さんは、あれを書いて自分のものが出来たという感じでしたね。彼にとっても、自信になったんじゃないか

（注三）
父親を演じたのは、坂本新兵。フジテレビの子供教育バラエティ『ママとあそぼう！ピンポンパン』（六六年十月三日〜八二年三月三一日）では、シンペイちゃんの愛称で番組の進行役を務めていた。

（注四）
宇宙ステーションの部分セットは、東宝の生田オープンに建て込まれた。同時期、『仮面ライダー』も同様の場所でロケしたため、七一年十一月六日放映の第三二話「人喰い花ドクダリアン」（脚本・滝沢真理、監督・折田至）には、ステーションの部分セットが映り込んでいるカットがある。東宝の生田オープンは、『仮面ライダー』を撮影していた東映生田スタジオ（細山スタジオ）の目と鼻の先であった。

なお、脚本表記は、マット無人宇宙ステーションNO．5。

な。

箱根の寄木細工は、田口さんのアイディアだと思います。僕は『コメットさん』でも散々やっていたけど、小学校の低学年の頃は、可愛らしい女の子はみんなの憧れでしょう。こういうほのかな恋愛感情を書かせると、田口さんは上手いんですよ。

次郎君が女の子の家に遊びに行くと彼女はいなくて、お父さんがいて箱根細工を貸してくれる。それが宇宙に行くという発想が凄いんだ。

第三〇話「呪いの骨神 オクスター」と、第三一話「悪魔と天使の間に・・・・」は、TBS出身のディレクター、真《ま》船《ふね》禎《ただし》の監督作品。父は劇作家、真船豊（注五）で、スタジオドラマ時代から一種独特の作風で知られていた。例えば実相寺昭雄も参加した『おかあさん』（注六）では「誕生三部作」（第一部「遠い呼び声」、第二部「ふたりの季節」、第三部「美しき朝」）というエピソードで、スタジオを飛び出し、オールフィルムで制作した（注七）。

真船　その第3部というのがほとんど全編、出産シーンなんですよ。ここは実際の出産シーンを撮るということで、ズーッとTBSの中にスタッフルームを用意してね、仮ベッド入れて寝泊まりしたんですよ。（中略）

自分で言うのもなんなんですが、実験的ということでこれがわりと評判が良くて（笑）。僕そういうの好きなんですよ。実験的なのが（笑）。だから『バンパイヤ』（注八）なんか

（注五）代表作は『鼬』（三四年）。ラジオやテレビドラマの脚本も執筆している。七七年没。

（注六）五八年九月一日～十二月二九日、五九年十月十五日～六七年六月二九日。

（注七）「遠い呼び声」六二年十二月十三日放送。「ふたりの季節」六二年十二月二〇日放送。「美しき朝」六二年十二月二七日放送。いずれも脚本・早坂暁。

（注八）六八年十月三日～六九年三月二九日、フジ。虫プロ制作で、実写とアニメの合成を試みた作品だった。真船は「まふねてい」とクレジットされている。

も抵抗なくできましたね。（中略）

　ある日、ツブちゃん（引用者注・円谷一）から電話があって、僕の事務所になだれ込んできたんですよ。円谷さんと、特撮監督の高野さんとあと何人か。『ウルトラマン』のことは知ってましたよ。だけど子供番組だと思ったわけです。あとで見たら全然違いましたけどね（笑）。でもその時は「子供の番組はまったく駄目だから、そいつはツブちゃん、無理よ」と言ったんです。（中略）そしたら円谷さん「子供番組と思わないでやってくれ」と。「親父の『ゴジラ』は、あれは怪獣ものだけど、子供向け映画ではない。俺はそれを目指しているんだ」って、このひと言は大きかったですね。で、「ついては脚本は石堂さんに頼んでいる。真船ちゃん。それだけ考えたってジャリ番じゃないってことがわかるだろう」って言われてね。ツブちゃんは、そこまでセッティングして僕の所に来てくれたんです。（『帰ってきたウルトラマン大全』真船禎インタビューより）

石堂　山際も上手かったけど、真船も本当に上手かったね。僕は弥生系の理詰めの監督と組んだほうがいいんですよ。どっちも縄文系のアバウトだとめちゃくちゃになる（笑）。（中略）僕はドンドンめちゃくちゃ言いながら斬り込み隊長やる、後は監督が綺麗にしてくれる。真船は丹念に来るんですよ。台本の食い下がり方も正確に言ってきましたからね。

（『帰ってきたウルトラマン大全』石堂淑朗インタビューより）

石堂脚本の「呪いの骨神 オクスター」は、水牛墓場を守る怪獣オクスターが登場する、氏らしい、土着性のある一種の怪談であった。

石堂　題材は大体僕が出してましたね。『ウルトラマン』で吉備津の牛の鼻ぐりのやつ（『ウルトラマンA／怪談・牛神男』）があったじゃない（注九）。ああいったのを何とかこねくり回すのが僕の趣味なんですよ。伝説とか伝承があって、それを題材に発展させていくという方法論ですね。（中略）
怪談だよね、つまり。子供は怪談が好きだから。で、自分が怪談みたいなものが好きだったから、それで何とか入れ込んでいるわけでね。（『怪奇大作戦大全』石堂淑朗インタビューより）

同時撮影の「悪魔と天使の間に……」は、市川森一の脚本。伊吹隊長の娘、美奈子が教会で知り合った障害を持つ少年、輝男の正体はゼラン星人だった。郷一人がその正体に気づいたが、周りは誰も信じず、次第に孤立していく。

ゼラン星人は、『帰ってきたウルトラマン』初の宇宙人である。しかもシリーズの中で最も狡知で、悪意を持った宇宙人だったと言える（注十）。

本エピソードは「ふるさと 地球を去る」同様、少年の中に潜む悪魔性を描いた傑作だ。
だが「悪魔と天使の間に……」には、「ふるさと 地球を去る」のような叙情性はなく、氷

（注九）第十六話「夏の怪奇シリーズ 怪談・牛神男」監督・山際永三、特殊技術・田淵吉男。

（注十）同じマスクを改造したメイツ星人（「怪獣使いと少年」に登場）が、ゼラン星人と正反対のキャラクターというところが面白い。

のように研ぎ澄まされた冷たさが、全編を支配している。それは六助の場合、ラストに潜在的な悪魔性を瞬間的に爆発させただけだったのに対し、本作の輝男少年の正体は、本当の悪魔（的存在）だったからだろう。しかも輝男にハンディキャップを背負わせ、社会的弱者として描くことで、少年の本性である悪魔性を強調している巧みさ。

ゼラン星人は、プルーマという怪獣を連れてきたという。だがそれは囮で、プルーマを倒した時が、ウルトラマンの最期だと不気味な言葉を吐く。物事はゼラン星人の思惑通りに進み、追いつめられた郷は、ウルトラマンに変身せざるを得なくなる。そしてウルトラブレスレットでプルーマを倒すが、その直後、ブレスレットが凶器と化し、ウルトラマンを攻撃し始める。

この信頼するもの（人であったり、ブレスレットのような道具であったり）が、突如裏切って主人公や味方を襲い始めるというシチュエーションは、市川作品の中でしばしば見られる。それはキリストを裏切ったユダを連想させ、裏切られた当人は命を失うケースが多い。『ウルトラセブン』第二九話「ひとりぼっちの地球人」では、電送機を発明した一の宮は、自分を裏切った仁羽教授（プロテ星人）を道連れに電波となって宇宙に散り、第三七話「盗まれたウルトラ・アイ」（注十二）のマゼラン星人マヤは、自分の星に裏切られたと知り、自らの身体を消滅させる。

市川　「悪魔と天使……」なんかもそうでしょうし、『ウルトラセブン』の時もそうでしょ

（注十二）
監督・鈴木俊継、特殊技術・高野宏一。

うけど、人間の中に忍び込んでくるものというのがキリスト教的なんですね。悪の心が忍び込むとか言うでしょう。悪魔が天使の顔をして人間を騙していくというような発想に、スーッと入っていくようなところがありますよね。(『帰ってきたウルトラマン大全』市川森一インタビューより)

真船　考えてみたら僕のやったのは、大ベテランの石堂さん、それから新進気鋭の市川森一だったわけですよ。だから凄い恵まれたスタートをしたんだなと思いましたね。(中略)石堂さんのホンは実にオーソドックスですね。テレビというのは〝序破急〟というのの〝破〟から始まるんだというのが僕の持論なんです。市川さんのホンは、ド頭から、少年が来たら目がパッと光って、もう何かあるぞと、挑戦が始まってる。〝破〟から来ちゃってるんです。これは映画エイジとテレビエイジの違いなんですよ。(『帰ってきたウルトラマン大全』真船禎インタビューより)

鈴木　『帰ってきたウルトラマン』で、忘れてはいけない監督は真船禎さんです。ケレン味あふれるキレの良い監督でした。わずか二本のお付き合いでしたが五、六本やったような熱量で、青木ヶ原の情景(「呪いの骨神　オクスター」)が今でも思い浮かびます。このご縁が『ウルトラマンレオ』のパイロット版(注十二)につながりました。記憶に残る監督のお一人です。

(注十二)第一話「セブンが死ぬ時!東京は沈没する!」、第二話「大沈没!日本列島最後の日」(いずれも脚本・田口成光、監督・真船禎、特撮監督・高野宏一)のこと。

「呪いの骨神 オクスター」と、「悪魔と天使の間に……」は、真船らしい画面構成と馬力で押し切ったエピソードだった。だが真船は東海テレビ制作の昼帯『むらさき心中』(注十三)が入ったため、この二本を担当したのみで番組を去る。しかし次回作『ウルトラマンA』では、自ら脚本も担当し、番組に大いに貢献した(注十四)。

第三二話「落日の決闘」は、特殊技術の大木淳が本編監督も兼任した作品。本編と特撮の兼任は、『ウルトラマン』で円谷一が行ったのが最初だが(注十五)、クレジットされたのは大木が最初だ。

脚本は『ウルトラマン』第十六話「科特隊宇宙へ」(注十六)以来の登板となる、千束北男こと飯島敏宏。トンネル事故で父親を失ったことから、いたずらっ子になってしまった太郎のドラマを軸に、冬眠から冷めた怪獣キングマイマイとMATの戦いを描いている。

この頃飯島は、TBSから木下恵介プロダクションに出向し、『木下恵介 人間の歌シリーズ』(注十七)などの作品をプロデュース、時には演出も担当していた。実相寺昭雄、飯島敏宏が『帰ってきたウルトラマン』に脚本を残した二本は、原点帰りとでも言おうか、『ウルトラマン』の肌触りに近い作品だった。特に飯島は、上野をイデ隊員のポジションで描き、その印象は一層強い。また、田舎を舞台に、いたずらっ子の少年、気の弱い駐在、主人公と少年の交流を描く郷愁あふれる作風は、『ウルトラQ』の「SOS富士山」(注十八)、『怪奇大作戦』の「霧の童話」と共通するファクターだ。

大木淳は第三三話「怪獣使いと少年」では、特殊技術のみ担当で、チーフ助監督から昇格

(注十三)七二年一月十日～四月七日、フジ。

(注十四)真船の監督作は六本。脚本を手がけたのは以下の二本である。第二三話「逆転！ゾフィ只今参上」脚本・監督・真船禎、特殊技術・高野宏一。第二四話「見よ！真夜中の大変身」脚本・平野一夫、真船禎、監督・真船禎、特殊技術・高野宏一。

(注十五)第十二話「ミイラの叫び」(脚本・藤川桂介)、第十三話「オイルSOS」(脚本・金城哲夫)の二本。ただしクレジット上は高野宏一。

(注十六)監督・飯島敏宏、特殊技術・高野宏一。

(注十七)七〇年四月十六日～七七年三月三一日。

した東條昭平が監督を務めた（注十九）。大木にしろ東條にしろ本編監督としては新人だったため、二本持ちを避けたのだろう。

そして東條の担当した「怪獣使いと少年」は、シリーズ最大の問題作としていまだに論議を呼んでいる作品である。脚本は上原正三。

物語の主人公は、多摩川の廃屋に住んでいる佐久間良という少年。少年は周りから宇宙人と噂されていた。

少年は金山と名乗る老人をかくまっていた。彼の正体はメイツ星人。一年前、メイツ星人は地球の気候、風土を調査するために来訪、多摩川に宇宙船を埋めた。そこで怪獣ムルチに襲われていた良を助けたのだ。

しかし地球の公害は金山の身体を容赦なく蝕んでいた。良は金山が埋めた宇宙船を見つけるため、河原を掘り続けていたのだ。

良に対する町の人々の偏見は集団ヒステリーを呼び起こし、少年をリンチにしようとする。そこへ廃屋から金山が現れ、叫んだ。

「待ってくれ、宇宙人は私だ……」

その言葉に、一人の警官が銃を発砲、金山は絶命する。と、星人のかけた念力が解け、地中からムルチが出現した……。

上京以来、上原正三が持ち続けてきた、本土の人間の、琉球人に対する偏見をテーマにした作品である。『金城哲夫 ウルトラマン島唄』には、上原の一つの思いが、ストレートに表

（注十八）第七話、脚本・金城哲夫、千束北男、特技監督・的場徹。

（注十九）監督としては『戦え！マイティジャック』（六八年七月六日〜十二月二八日、フジ）第七話「来るなら来てみろ!!」（脚本・小滝光郎、特殊技術・佐川和夫）で初昇格し、同作で三本撮っていた。

現されている。以下、採録する。

私は高校一年の時に将来はヤマトの地で暮らそうと決めた。母親の三人の姉弟が沖縄から籍を抜いている事を知ったからだ。それなりの会社でそれなりの地位にいる弟たちだ。母親が東京に弟の家を訪ねても九州から来たことになるらしい。（中略）ヤマトという国はいったいどんな国なんだ。借家に「朝鮮人・琉球人お断り」の札をぶら下げるヤマトンチュとはどんな人種なのか、よしオレが見てやる。ウチナーンチュを看板にして生きてみよう。オレを差別するヤマトンチュの顔をギョロ目でじっくり見てやろう。そう決めた。少年の青臭い正義感のようなものだった。

本編ではカットされたが、決定稿には偏見による差別を、上原は坂田を通じてストレートに語らせている。

坂田「おれが小学校の頃、おれはアメリカ人との合いの子にされたことがある。おれがアメリカ兵に道を教えているのを目撃した奴がいいふらしたんだ、坂田は英語がペラペラだ。そういや鼻が高く日本人離れしている。目もどことなく青い……（苦笑する）」

『帰ってきたウルトラマン大全』のインタビューで、上原はこの台詞について以下のように語っている。

上原　僕は高校時代、アメリカっていわれていたからね。ニックネームが。だからそれを意識したわけじゃないけど、やはり沖縄出身としての台詞、それが出たんだろうね。

この台詞（#3・坂田自動車修理工場（昼）のシーン）がカットされた原因は、榊原るみのスケジュールの都合だろう。榊原はこの時期、日本テレビ系で一九七一（昭和四六）年十月六日から翌年九月二〇日まで放送された『気になる嫁さん』に出演しており、『帰ってきたウルトラマン』には十月十五日の第二八話「ウルトラ特攻大作戦」から、十二月十日の第三六話「夜を蹴ちらせ」まで出演しておらず、翌週の「ウルトラマン 夕陽に死す」が最後の出番である。脚本上では第三〇話の「呪いの骨神 オクスター」でも出番があったが、そのシーンはオミットされた。

「怪獣使いと少年」（というよりも決定稿タイトルの「キミがめざす遠い星」だが）では、佐久間良にパンをあげるのもアキの役だが、完成作ではパン屋の娘に変更されている。

上原の思いは、決定稿のクライマックスにも表れている。警官A、Bが、良を連行しようと、穴から引きずり出す。金山に助けを求める良。すると金山はメイツ星人の正体を現し、人々の前に出てくる。

それを見た町の人々は、メイツ星人を殺そうとする。郷と金山は、町の人々から石つぶてを食らわされ、良は木切れをぶつけられて倒れる。それを見た金山は叫ぶ。

「やめろ、やめろ、お前たちは鬼だ！（と郷をかばって前進する）彼等にまで乱暴するのはやめてくれ、殺すなら私を殺せ！」

金山のこの叫びは、上原が『ウルトラセブン』の時に書いた未映像化脚本、「300年間の復讐」に登場するトーク星人を思わせる。髪が赤いというだけで妹のシシーを殺されたトーク星人は、地球人を倒すための武器を三〇〇年間にわたって作り続けていた。野望が露見したトーク星人は、ウルトラ警備隊の超兵器8《エイト》で殺されるが、その死体から巨大な悪鬼が抜け出して暴れ回る。

「キミがめざす遠い星」で鬼と化すのは、偏見による恐怖に支配された町の人々だが、憎悪がそれを呼び起こすという図式は変わらない。しかし完成作品では、この台詞もカットされた。東條監督としては、台詞よりも画で鬼になった人々を描きたかったのだろう。それはこのあと引用するインタビュー、金山の死の場面についての東條発言でも明らかだ。

上原が久しぶりにマイノリティとしての内面を吐露した脚本を得て、東條はそのテーマをさらにえぐり出そうと、大胆な演出を随所にちりばめた。隊長の伊吹はなぜか托鉢僧の姿で現れるし、上野以外の隊員は登場せず、彼にしろ声のみの出演だ（脚本では全員登場している）。

東條　隊長については何も言われなかったけど、虚無僧にした狙いは、隊長は宇宙人をかばうことはできない。命令としてはやれとしか言えないわけですよ。そういう内面的なものもあってあの姿になったんです。(『帰ってきたウルトラマン大全』東條昭平インタビューより)

また脚本にも手を加え、伊吹隊長に、以下のような台詞を言わせている。

「日本人は美しい花を作る手を持ちながら……、いったんその手に刃を握ると、どんな残忍きわまりない行為をすることか」

東條は、この〝残忍な日本人〟を表現するため、上原脚本の描写をエスカレートさせて描いている。例えば良が宇宙人であることを証明しようと、不良中学生達は彼を河原に埋めてしまい、石を投げつけようとするが、完成画面では自転車で轢こうとする。また金山の最期は、脚本では警官がピストルで射殺するが、東條はそれをエスカレートさせた。

東條　老人(引用者注・金山)を町の連中が殺すところ、初めは竹槍でグサッてやってたんです。我々としては単なるピストルでバーンじゃなくて、やはり憎しみの行為としてそのくらいの残虐さがしかるべきだと思ってたんだけど。(『帰ってきたウルトラマン大全』東條昭平インタビューより)

だが、これらのエスカレートした描写が、局内で大問題に発展する。ＴＢＳは放送中止も考えたという。

橋本　試写の時のことも克明に覚えています。その日、局の人間は僕だけで、東條監督と熊ちゃんが来てたと思います。見終わってかなり怒った覚えがありますね。それは何故かというと、東條監督の顔が見えてこないからなんですよ。スタッフみんなで、東條監督に良いもの作らせようと思って一所懸命やってるのはわかりましたし、画のしつこさもよく出てたと思うんですけど、肝心の監督が見えてこない。つまり、監督自身が自分の目で見て、自分でイメージした主張というものがどうしても感じられないんです。（『帰ってきたウルトラマン大全』橋本洋二インタビューより）

東條　これで監督になったんだけど、降ろされちゃって干されちゃった。僕と上原さんと呼ばれて、リテイクしない限り商品として受け取れないって言われちゃったんですよ。メインの上原君が付いてて何だ！ってところもあったんですね。（『帰ってきたウルトラマン大全』東條昭平インタビューより）

鈴木　人種差別の話だけれども、撮っていて自分達はそんなことは考えなかったですね。あれはあくまで宇宙人の話だから。宇宙人をかばう少年が虐められる話。ただ、チラッと沖縄というのはわかりましたよ。ホンが面白かったから、乗りに乗って画作りをしたら、それが強烈になり過ぎた。でも、そんな脚本を創って撮影のGOを出したのはプロデューサーでしょう。完成台本が現場に降りてきているんだから。

橋本　この頃はイベント的なことをやったり新人監督を出したり、確かにシリーズにも余裕が出てきていろいろやってみた時だったんです。でもスタッフが乗ってくればそれだけに馴れ合いにならないように注意もしなくちゃならない。それをコントロールするのはやはり〝監督〟です。でもちょっと言いすぎたかなと思って、外出てボーッと空眺めてたのを覚えてます。（中略）あとで上原には「なんであんな風になっちゃったんだ？」とは言いましたけど、ホンが悪いなんて全然思っていなかったし言いませんよ。そういう問題ではなかったんですね、僕の気持ちとしては。（『帰ってきたウルトラマン大全』橋本洋二インタビューより）

東條　やっぱり若いから冒険してみたかったってことですよ。僕の中に差別問題どうこうっていうのがあるわけじゃなかったんですが、それができる脚本だったんですよ。（『帰ってきたウルトラマン大全』東條昭平インタビューより）

上原　東條さんとはぺーぺーの頃からのおつき合い、円谷プロでね。彼は助監督、僕は文芸部員。それが監督とシナリオライターとして仕事ができる。よし一丁やってやろうと気合いが入った。でも橋本さんに呼ばれちゃって、(「怪獣使いと少年」が)局で問題になってると。「どうしてくれるの」なんて言われてさ。(中略)まあ若気の至りかな(笑)。(『帰ってきたウルトラマン大全』上原正三インタビューより)

結局本作は、竹槍のシーンをリテイクし、良がパンを買いに行くシーン(注二〇)を撮り足すなどの手直しをして無事放送されたが、上原正三と東條昭平は責任を取る形で番組を降板せざるを得なかった。

番組フォーマットの崩壊

第三クール終盤の作品も、傑作、力作揃いだった。第三四話「許されざるいのち」は、当時高校一年生だった小林晋一郎(注二一)の原案を石堂淑朗が脚本化した山際永三監督作品。動植物怪獣レオゴンを生み出した科学者水野(郷とは小学校時代の友人)の、鬱屈と挫折を描き、山際演出は相変わらずの好調ぶりだ。

芦ノ湖を舞台に、自ら生み出したレオゴンに、その命を捧げようとする水野と、彼を止めようとして後を追う郷を描いたカットバックに、小学校時代の二人の回想がインサートされ

(注二〇)
『帰ってきたウルトラマン大全』のインタビューで、東條昭平はリテイクの時に撮り足したと証言している。

(注二一)
歯科医師。映画『ゴジラVSビオランテ』(脚本・監督・大森一樹、特技監督・川北紘一、八九年十二月十六日公開)でも、同様に原案が公募され、小林のアイディアが採用された。

る感動的なシーンに流れた劇中歌は、ＰＹＧ《ピッグ》のファーストシングル『花・太陽・雨』だ。

ザ・タイガースの沢田研二、岸部修三（現・岸部一徳）、ザ・テンプターズの萩原健一、大口広司、ザ・スパイダースの井上堯之と大野克夫が結成した、今でいうスーパーバンドがＰＹＧだった。『花・太陽・雨』を山際に薦めたのは、当時、萩原の親しい友人だった市川森一である。

日本ポップス界を代表する三大ＧＳのミックス、動物と植物のミックス、意図したわけではないだろうが、なかなか面白い組み合わせであった。

山際　レオゴンは僕のお気に入りです。石堂さんは、創造社（注二）時代から顔を合わせて知っていました。大島（渚）さんと一緒にやっている頃は、世の中に向かって突っ張っているという感じでしたね。酒を飲んでいる時はどうしようもなくて、あのでっかいガタイですから、ぶん殴られるかもと、戦々恐々でしたよ（笑）。

『帰ってきたウルトラマン』を書き出した頃の石堂さんは、創造社時代と違って、突っ張っている感じではありませんでした。

石堂さんの脚本は、構成がわかりやすくて、やりやすかったですねえ。ある意味、職人的で上手く書けていました。レオゴンは、石堂さんのホンを直さずにそのままやりましたね。若い学者がファーザーコンプレックスで、研究室に自分の子供の頃の写真を飾っているとか、ラスト、学者と郷の小学校時代の思い出がフラッシュバックするとかは僕が入れたんだけれども、

（注二）
『日本の夜と霧』（脚本・大島渚、石堂淑朗、監督・大島渚、六〇年十月九日公開）を巡るトラブルで松竹を退社した大島渚が小山明子、石堂淑朗、田村孟、渡辺文雄らと創立した同人組織。

あとは石堂さんのホンの通りだと思います。

確かに山際の撮影台本を見ると、完成作品とあまり大きな変更点は見られない。ただし、水野の台詞の一部に山際が手を入れたため、彼のキャラクター像は、脚本と若干の差違がある。例えば水野がレオゴンのタマゴにα－レオン電磁波を照射する場面の台詞、「α－レオン電磁波よ、私の発見したお前は、宇宙の生命とはひとつのものでしかないことを証明する、神の如き光線だ。……早くこの卵をかえせ、そうすれば、私の名は一夜にして、全世界に轟くのだ」は、「……」以降がカットされた。

また郷が次郎を連れ、水野の研究を責めるシーンの台詞は、脚本では以下のような展開だった。

水野「来たか」
郷「そういう言い方は、どうやら、僕たちの用件を知ってのことのようだね」
水野「……そう、そうだ」
郷「君は一体、何の目的で、こんな恐ろしい研究を……折角の頭脳を、何であんな怪獣作りに使った？」
水野「……それは、僕の野心のためだ……僕のことを馬鹿にしてきた父や世間に、僕という存在を教えたかったんだ」

と、水野の鬱屈度は、いかにも石堂らしいベクトルで、いわば視聴者を置き去りにしているが、完成作品では、

水野「やっぱり来たか」
郷「水野……僕が何のためにここに来たかわかるだろう」
水野「（頷く）」
郷「（酔って倒れた水野の肩に手を置き）水野、水野、君はどうしてこんな恐ろしい研究を……」
水野「……恐ろしい研究？ ……僕は新しい生命が欲しかった……。動物でもなく、植物でもない。レオゴンは僕が生み出した新しい命なんだ！ 郷、お前には僕の気持ちなんか分かりゃしないよ！」

と、視聴者が感情移入できるレベルに引き戻している。

第三五話「残酷！ 光怪獣プリズ魔」は、第三四話と二本持ちで、山際永三監督。脚本は岸田森（朱川審名義）だが、武井崇の『岸田森 夭逝の天才俳優・全記録』（洋泉社刊）では、岸田のアイディアを、山元清多《きよかず》（注三）と二人で膨らませ、山元が執筆した脚本であるとして

（注三）劇作家、脚本家。久世光彦演出の『ムー』（七七年五月十八日～十一月九日）『ムー一族』（七八年五月十七日～七九年二月七日）を皮切りに人気ドラマを数多く手がける。『ウルトラマンA』では第四七話「山椒魚の呪い！」（監督・古川卓己、特殊技術・田渕吉男）の脚本を石堂淑朗と共同で執筆。一〇年没。

いる。

太陽黒点の変化で南極から出現したプリズ魔は、物質化する直前まで凝縮した光、つまり高エネルギー体の怪獣である。光に飢えているプリズ魔は、常に光を求めて満足することがない。無限に広がっていく欲望の塊であり、その意味では『ウルトラQ』に登場したバルンガ（注四）に近い存在と言える。

山際　円谷プロの人達は、みんな岸田森さんが好きなんですよ。だから岸田さんが書いたということで、みんな歓迎したんですよね。

怪獣は光線が食べ物で、レーザー光線を当てて灯台を食べてしまう。それで怪獣は氷の塊だというんですね。光というものは本当は熱であって、氷の塊にならないんじゃないかって、岸田さんに聞いても「まあいいじゃないですか」みたいな感じで、ちゃんと答えてくれないんです。

結局プリズ魔は、実相さんが円谷プロで撮っていた頃の作品に適合する話ですね。正直、プリズ魔がどういうものかわかりませんでした。それで熊谷さんに頼んで（注五）、色んな研究所に行って光の研究をしました。

レーザー光線とは普通の光と違って、物凄い力を持っている。レーザー光線はプリズムと関係があるということがわかってきました。

クレジットタイトル開け、ドラマは、丸い鏡に映り込む次郎のショットからスタートする。

（注四）
「バルンガ」第十一話、脚本・虎見邦男、監督・野長瀬三摩地、特技監督・川上景司。

（注五）
熊谷健は、第三クールからプロデューサー補としてクレジットされる。〝補〟が付いているのは助手という意味ではなく、代表である円谷一と同列でプロデューサーは名乗れない、という遠慮から。

光の怪獣が登場するエピソードだけに、それを意識した演出だ。それは以後のシーンにも現れている。

この一週間に、世界各地で航行中の船舶や灯台が一夜にして消失するという事件が立て続けに起こっていた。郷は事件の背後にただならぬものを感じ、坂田の元にスポーツカーを走らせる。事件のあらましを告げる不気味なナレーションの後、逆光の木の葉越しの太陽から、スポーツカー内部にカットが飛ぶ。しかしバックミラーには郷を映り込ませている。

この後、MAT本部での回想シーンとなるのだが、山際はバックミラーに岸田や上野達を合成している。続く坂田自動車修理工場のシーンでは、水プリズムを使ったスペクトル発生までの実験シーンを丹念に見せている。実験シーンは脚本にもあるが、すでにスペクトルを発生した状態である。脚本における実験シーンは、後のシーンでこの時に使ったレンズが、太陽光を集光し、セルロイドの玩具（完成作品では雑誌）を燃やす伏線の意味しかない。山際は、まず光の性質を理解させることで視聴者の興味を惹きつけ、レンズによって集光された光が大きなエネルギーとなることの意味をも強調させている。

山際の撮影台本には、国立科学博物館、科学技術館、東芝科学館、通産省電子技術研究所電波電子部、東京教育大光学研究所、映画「レーザー」という書き込みがある。国立科学博物館のところには〝プリズム――スリットを通して――スペクトル〟という書き込みがあり、この時の取材を水プリズムの実験シーンに反映することが出来たのだ。

山際　ともかくやりながらも疑問たらたら、車に乗った岸田さんと少年が、プリズ魔に光線を浴びせられるシーンのロケには、アーク（注六）を持って行ったんだけど、光量が足りなくてどうしようもない。もう、喘いで喘いで撮影している感じでしたが、出来上がりは岸田さん、喜んでいました。

「残酷！　光怪獣プリズ魔」は、朱川審の一種とらえどころのない幻想的なイメージの脚本と、山際のロジカルな演出が見事にマッチし、硬質で、緊迫感あふれる傑作となった。そのラスト、プリズ魔との戦いに勝利したウルトラマンは郷の姿に戻る。力尽きた郷は、苦悶の表情を浮かべ、地面を這う。そして「俺にとって……、俺にとってギリギリの賭けだった……」という郷のモノローグが入り、ドラマは唐突に終わる。ヒーローものとしてはまことにふさわしくないエンディングだ。

山際　あれは僕のデビュー作『狂熱の果て』（注七）のラストシーンが、今ひとつ上手くいかなかったんで、もう一度やってみたんですよ。『狂熱の果て』は、ヒロインの星輝美が、恋人の藤木孝を騙した鳴門洋二や松原緑郎をテニスコートで刺そうとするんですが、反撃に遭って殺せない。そして彼女がそのまま地面でハアハアと苦しそうに喘ぐシーンで終わるんですが、その女を男に変えたんですね。

（注六）炭素棒を電極に用いた照明。強い光を発し、雷光などにも使用される。

（注七）脚本・山際永三、山田健、監督・山際永三、六一年十一月一日公開、大宝。長くフィルムの所在が不明だったが、二〇一四年に奇跡的に発見され、現在はDVD化もされている。

第三六話「夜を蹴ちらせ」は、防腐処理された娘の死体を、宇宙人が吸血鬼にしてしまうという西洋怪談である。脚本は石堂淑朗。そして『帰ってきたウルトラマン』栄光の第三クール、ラストを飾るのは上原正三脚本による第三七話「ウルトラマン 夕陽に死す」、第三八話「ウルトラの星 光る時」の前後編だ。監督は冨田義治。

この前後編は、坂田健、アキ兄妹の死という衝撃的な出来事によって、ファンの心に永遠に刻まれるエピソードとなった。しかし当初の展開は、放映版とはあまりにもかけはなれたものだった。

決定稿のタイトルはそれぞれ「ウルトラマン 夕陽に死す」「ウルトラマンとセブン 処刑の星脱出作戦」で、印刷はともに一九七一（昭和四六）年十月二五日（注八）。

地球侵略を狙うマルチ星人は、シーゴラス、グドン、ベムスターを使ってウルトラマンの能力を分析し、亡き者にしようと企む。

マルチ星人は、ＭＡＴが開発した高性能ミサイル火薬、サターンＺ移送計画に乗じ、怪獣ブラックキングを出現させる。ウルトラマンの能力を知り尽くしたブラックキングに、ウルトラマンの武器は通用しない。そしてエネルギーを使い果たしたウルトラマンはマルチ星人に捕らわれ、彼らの星に移送されてしまう。

このように、決定稿段階では坂田兄妹は前後編とも登場せず、『ウルトラセブン』の「セブン暗殺計画」前後編（注九）のアイディアを再利用したものに、スパイナーの二番煎じであるサターンＺ移送計画を絡めただけの話だったのだ。

（注八）上原降板の原因となった「怪獣使いと少年」が放送されたのは、十一月十九日。

（注九）第三九話、四〇話、脚本・藤川桂介、監督・飯島敏宏、特殊技術・高野宏一。

無論、坂田兄妹の出番がなかったのは、榊原るみのスケジュール問題だ。脚本は、この後最終稿が執筆され、それが放映バージョンとなった（注十）。だが、一度決定稿まで上げたのちに最終稿を作成したということは、四クール目にも榊原の出演が予定されていたものの、マネジメント側から〝出演は不可能〟と通達があったせいなのかも知れない。

橋本　榊原るみがスケジュール取れなくなって降板というのは仕方のないモメントだったんですが、それをそのまま安易に受け止めて、いつの間にかもう出なくなっているとか、海外に行きましたみたいな展開は止めようとは思っていました。逆にそれをどういう風にきっちり活かせるかと考えた末に、死なせることになったと思うんですよ。何しろレギュラーを殺すというのはあまり前例のないことでしたから、この回はわりと神経質になっていましたね。上正は気が優しいから最初は殺せなかったんだと思います。書く時から殺さなきゃいけないとは僕は言わなかったと思いますが、俳優のスケジュール合わせにこっちが負けちゃいけないとは言いました。変わるんなら変わるでやっぱり劇的にして、その印象みたいなものを観てる人に残さなきゃいけないと言ったと思います。（中略）（岸田）森ちゃんまで殺しちゃったのはちょっとやり過ぎかなと思ったんですが、彼自身もそろそろ、坂田健としての役割はもう大体終わったという感じではあったんですよ。（『帰ってきたウルトラマン大全』橋本洋二インタビューより）

（注十）宇宙人の名前もナックル星人に変更された。

「ウルトラマン 夕陽に死す」「ウルトラの星 光る時」最終稿の印刷は十一月一日。決定稿から七日後、坂田健、アキの運命は決した。こうして二人は、『帰ってきたウルトラマン』に永遠の別れを告げた。そしてもう一人、番組を去った人物がいる。『帰ってきたウルトラマン』のターニングポイントを担当し、シリーズの顔となる作品を作り続けた冨田義治が、東映に帰ることになったのだ。

冨田　このとき鈴木さん（引用者注・撮影の鈴木清）が抜けちゃいまして。交代のカメラマンの永井（千吉）さんから「監督、ファインダー覗いて画決めてください」って言われた時は、え？ ちょっと困ったなあって思ったんです。（中略）カメラマンが「監督、どうですか」じゃなくて、「決めてください」って言うのを聞いたのは初めてだったもので戸惑いました。

榊原さんと岸田さんを殺すシーンでも苦労しましたね。レギュラー殺すっていうのはあんまりない話だし、子供番組でああいうショッキングなのも初めてだったでしょう。あんまりやりすぎてもいけないし、しかも衝撃的にはしなきゃいけないし、それで人形使ったりいろいろやって。台本見た時はびっくりしましたよ。ああいう台本で上がってくるとは思わなかったんで。（中略）今思うと最後の登板作品が一番アラが目立って悔いが残ってます。鈴木さんのカメラのつもりで現場に入って違ったものだから勝手が違っちゃいましてね。それでもカメラマンを引っ張って行けなかった自分の力不足でした。（『帰ってきた

ウルトラマン大全』冨田義治インタビューより）

鈴木　坂田アキ役のるみちゃんが死ぬ回、冨田さんだったんですが、僕は降りたんです。というのも冨田さんの演出方法に、自分が納得出来ない部分があったからです。

冨田さんはなぜか、「よーい、スタート」をかけたあとはホンしか見ていなくて、役者さんの芝居を見ていない。ノンモン（注十一）のところでもホンを見ていて、「はい、ＯＫ」と言っちゃう。だからある時、「監督！　芝居見てください！」って、つい言ってしまいましたよ。そんなことが重なって、五、六本やって、結局降りてしまった……若気の至りですかね？　でも不思議と冨田さんの作品は重厚感があって心に残る。きっと心眼で見てたのかも知れませんね。

その回でるみちゃんも岸田さんも死ぬということを知らなかったんで、後日作品を見た時ちょっとショックを受けました。あんな映像表現で殺すなんてひどいな、と思いましたね。今さらですが、僕だったらああいう撮り方をしなかったと思い後悔してます。

リアルタイムでこのエピソードを見た時、筆者もかなりショックを受けた。レギュラー出演者が死ぬなどとは思ってもいなかったからだ。あるいは夢オチではないかと、番組終了まで思っていたことを覚えている。

坂田健とアキの死は、〝大人の事情〟によるやむを得ない措置だったのだが、このあまりに極端な結末の付け方は、それまで築き上げてきた番組の世界観を崩壊させた感がある。結

（注十一）無音状態の場面のこと。

果、第四クールの作品群のムードは、それまでのものとは一変してしまった。

しかし視聴率的には成功を収め、「ウルトラマン 夕陽に死す」は、前回の二三・九％から三ポイント以上上昇し、二七・五％、初代ウルトラマンとウルトラセブン（注十二）がゲスト出演した「ウルトラの星 光る時」は二九・〇％と、それまでで最高の数字を記録した。

（注十二）ハヤタ（黒部進）とダン（森次浩司、現・森次晃嗣）も登場する。

山際永三撮影台本

山際永三監督が使用した台本には、カット割り、台本の修正箇所など多くの情報が残されている。ここではその一部を紹介する。

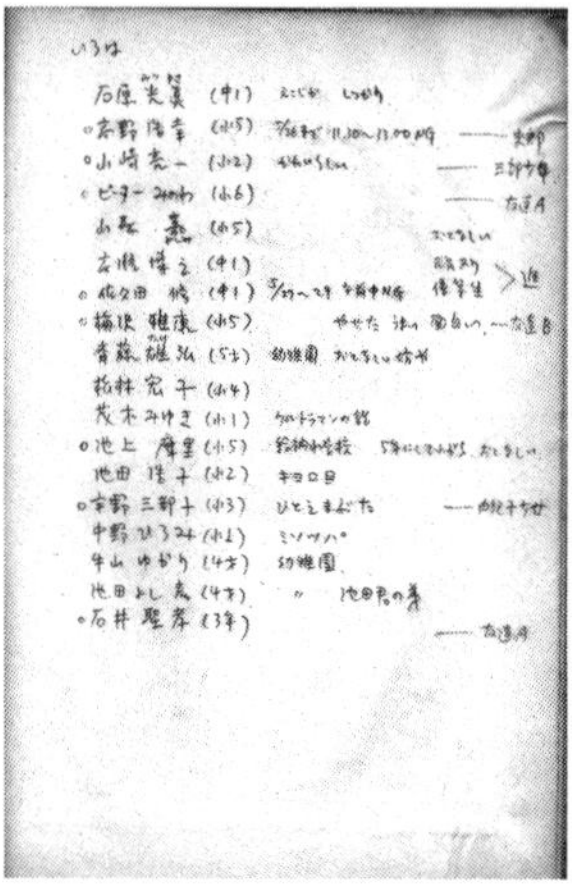

第15話「怪獣少年の復讐」より。子役のオーディションとその結果と推測される書き込み。

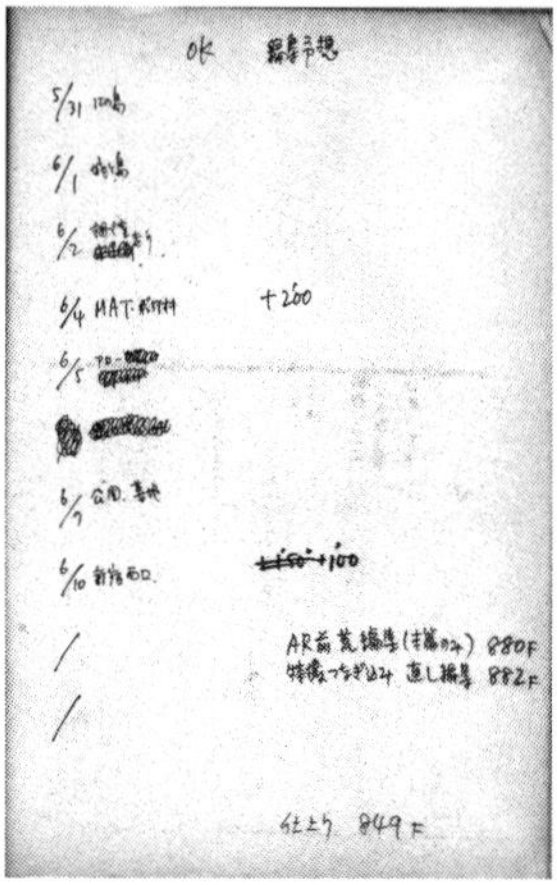

第16話「大怪鳥テロチルスの謎」の台本に書き込まれたラフスケジュール。

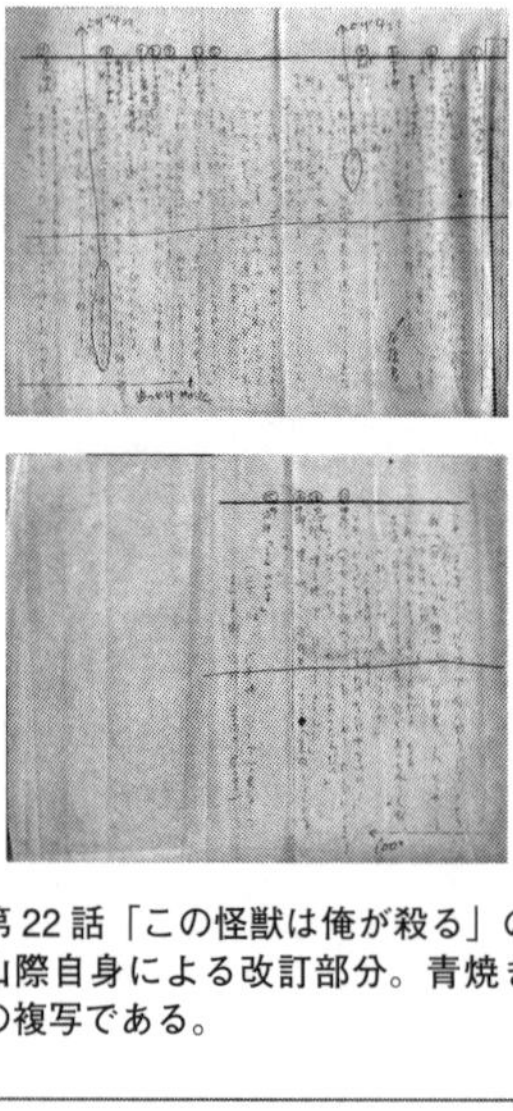

第22話「この怪獣は俺が殺る」の山際自身による改訂部分。青焼きの複写である。

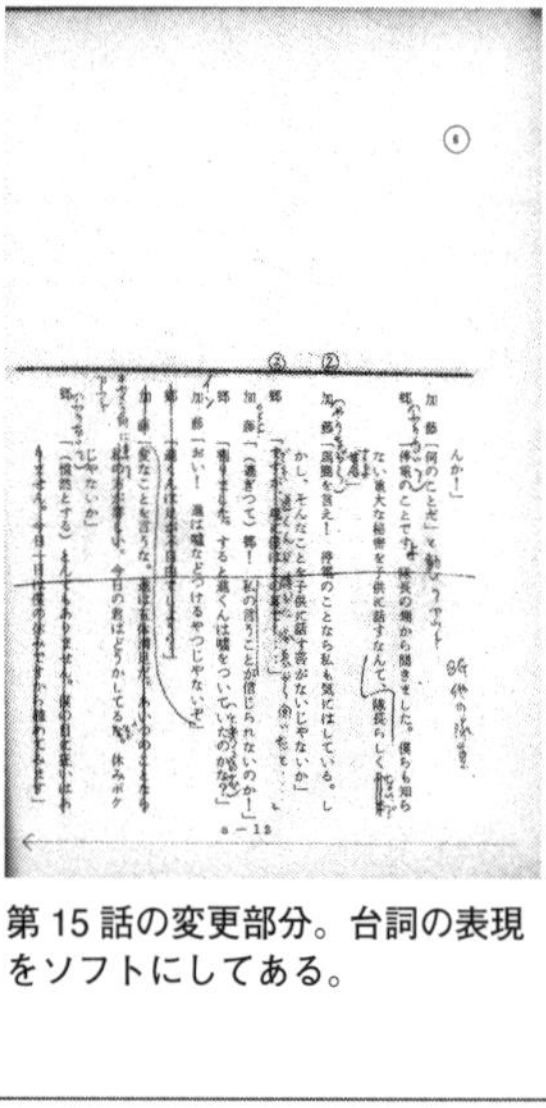

第15話の変更部分。台詞の表現をソフトにしてある。

第四部

帰ってゆく
ウルトラマン

二つの世界の男

一九七一（昭和四六）年は、円谷プロにとって記念すべき年だった。第一は、念願であった『帰ってきたウルトラマン』の放送が始まったこと。第二は、もう一つの巨大ヒーロー番組を同時に制作出来たことだ。円谷プロにとって、マーチャンを生む本格特撮番組を複数制作することは、会社再建には必要不可欠の要素だった。それはプロローグで引用した六八年十一月二九日の円谷英二の日記、〃しかしプロには何かやはりマーチャンのつくものが一本は是非欲しいものだ〃という記述を見ても明らかだ。

その意味でキャラクターものは重要なコンテンツであり、それは紆余曲折の末、『ミラーマン』となって視聴者の前に姿を現すのである。

『帰ってきたウルトラマン』が兄なら、『ミラーマン』は弟。この二つの作品は、表裏一体の関係で、この時期の円谷プロを支えた兄弟と言えるのである。第四部では、まずその弟がいかに生まれたかを検証する。本章と次章は、関係者のインタビューや、営業報告書を引用しつつ、『ミラーマン』成立までの過程を追っていこうと思う。

第一部で記した通り、『ミラーマン』の企画は金城哲夫が円谷プロを退社する直前の六八年十二月まで遡ることが出来る。三次元と二次元、二つの世界を行き来する男を描く番組、その実現までの道のりは、『帰ってきたウルトラマン』以上に困難だった。そもそも『ミラーマン』のアイディアについて、二つの説が存在するのである。一つは金城哲夫が発案者であるという説だ。番組の企画者である田口成光が、金城から聞いたという話はこうだ。

田口　金城さんは髭が濃かったんですよ。それで、ある日髭を剃りながら鏡を見ていて、向こう側にも人がいたら面白いだろうなあ、と考えたのが発想だったと聞きました。

もう一つは、『怪奇大作戦』の円谷プロ側プロデューサーだった守田康司が発案者だという説である。

守田　『ウルトラセブン』がなくなるというんで、金城（哲夫）君と上原正三君と祖師ヶ谷大蔵の旅館に立てこもって、企画を考えていたの。でも1週間経っても企画が上がってこないんで、もう止めようということにしたんです。それで宿を引き上げることにして、帰りしなに古い旅館の午後だったかな？　廊下を通りすがる部屋の片隅に古い鏡台があって、被せてある布がちょっとめくれてたんですよね。それに西日がパーッと当たってキラリと光るんですよ。その時ふと考えて、「〈ミラーマン〉っていうのどうだい」そう金城君に話したわけだ。僕のアイデアでは、少女が鏡の前に座っているんですよ。「お母さんが死んで天国に行っちゃっている。それで少女が泣くとこの鏡に涙が散って、ミラーマンが出て来るという感じでどうだ」と言ったら「うーん、そうねえ。でもなかなか難しいなあ」なんて金城君もふざけて言ってるんだよ。そうして僕が円谷辞めちゃった後に『ミラーマ

ン』って出てきたんだよ。あっと思ったなあ。(『怪奇大作戦大全』守田康司インタビューより)

この二つの説は、金城も守田も鬼籍に入っているので、真相を明らかにすることは出来ない。金城の企画ノートに『ミラーマン』の名が現れるのは、六九年一月九日の〝NEC提出用企画書「ミラーマン」改訂。執筆。午後五時より山浦弘靖作品ストーリー打ち合わせを行う〟というのが最後で、同月十五日には企画ノートの更新自体が止まってしまう。

この後、円谷プロの記録に『ミラーマン』の文字が現れるのは、六九年三月十六日の営業報告書で〝ミラーマン雑誌掲載〟と記されている。

田口 当時、代理店に出す企画書の決め手の一つが〝雑誌連載中〟だったんだよ。だからそれを企画書の冒頭に書いてあるのが多かった。(円谷)一さんと、のちに角川書店(現・KADOKAWA)に行った小学館の井川(浩)さんが仲良かったんですよ。当時、『小学二年生』の編集でした。一さんと一緒に、年中銀座のバーに行ってたんだ。

それで「番組が決まれば、やりますよ」ということだったんだね。

六九年当時、小学館学年誌の編集者で、『ミラーマン』の先行連載に関わった内田正彦は、拙著『ミラーマン大全』で、当時の様子を次のように証言している。

内田　『ミラーマン』の先行連載は、その前の話で（引用者注・『帰ってきたウルトラマン』の独占を取る前）いろんなマンガ、怪獣ものに近いマンガを雑誌でも企画しよう、というのがあって、円谷プロに企画があるなら、それに近いもので一緒にやっていこうよ、という考え方だったですね。（中略）要するに、ある意味小学館のほうが、円谷プロを取り込みたいという考え方があったんですよ。（『ミラーマン大全』内田正彦インタビューより）

こうして『ミラーマン』は、小学館の学年誌で連載が始まるのだが、実際のスタートは『幼稚園』『小学一年生』『小学二年生』『小学三年生』の六九年八月発売の九月号である（注一）。つまり三月の営業報告書の記述は、連載について合意を得た、というような意味なのだろう。ともあれ、小学館との合意をもとに、『アクション感動シリーズ　ミラーマン』という企画書が田口成光の手で執筆される。印刷日は、営業報告書の記述からほぼ二週間後の三月二九日だった。

田口　金城さんが退社する前、ガリ版で、簡単なペラ2〜3枚の企画書の叩き台みたいなものがあったんです。というより、会社としては企画が欲しい時期だったんで、何かないかとロッカーなんかをひっくり返しているうちに、それが出てきたんですね（笑）。その

（注一）幼児向け雑誌の『よいこ』にも掲載されたが、連載開始は六九年十一月号から。

雛形を基に僕が企画書にしたんです。ですから金城さんの置き土産ですよ。（『ミラーマン大全』田口成光インタビューより）

『ミラーマン大全』の中で、田口は〝マンガの原作は、その頃書いた簡単な企画書から小学館のほうで起こした〟と証言している。

『アクション感動シリーズ　ミラーマン』には、企画意図として、子供にも大人にも楽しめる作品にするために必要なのは、〝子供たちに魅力あるヒーロー〟〝ドラマの設定をしっかりと〟〝ストーリーの展開を面白く〟〝人間ドラマとしての描写を充分に〟だと謳っている。

さらに、現代っ子達の要求しているものとして、〝胸のすくようなスカーッとしたアクション〟〝ぶちのめされ、完膚なきまでに痛めつけられても、なお立上がっていく不屈の魂を描いたこの感動〟〝ほのかな恋愛〟〝サスペンスを含んだ、すれ違い的メロドラマ〟を挙げている。

と、ここまで読んでハッと気がついた方がおられるだろう。そう、これらの文言の多くは、七〇年九月五日に印刷された企画書『特撮怪獣シリーズ　帰って来たウルトラマン』に移植されているのである（八〇ページ参照）。

このように『帰ってきたウルトラマン』と『ミラーマン』は、企画書の段階からいわば兄弟関係にあったのだ。しかし登場するヒーロー、主人公、敵、それにドラマは、光と影のように対照的な設定となった。

まずミラーマンは、宇宙の彼方の光の国からやって来たヒーローではない。ミラーマンこと鏡京太郎（二二歳）は、二次元人の父と地球人の母の間に生まれたハーフで、大学卒業の日まで、自分の正体を知らなかった。母はとっくに死んだと聞いていたが、実は生きているらしい。

彼が戦うのは〝「悪の星」と呼ばれる「狂った星」から来た様々な「悪」たち〟である。実に曖昧模糊とした存在なのだが、面白いことにこの企画書では、地球にはそもそも悪は存在しなかったという設定なのだ。はるか昔にやって来た「悪」がインベーダーとなって人間の中に住みつき、「悪」を働いたがために、地球に「悪」という概念が生まれたようなのだ。それは旧約聖書の蛇か、ギリシャ神話のパンドラの箱を思わせる設定で、クリスチャンの田口らしい発想だ。

ミラーマンは、二次元人として、そんな「悪」と戦うことを運命づけられている。ミラーマンは等身大であり、インベーダーもまた同様で、この企画書の段階では、巨大ヒーローではなかったのだ。

主人公が身を置くのはMATのような防衛組織ではなく（そもそもそれに当たる設定は書かれていない）、教会の牧師、朝田昌貞（四五歳）の元である。朝田には娘の千代子（十九歳）、息子の司郎（十歳）がいる。

ミラーマンは神出鬼没、鏡のあるところならどこへでも出現する。三面鏡の中から、走る自動車のバックミラーから、コンパクトの中から、そしてある時は、監禁された少女が落とした一粒の涙が鏡の役割を果たして、ミラーマンが出現するのだ。

田口　ミラーマンの企画書はほとんど僕のオリジナルですよ。他との差別化もあるから、多少リスクを背負った主人公にしようと思っていた。だから主人公は二次元人と地球人の間に出来た子供とか、どこかにお袋が生きているとか逆境のファクターを付けたんだよ。

それで変身そのものも、鏡だけじゃなくてね、少女の涙のひとしずくでも出来るみたいなドラマチックな幅を持たせたりしました。

以下『アクション感動シリーズ ミラーマン』から、〝企画内容〟と題された部分を採録しよう。この基本設定は、若槻文三の手で執筆されたパイロット台本「ミラーマン誕生」にそのまま活かされている。

ある晴れた春の日。××大学（原文ママ）の卒業式である。鏡京太郎は卒業生総代として卒業証書を受け取った。

京太郎にとってこの日を迎えるまで、並大抵のことではなかった。彼には両親がいなかった。母が通っていた教会の朝田牧師に実の子のように可愛がられて育ちはしたが、彼はそれに甘えてしまってはいけないと、幼い頃から自分に鞭打って努力してきた。

牧師や、千代子、司郎の祝福をうけて、胸に熱いものを感じていた京太郎は、牧師にうながされて、母の墓前へ報告に行った。しばらく感無量の思いで立っていた京太郎が人の気配にふりむくと、朝田牧師が鍬を持って立っていた。

牧師は驚く京太郎にかまわず、墓を掘りおこし、一冊のノートをとり出した。

そのノートは京太郎の母が京太郎宛に記したものだった。

「……京太郎。お前の安全を守るために私は去ります。驚いてはいけない。お前の父はミラーマンなのです。ミラーマンと、地球を征服しようとして悪の星から来たインベーダーたちとの闘いは長い間続きました。お前の父は侵入者と闘って敗れたのです。無惨にも殺されてしまったのです。

生まれたばかりのお前にも危険が迫って来ました。私はおそろしい彼らの追求（原文ママ）の手からお前をかくすことにします。京太郎。お前には悪の星からの侵入者たちと闘う使命があるのです。父の遺志でもあるのです。お前には数々の超能力があるのです。お前はミラーマンなのです。」

ノートを読み終えた京太郎はショックのあまり、ただ茫然と立っていた。

しかし、千代子と司郎が不思議な事件にまきこまれ（注二）、京太郎はミラーマンとして立ち上がることになった。そして、その時以来、京太郎は次々に挑戦して来る悪に対抗して、正義のため戦うことになる。

五月二六日の営業報告書からは、この企画書がフジテレビ用に作成されたことがわかる。

（注二）
〝企画内容〟に書かれたストーリーをもとに、若槻文三が第一話のパイロット台本「ミラーマン誕生」を執筆する。パイロット台本でストーリーの核となったのは〝不思議な事件〟の部分だった。

企画書をもとに〝キャラクター脚本〟の作成が決定したようだ。

昭和44年5月26日
CXTV（引用者注・フジテレビのこと）　5月24日打合わせ、29日までにキャラクター脚本（第1話）、『アタックマン』（注三）5月26日打合わせ　怪獣物　企画書28日頃完成、いずれも予算表作り　7月クランクインの予定で各課進めたい。

昭和44年5月27日
ミラーマン台本（第1話）5／31印刷上がり　別所氏打合わせ　5／28企画予算上がり

若槻文三の手により、パイロット台本「ミラーマン誕生」が書かれたのは、五月二四日の打ち合わせを受けてのことである。二七日の営業報告書では、第一話の印刷上がりが三一日となっているが、実際はやや遅れて六月七日であった。二七日に記された〝別所氏〟とは、フジテレビのプロデューサー、別所孝治《たかはる》（注四）のことである。そしてほぼ一ヶ月後、『ミラーマン』にとって明るいニュースが飛び込んでくる。

昭和44年6月25日
CX『ミラーマン』（仮題）（B／W）（注五）、30分、小中学生

（注三）
この企画の詳細は不明。

（注四）
国産初のテレビアニメ『鉄腕アトム』（六三年一月一日〜六六年十二月三一日）を皮切りに、フジテレビで数多くのアニメ、特撮番組を手がけたプロデューサー。『宇宙猿人ゴリ』も別所の担当だった。〇六年没。

（注五）
〝Black and White〟つまりモノクロ放送という意味。

フジテレビ土曜日夜6：30〜7：00の企画として局のローテーションに組込まれました。
10月に始まる新番組の様子を見て放映開始が1月または4月に決定します。
『ジャンボーグエース』
フジテレビのゴールデン番組として特別扱いになっております。製作費もかなりの高額になりますので、局としては慎重に検討されておりますが、ようやく可能性が見えてきました。日曜の夜7：00〜7：30枠になると思われますが、7月中旬には決定するでしょう。その場合、11月放映開始になるでしょう。

営業報告書の記述で『ミラーマン』に関して目を引くのが、カラーではなく、モノクロで制作される予定だったことだ。無論、制作費削減のためだろう。

この年、テレビ普及率は九割を越えたものの、カラーテレビ普及率は十三・九％に過ぎず、モノクロ放送の番組も多く作られていた。しかし普及率は前年（六八年）の五・四％から倍以上の上昇で、翌七〇年には二六・三％と三〇％に迫る。そして七一年十月にはＮＨＫの全番組がカラー化（注六）するという流れを今から振り返ると、モノクロでの制作というのはいささか時代遅れの感がある。

むしろ円谷プロが期待をかけていたのは、〝ゴールデン番組として特別扱い〟だったという『ジャンボーグエース』であろう。言うまでもなく、のちの『ジャンボーグA《エース》』（注七）のことだ。

（注六）
教育チャンネルは再放送が多かったため、全番組のカラー化は遅れた。公式では七七年の十月一日で白黒放送は消滅したが、実際には七八年二月二三日まで白黒番組が放送されていたようだ。

（注七）
七三年一月十七日〜十二月二九日、NET。

この時、日曜十九時のフジテレビは、バラエティ枠であり、六九年六月二五日の時点では、『紅白スタージェスチャー』（注八）が放送中だった。同番組は七月十三日に終了し、後番組として、やはりバラエティの『モーレツ欲張りゲーム』（注九）が始まる。この後に『ジャンボーグA』が入る可能性があったということだ。

日曜十九時といえば、TBSの〝タケダアワー〟の時間帯である。六月二五日とは、短命に終わった『妖術武芸帳』が八日に終了し、二二日から『柔道一直線』が始まったタイミングである。

営業報告書に記された〝7月中旬には決定する〟というのは、TBSの新番組の様子を見て、それが不振であった場合、十一月から『ジャンボーグA』をぶつけようという意味だろう。だが、第一部ですでに記した通り、『柔道一直線』はまたたく間に人気番組へと成長し、その目論見は崩れる（十一月十一日の営業報告書には、予算面でも折り合わなかった旨が記されている）。

そして同年十月、『ミラーマン』の企画にも黄信号が点り始める。

昭和44年10月（引用者注・日付不明）

小学館　井川氏　読者の反響75点 別所氏　ムーミン（注十）ほかのマンガ枠担当

『透明小僧』依然難航中、従って『ミラーマン』のローテーションに影響大

（注八）六九年四月六日～七月十三日。

（注九）六九年七月二〇日～十一月三〇日。

（注十）最初にアニメ化された『ムーミン』（六九年十月五日～七〇年十二月二七日、フジ）のこと。

昭和44年11月11日
『ミラーマン』
企画内容、キャラクターともに局側でも十分検討がなされ、プロデューサーのローテーションまで決定したものであるが、時間枠取りの問題と「透明小僧」（事前製作によるモノクロ30分13本、ピープロ製作）のセールスの点でも行詰まりから話が立消えになったままである。製作開始を一時見送っている。CXも他局へのオープンセールス（注十一）を快く承知してくれてはいるが、当社としては売り急ぎはせず、情勢を見て待機する方針。すでに雑誌（小学館1、2、3年生）には9月号より連載を始め、好評を得ている。また商標登録も済ませているので、話が再燃すればMD（注十二）関係もかなりの収益が期待できる作品なので何とか契約、製作開始の段階にもっていきたい。
『ジャンボーグA』日曜夜のG帯（7時台）を狙い目として提出したもの。10月編成には枠および予算において無理があったようだが、『ミラーマン』とともに再度アプローチする予定である。

十月の営業報告書にある『透明小僧』とは、『俺は透明人間！』（注十三）のことだ。六月二五日の営業報告書には〝フジテレビ土曜日夜6：30〜7：00の企画として局のローテーションに組込まれました。10月に始まる新番組の様子を見て放映開始が1月または4月に決定します〟とあった。つまり十月に始まる新番組とは、『俺は透明人間！』だったのだろう。

（注十一）
企画を他のテレビ局へ持ち込むこと。

（注十二）
マーチャンダイジングのこと。

（注十三）
七〇年十一月一日〜七一年一月三一日、フジ。営業報告書にあるように六九年に制作されたが放送は一年遅れとなった。

同番組は一クール十三本だから、十月開始なら十二月には終了する。作品が好評で二クールまで延長されたなら放送終了は三月である。

放送枠にも注目したい。フジテレビの土曜日十八時三〇分から四五分は、『FNNニュース』枠であった（注十四）。あるいはニュース枠を撤廃、もしくは放送時間を早めて子供番組枠を新たに設けようとしたのかも知れない。しかし結果として、同時間帯のニュース枠の撤廃はなかった。

『俺は透明人間！』の枠が決まらなかったことについては、作品が好評ではなかったという説があるが、本作はフィルムの所在が不明で内容の検証は不可能だ。あるいはモノクロ制作というのもネックになったのかも知れない。事実、モノクロ制作による特撮番組は本作が最後であった。

円谷プロが『ミラーマン』と『ジャンボーグA』の営業に苦心していた六九年は、新作特撮番組の制作が途絶えていて、怪獣ブームは完全に沈静化したと思われていた時期だった。円谷プロはこの年、『続ウルトラマン』の企画をTBSに提出しているが、実現に至らなかったことは第一部で記した通りである。あるいは『俺は透明人間！』を巡るトラブルは、局側が、要するに特撮ものは時期尚早と判断したということだったのかも知れない。そもそも〝オープンセールスを快く承知してくれてはいる〟とは、「企画は望み薄」という意味の遠回しの表現だったように思える。

一方の『ジャンボーグA』である。七月にスタートした『モーレツ欲張りゲーム』は『柔

（注十四）月曜日から土曜日まで。七〇年十月五日から『FNNニュース6:30』となり二十五分枠（十八時五五分まで）に拡大された。

道一直線』の敵ではなく、早くも十一月には終了するが、その後番組としてフジが選択したのは『ジャンボーグA』ではなく、同じスポ根もので、アニメの『アタックNo．1』であった。あちらの主人公が男なら、こちらは女でいこうというしたたかな作戦だった。結局『アタックNo．1』は、『柔道一直線』というライバルと戦いながら、六九年十二月七日から七一年十一月二八日まで、全一〇四話を数える人気番組となった。

『ミラーマン』一九七〇〜七一

翌一九七〇（昭和四五）年に入っても、円谷プロは根気よく『ミラーマン』『ジャンボーグA』を売り込んでいた。以下、営業報告書の採録である。

昭和45年3月20日
東京12チャンネル『ミラーマン』
例のフジテレビ向けの企画を一旦引上げ、映画部と交渉に入ったもの。
編成は46年4月、7時〜8時間（原文ママ）の30分枠で、当初アニメが予定されていたものである。現在アニメか特撮かで検討が始まる段階であるが、製作予算が350〜400万程度のもので、作品的に優れたものが出来れば特撮ものになる公算が強い（安かろうわるかろうでは困るムード)。スーパーマン的ヒーローが、ウルトラシリーズ以降出ていないので、局側も相当乗り気であり、うちとしても何とか生かしたい企画である。ただし、商品化収(注一)などのメリットは、他局に比べるとかなりのハンディとなろう。

―――

東京12チャンネルとは、現在のテレビ東京のことである。東京ローカル局で、開局は六四年四月十二日、当時は〝科学テレビ 東京12チャンネルテレビ〟と呼ばれた。開局記念ドラマとして放送されたのは、山村聰、淡島千景、加藤嘉主演の『孤愁の岸 宝暦治水始末記』(注二)である。演出はTBS出身で、テレビ史に残る『私は貝になりたい』(注三)のディレクター岡本愛彦だった。東京12チャンネルが発足するにあたり、岡本の愛弟子である真船禎は、師の誘いを受けTBSを退社している。

真船　TBSを辞めるきっかけは12CH(現・テレビ東京)ができたからです。日本で初めてフリーのアメリカシステムを採って、フリーのディレクターと契約をするって言ったんですね。(中略)岡本さんから一緒にやらないかという話がありまして、それでフリー契約したんです。(中略)で、その時の演出部の庶務の課長が最後に「今フリーなんか暮らせるはずがないんだ。お前それで出ていくけれど1年間待ってやる。1年以内だったら帰れるようにしてやるから」って。涙でしたね。(『帰ってきたウルトラマン大全』真船禎インタビューより)

(注一)商品化収入の意味だろう。

(注二)六四年四月十二日放送。

(注三)五八年十月三一日放送。脚本は橋本忍。

(注四)六四年四月十六日〜七

〝科学テレビ 東京12チャンネルテレビ〟は、放送条件として国から、科学技術教育番組六〇％、一般教育教養番組十五％、教養、報道番組二五％という割り当てがあった。つまりドラマなどの娯楽番組は皆無に近かったのだが、ドキュメンタリーの中にドラマが入るスタイルならば可能という抜け道が存在した。そこで真船は、ドラマの中に手術の実写をインサートし、ドキュメンタリードラマという名目で『女医』（注四）という連続ドラマを演出した。

なお、先に触れた『孤愁の岸 宝暦治水始末記』は、杉本苑子の小説『孤愁の岸』のテレビドラマ化で、脚色は久板栄二郎（注五）。幕府から木曽三川の治水事業を押しつけられた薩摩藩の苦闘を描く物語だ。当時としては画期的な九〇分枠の本格時代劇だが、ドキュメンタリードラマではない。この番組が放送出来た理由については、推測の域を出ないが、開局記念の特別枠、あるいは治水を題材としていることから、科学技術教育番組の名目で制作されたというのが考えられる（注六）。

開局直後の12チャンネルは毎月の赤字が膨大で、六八年に同局の娯楽番組制作を請け負う東京12チャンネルプロダクションが設立された。それには六七年、放送免許の条件が緩和され、同局でも娯楽番組の制作が認められることになったという背景があった。

つまり七〇年は、12チャンネルが再スタートを切ってわずか二年というタイミングだったのだ。しかしこの12チャンネル版『ミラーマン』も日の目を見なかった。三月二〇日の営業報告書に記されたように、制作費とマーチャン収入の件がネックになったのだろう。

月九日。市原悦子、小山明子、原知佐子が交代で主役を務めた。脚本は早坂暁、大島渚、佐々木守ほか。

（注五）
脚本家、劇作家。黒澤明と組んだ『わが青春に悔なし』（四六年十月二九日公開）、『天国と地獄』（脚本・黒澤明、菊島隆三、久板栄二郎、小国英雄、六三年三月一日公開）が特に有名。

（注六）
12チャンネル開局当日の記念番組は、他に安部公房構成のバラエティ『こんばんは21世紀』、森繁久彌、ペギー葉山、坂本九らが出演した生中継番組『未来をうたおう』など。なお、『こんばんは21世紀』は演出の田原総一朗（若林一郎と共同）によれば、SFドラマということだが、テレビ東京の社史『テレビ東京史 20世紀の歩み』では、バラエティに区分されている。

しかしＴＢＳ以外での特撮ヒーロー番組制作に賭けていた円谷プロは、広告代理店博報堂を通じ、企画のセールスを開始する。以下は営業報告書の採録である。

昭和45年8月（引用者注・日付不明）
企画の金子氏、伊藤氏の線で目下局内の地固めをしている状況である。編成時期は4月が有力と言われており、編成部武田氏の了解が得られた時点で急速に具体化するものと思われるが、編成内部はすでにそのムードとなっており、予算４５０万前後という事である。内容も現段階では既存のままでいくが、先行き煮詰まってくればかなり修正されることになりそう。ただ、ネーミングは、時代感覚にぴったりというわけで、商標登録だけは『ジャンボーグA』に決めておいて差支えない。雑誌は小学館で10月号から連載が始められることになり、取敢えず原案のままでスタートする（注七）。尚、商標登録用の指定文字は、既に製作を通じてレタリング依頼済みである。

昭和45年8月31日
博報堂『ミラーマン』
テレビラジオ企画製作局、白川氏あて新番組として話を進めている。局はＣＸが最有力だが、他局にも可能？ 当初『ジャンボーグA』で出してあったものを、内容を多少変更し改めて8／27に提出したが、やはりウルトラシリーズと同一化したパターンとなるため、全く

（注七）
小学館学年誌での『ジャンボーグA』の連載は以下の通り。
『よいこ』七〇年十一月号〜七一年三月号。
『幼稚園』七〇年十二月号〜七一年三月号。
『小学一年生』七〇年十二月号〜七一年三月号。
『小学二年生』七〇年十二月号〜七一年三月号。

別の形でという訳で『ミラーマン』がクローズアップしてきたもの。9月早々に企画・田口とキャラクターの設定（ミラーナイフ、ミラーパンチ、変身、ミラーマン3段飛びｅｔｃ）をプロで検討し、企画書化（ラフで可）して再度白川氏と打合わせすることになった。

昭和45年9月7日

ＣＸ『ジャンボーＸ』

金子、伊藤両氏の働きかけで4月編成を目標としているが、ＴＢＳ『ウルトラファイト』の件で局内が騒然としており、上層部の見解に左右されそうなムード。

東京12チャンネル 反応無く『ミラーマン』も預け放しの状態。近日中に様子を伺い、一旦引上げる予定。

博報堂『ミラーマン』タイトルはそのままだが、企画を一新してテラ企画制作白川氏に提出。種々ディスカッションを重ねた結果、かなりドラマの方向付けが煮詰まってきた。ヒーロー怪獣路線としても提示しやすいものになりつつある。

日付不明の八月の営業報告書に出てくる金子とは、のちに〃日本のコンピュータグラフィックスの父〃と称される金子満（注八）のことであろう。伊藤とは『マイティジャック』のフジテレビ側プロデューサーだった伊藤康祐。両氏は『マイティジャック』に関する円谷英二の日記にたびたび名前が挙がっていた。編成部武田氏とは、フジの編成局長、武田信敬である。

（注八）
フジテレビ社員として七二年版の『木枯し紋次郎』（七二年一月一日～五月二七日、七二年十一月十八日～七三年三月三一日）などを手がけたのち独立。コンピュータグラフィックスの研究を行い、映画『トータル・リコール』（九〇年、脚本・ロナルド・シュセット、ダン・オバノン、ゲイリー・ゴールドマン、監督・ポール・バーホーベン、日本公開九〇年十二月一日）などに関わる。一八年没。妻は女優の浜美枝。

この年、ピープロ社長の鷺巣富雄に『宇宙猿人ゴリ』のパイロット版を作るよう指示したのは、武田である。

九月七日の営業報告書にある〝CX『ジャンボーX』〟というのは、七〇年四月号から同年十一月号まで、『小学一年生』に連載されていた漫画と同名タイトル。企画書が未発見なので内容について言及することは出来ないが、漫画版は、まもるという少年がウルトラセブンから〝あたらしいちから〟（漫画での表記）を授けられ、ジャンボーXに変身する。

それにしても九月七日の営業報告書〝『ウルトラファイト』の件で局内が騒然としており〟とはどういう意味なのか？ 考えられる理由として、この年の五月二六日に、フジで『ウルトラマン』の再放送が始まっているということがある。第一部で述べた通り、これは円谷皐がTBSにペナルティを支払い、フジに放映権を売って実現した再放送だった。『ウルトラファイト』には、『ウルトラマン』の格闘シーンが使われている。たとえ番組の一部であっても、放映権はフジにあると主張したのではないだろうか？ TBSの『ウルトラファイト』は九月二八日から始まったが、放送前に一波乱あったということだろう。もっとも以下に引用する十月十二日の営業報告書を読むと、その騒動はとりあえず鎮火したように思える。

昭和45年10月12日
『ジャンボーグA』と『ミラーマン』をすすめている。これも4月編成。他社より2本、特撮ものとアニメが出され、当社を推すものと他社を推す者と平々といったところ。『ミラー

マン』については、博報堂よりスポンサー持込みの形式で目下プレゼンテーション用資料をまとめ中。

『ミラーマン』

1年前の企画を全く新規につくり変え、売り方も局に直接でなく、博報堂を通じ、スポンサー持込みの形式にして話を煮詰めているところである。現在、代理店サイドは、スポンサーを玩具、食品、製菓、ゴム繊維などの相乗りに狙いを定める方針で、当社の企画書のほかに、プレゼンテーション用資料（例えばコンピューターによる子供のし好調査およびサイクル、「ウルトラシリーズ」再放送の裏番組とのレイティング比較グラフ、雑誌の傾向などなど）を集めている。当社では、キャラクターの設定及びデザイン、サンプルストーリーに着手し、再三同代理店との意見の交換を行い、統一した見解でアプローチする段取りである。

〝他社より2本、特撮ものとアニメが出され〟のうち、特撮ものというのは『宇宙猿人ゴリ』のことであろう。そもそも『宇宙猿人ゴリ』は、武田が鷺巣に提出させた企画なのだ。

結局、七〇年中は、『ミラーマン』も『ジャンボーグA』も進展せず、七一年を迎える。そして『帰ってきたウルトラマン』の放送が始まった四月、『ミラーマン』に新たな動きが見られた。

——昭和46年4月24日

フジテレビ　最近目立った動きはない。前々から提出していた『ジャンボーグA』、『ミラーマン』なども予算面と局内事情で実現せず、一旦引上げたかたちとなっている。ただし、現在『宇宙猿人ゴリ』がスタート時に比べレイティングを上げているところから、先行き本格的特撮物をという動きも見られ、日本テレビの『アタックマン』を若干手直しして回す事も考慮中である。

読売テレビ　3月以降、『ミラーマン』を『巨人の星』（9月終了）の後枠に持込むべく同局の紹介で旭通信社（引用者注・現・ADKホールディングス）と連絡を密にし作業を進めている。代理店が各種企画をプレゼンテーションする体制にあり5月10日に結論が出る見込みである。

商人化収『ミラーマン』

　45年4月~9月半年にわたる雑誌掲載および「ウルトラシリーズ」の商品化に便乗した格好で、一部の業者が商品化を行っている。放映になれば、勿論急激に伸びる事は間違いない（注九）。

読売テレビ（よみうりテレビ）とは、関西の放送局で日本テレビ系列。円谷プロとしてはフジテレビに動きが見られないところから、よみうりテレビに接近したのだ。営業報告書にあるように、同局制作の『巨人の星』は七一年九月十八日に終了する。

田口　『帰ってきたウルトラマン』が始まる前に、並行して、5つか6つ合わせた企画書

（注九）『ミラーマン』のハンカチ、靴など子ども用の日用品が商品化されていた。〝雑誌掲載〟とは、漫画版の『ミラーマン』と『ジャンボーX』のことで、ブルマァクからは両キャラクターのソフビが発売された。

を持ってあちこちにセールスに出ていたんです。それをよみうりテレビの佐野（寿七）プロデューサーに持っていったんです。（『ミラーマン大全』田口成光インタビューより）

なお『ミラーマン』の企画書で現存が確認されているのは以下の通り。六九年のものが二冊で、三月二九日印刷の『テレビ映画企画書 アクション感動シリーズ ミラーマン』、それに表紙にフジテレビジョンと社名が印刷されている『ミラーマン』、これは同年五月二六日の営業報告書に〝5月24日打合わせ〟と記された会議で使用されたものだろう。七一年に作られたものが三冊で、『新番組企画案 ミラーマン―MIRROR MAN―』というタイトルで、表紙によみうりテレビ社名が印刷されたものが二冊（それぞれ二月十二日、三月二五日の印刷）、もう一冊は旭通信社で作成された大判の企画書（表紙には〝企画書〟とあるだけで番組名はなく、作成が〝昭和46年4月〟と記され、その下に旭通と円谷プロの社名が印刷されている）だ。企画書はもう一冊、『ミラーマン設定』と題されたものが現存するが、これについては後述する。

よみうりテレビ用の企画書で現存が確認されているのは上記三冊の『ミラーマン』の他に、七一年二月十二日に印刷された『怪獣アクションシリーズ 戦え！ウルトラセブン』（注十）がある。これは『ウルトラセブン』の続編であるが、内容は『続ウルトラマン』とほぼ同一であり、円谷プロの本命は『ミラーマン』だったと筆者は見ている。

それにしても『ミラーマン』を売り込んでいた『巨人の星』の枠は、裏番組が『宇宙猿人

（注十）
この企画書で紹介されたウルトラセブンの武器、〝スライスV（タテ型）〟〝スライスH（ヨコ型）〟は、企画書『ミラーマン設定』に〝スライサー・V&H〟（企画書表記）として移植された。

ゴリ』である（注十一）。『ミラーマンDVD－BOX』のライナーには、〝ミラーマンの最初期の企画は、偶然にも直前に提出されていた『宇宙猿人ゴリ』に登場する正義のヒーロー・スペクトルマンのデザインに酷似していたために、雑誌掲載も行われ、ソフビ人形やハンカチ、靴など子ども用の日用品が商品化されていたにもかかわらず、テレビ番組企画が通らなかった〟とある。もしこの枠での『ミラーマン』が実現していたら、同時期に企画された番組同士、因縁の対決ということになっていただろう。

『宇宙猿人ゴリ』は、フジテレビ編成局長武田の肝煎りでパイロット版が制作され、番組スタートの弾みになったが、円谷プロもそれに倣ったのか、七一年六月後半から七月前半にかけての期間内に（詳しいスケジュールは不明）、『ミラーマン』のパイロット版を制作した。脚本は田口成光、監督は本多猪四郎のチーフ助監督の経験があり、『チビラくん』や『ウルトラファイト』の監督であった谷清次が担当した。

鏡京太郎（柴本俊夫、現・柴俊夫）は、母の墓前で大学卒業を報告した。そこに牧師（村上冬樹）が、娘のユミ（南沙織）を伴って来る。牧師は母の形見の十字架と手紙を渡す。その手紙には、京太郎は、二次元の光の国から来たミラーマンと、地球人の母の間に生まれた人間だという驚愕の事実が書かれていた。

その帰り、京太郎は謎の男から狙撃される。男の運転する車を追う京太郎。だが男は車に仕掛けられていた時限爆弾が爆発し死亡する。

そして事件の調査にSGMがやって来る。と、上空に現れたヘリが機銃掃射で京太郎やS

（注十一）
七一年四月二四日の営業報告書が書かれた翌月、五月二二日放送の第二一話から番組タイトルが『宇宙猿人ゴリ対スペクトルマン』となる。

GMを狙った。

京太郎は車のバックミラーに飛び込み、ミラーマンに変身した！

キャストは他に、SGMの村上キャップに南原宏治、人間コンピューターの御手洗《みたらい》博士に宇佐見淳也、熱血漢の佐賀哲夫に土井武、気は小さいが科学知識は抜群の今野あきおに工藤堅太郎、あきおの妹でSGMの紅一点、由起に蕭恵美《ショウフィミィ》、謎の外国人にオスマン・ユセフ、ウィリー・ドーシー、ナレーターに睦五郎という顔ぶれだった。

面白いことに脚本で京太郎はハーフではなく、〝地球の悪を滅ぼすために光の国から遣わされてきたミラーマン〟そのもので、御手洗博士も登場しない。つまり脚本に後から書き加えられたもののようだ。なお、田口によれば御手洗というネーミングは、キヤノンの創業者で当時社長だった御手洗毅から頂いたとのことだ。つまり光学系からの発想である。

そして八月、このパイロット版『ミラーマン』の試写が杉並区の桃井第三小学校で行われた。当日は、旭通信社の担当番組であるアニメ『天才バカボン』（注十二）なども上映されたようだ。以下は営業報告書の採録である。

8月14日（土）桃井第3小学校モニター会
小学校6年生　男子25人　女子　45人　計70人
ミラーマンを知っているか……7人
映写中、どのシーンで反響があったか。

（注十二）七一年九月二五日〜七二年六月二四日、NTV。『巨人の星』の後番組だった。

＊アクションが鈍い
＊狙撃シーン
＊速度メーター
＊時計のカチカチの音（引用者注・時限爆弾）
＊御手洗博士の名前
＊ミラーマンに変身するシーン

映写後の感想
1．面白かった……40％
2．ウルトラマンを見ている……23％
3．ウルトラマンを見ている人のうち
ミラーマンが面白い……40％
ウルトラマンが面白い……50％

この後、『ミラーマン』の企画は思いがけない展開を示す。

田口　元々『ミラーマン』をやった枠は、ずっと大塚製薬が提供するアニメ枠で、その代理店を旭通さんがやっていたんです。それで『アタックNo．1』のあとに『長靴下のピッピ』をやることが決まっていたんですが、亡くなった旭通の榎本さんという営業の次長と（旭通の）佐野さん（引用者注・佐野吉秀）が、当時部長だったと思いますが、そのふたりが当時の円谷プロの赤坂の営業部に連絡をしてきたんです。急な話だ、ということで。（中略）今でも憶えていますが、会社の近所にレストランがあって、そこにおふたりがすっ飛んできて、この企画（引用者注・『ミラーマン』）を是非ください！って。お話を聞くと、CXの午前中の会議で（『ピッピ』の）版権が取れないことで、急遽代わりの企画が必要になった、ということでした。（『ミラーマン大全』田口成光インタビューより）

『長くつ下のピッピ』は、スウェーデンの児童文学作家、アストリッド・リンドグレーンの童話で、海外では繰り返し映像化されている。アニメ版は東京ムービー（現・トムス・エンタテインメント）企画、Aプロダクション（現・シンエイ動画）制作で、演出、高畑勲、場面設計、宮崎駿、キャラクターデザイン、小田部羊一のトリオで制作が進んでいたが、原作者の許可が下りず、暗礁に乗り上げてしまっていた（注十二）。

ここで四月二四日の営業報告書を思い出して欲しい。〝3月以降、『ミラーマン』を『巨人の星』（9月終了）の後枠に持込むべく同局の紹介で旭通信社と連絡を密にし作業を進めている〟とある。『巨人の星』の代理店は旭通信社であり、この時点で、『ミラーマン』の企画書はよみうりテレビの佐野寿七の手から、旭通の佐野吉秀の手に渡されていたのだ。そして、『長くつ下のピッピ』が制作中止になったことで、もともと『ジャンボーグA』を売り込ん

（注十二）
三人とも東映動画（現・東映アニメーション）の社員だったが、当時Aプロにいた大塚康生らの誘いで、この企画のために退社していた。移籍した目的を失った三人だったが、これがのちに高畑、宮崎の『ルパン三世』第一シリーズ（七一年十月二四日〜七二年三月二六日、NTV）への参加や、映画『パンダコパンダ』（脚本・宮崎駿、監督・高畑勲、作画監督・大塚康生、小田部羊一、七二年十二月十七日公開）へつながっていく。

でいた日曜十九時の枠で『アタックNo．1』の後番組として実現することになる。それは旭通の取扱い枠で、大塚製薬一社提供であった（注十四）。

佐野　私としてはちょうど『アタックNo．1』の後の企画を探していたんですが、『長靴下のピッピ』が中止になってしまったんで、ピーンと来ましてね。ウチで円谷さんの企画を作り変えて、もう退社しましたが先輩に春日さん（引用者注・春日東）というプロデューサーが、円谷プロさんと一緒に相談して、71年9月、大塚製薬さんに、プレゼンテーションをさせて頂きました。（『ミラーマン大全』佐野吉秀インタビューより）

田口　そこですぐに大会議が始まって、明日の朝までに（実制作用の）企画書を作ることになったんです。とにかくもう枠は決まっていまして、放映までの日数も早く決めなきゃいけない状態で、旭通の佐野さんと榎本さん（引用者注・佐野吉秀の証言では春日東）のふたりが翌日、東京の大塚製薬の担当者のところに行きますから、こっちはとにかく一晩で企画書上げてください、という状況でした。それで徹夜で（大塚製薬向けの）企画書を、僕と榎本さんのふたりで作りました。サンプルストーリーは僕が書いたんですが、ほぼそのまま第1話になってると思います。（中略）それから確か1日か2日で決まりましたよ（71年9月3日）（注十五）。その間は僕はずっと電話待ちです。で、GOが出ました！と。本当に、急転直下でした。

（注十四）
同時間帯、TBSの『シルバー仮面』は武田製薬、NETの『アップダウンクイズ』はロート製薬と、製薬会社三社の対決だった。なお、『巨人の星』のスポンサーも大塚製薬だった。

（注十五）
『ミラーマン』の制作が決定したのは九月三日午後五時五十八分のようだ。

第1話のシナリオは、僕が円谷一さんの許可を得て、急遽、若槻さん（引用者注・若槻文三）を赤坂東急ホテルに呼んで、一晩カンヅメにして、準備稿を上げてもらったのを記憶しています。（『ミラーマン大全』田口成光インタビューより）

この時に作成されたのが手書きの（印刷に回す時間がなかったため）企画書『ミラーマン設定』である。この企画書で『ミラーマン』の設定はほぼ固まっており、放送版と大差がない。ただ、〝ミラーマンのリスク及び苦悩〟という項には、〝ミラーマンになる度に鏡京太郎のエネルギーは消耗してゆきます。光を浴びることによって回復はしますが、激しいアクションの積重ねによって彼の命は短くなっていきます。ですから京太郎には、いつ死んでしまうかもしれない恐怖感がつきまとってます〟という興味深い記述がある。

若槻文三は、飯島敏宏の紹介で『ウルトラマン』から円谷プロ作品に参加したベテランのシナリオライターである。以後、『ウルトラセブン』『マイティジャック』『戦え！ マイティジャック』『怪奇大作戦』と、同プロの作品に多大な貢献を果たしてきた。

営業報告書には、〝五日に台本の改稿と決定、六日よりキャスティング開始、およびミラーマンと怪獣のコスチューム決定・製作、十九日よりスタッフ準備が開始〟という流れが記されているとのことだ（注十六）。五日の会議に使用された脚本は、田口が若槻に徹夜で書かせたものと見て間違いないだろう。その会議での意見を元に改稿が行われ、「恐怖の大旋風」と題された第一話の脚本が執筆される。印刷は九月十日。決定稿「ミラーマン誕生」が九月

（注十六）参照した『ミラーマンLD-BOX』ライナーによる。

二一日、同名の最終決定稿は九月二九日に印刷が上がっている。
この時、『ミラーマン』は、一つ困った問題を抱えていた。まずは七一年九月十日の営業報告書を採録しよう。

昭和46年9月10日　第1回　企画会議
＊ミラーマン企画条件／性格、能力、設定
＊ミラーマン／キャラクターデザイン
＊第1話サンプルストーリー／ストーリーの方向性最終決定
＊円谷プロ製作スタッフ／決定報告
＊主要キャスティング／候補
＊雑誌掲載予定、動向の報告
＊『21世紀鉄仮面』に関する動向報告
＊具体的スケジュール（草案に基づく）

すでに記したように、ＴＢＳの日曜十九時は、『隠密剣士』『ウルトラＱ』『ウルトラマン』といった、テレビ史に残る大ヒット番組を放った栄光のタケダアワーである。七一年は、『柔道一直線』が四月四日で終了。その後を受け、同じスポ根ものの『ガッツジュン』(注十七)（メインライターは上原正三）を放送するが、十一月で終了することが決まっていた。

(注十七)
七一年四月十一日〜十一月二一日。

再燃した怪獣ブーム（変身ブーム）を背景に、『ガッツジュン』の後番組として企画されたのが営業報告書に登場する『21世紀鉄仮面』であり、のちの『シルバー仮面』（注十八）だった。すなわち（『ミラーマン』は穴埋め企画だったとはいえ）、ＴＢＳとフジで特撮番組がぶつかるという事態に陥ったのだ。言うまでもなく、『シルバー仮面』のプロデューサーは『帰ってきたウルトラマン』の橋本洋二であり、武田枠の『シルバー仮面』、大塚枠の『ミラーマン』と、円谷プロは製薬会社同士の代理戦争に、図らずも巻き込まれてしまったのである。

フジの『ミラーマン』に対抗するため、ＴＢＳは『シルバー仮面』を一週間繰り上げて放送することになり『ガッツジュン』は三三回（十一月二一日）で終了する。

『シルバー仮面』は、橋本洋二が『怪奇大作戦』の頃から念願だったと言われる佐々木守、実相寺昭雄コンビに第一話、二話（注十九）を託した意欲作だった。一方、真っ向勝負を挑む形となった『ミラーマン』のプロデューサーは淡《だん》豊昭。元ＴＢＳの契約社員で飯島敏宏、実相寺昭雄が参加した新感覚の時代劇『風』（注二〇）の頃は、映画部から京都映画に出向しており、『怪奇大作戦』の京都編、第二三話「呪いの壺」、第二五話「京都買います」ではプロデューサーとしてクレジットされている（注二一）。実相寺が京都で撮った『無常』『曼陀羅』のプロデューサーも淡である。

田口　『ミラーマン』が決まった時、プロデューサーを誰にするって一さんに聞かれてね、淡さんを推薦したんですよ。当時、満田（稽）さんは演出に意欲があったたし（注二二）、ＴＢＳの知

（注十八）七一年十一月二八日～七二年五月二一日。

（注十九）第一話「ふるさとは地球」、第二話「地球人は宇宙の敵」。

（注二〇）六七年十月四日～六八年九月十一日。

（注二一）「呪いの壺」脚本・石堂淑朗、監督・実相寺昭雄、特殊技術・大木淳。「京都買います」脚本・佐々木守、監督・実相寺昭雄、特殊技術・大木淳。

（注二二）実際には満田は第十二話までプロデューサーとしてクレジットされている。

らないところで回っていた企画だったから、淡さんに間に立ってもらわなければいけなかったんだね。

『ミラーマン』は、円谷一の生涯で唯一〝監修〟とクレジットされた作品である。筆者はこれをＴＢＳとの関係があるので、そのクレジットを出すことで、自分が防波堤になろうとした覚悟の表れではないかと考えている。それが真実だったかどうか、今や確かめる術はないのだが、淡にとっては身を削る思いのプロデュースだったようだ。

淡　僕はかつてＴＢＳの映画部にいまして、満田穧さんが先輩になります（注二三）。（中略）一さんには「淡ちゃん、淡ちゃん」って、むしろ遊び友達のような感覚でしたが、ずいぶんお世話になりました。

円谷プロで『ミラーマン』が決まった時に、一さんから、やらないかって誘いがあったわけです。『ミラーマン』が一さんと一緒の初めての仕事になりました。ただ、『ミラーマン』は企画が全部出来上がっていた段階で参加したもんですから、とにかく路線を守るという事が大事だった。（中略）『ミラーマン』はいろいろな約束事があって、スポンサーや代理店の意向から要望から何から、全部僕がしょって立っていました。毎週定期的に台本チェックの日がありまして、スポンサー、代理店、テレビ局の代表の方が出席して……、一冊の台本を前に20数名のチェックがあるわけです。そして、それぞれに言いたい事を

（注二三）
満田はアルバイトのＡＤであり、映画部に所属していたという意味ではない。映画部が制作した作品で先輩、後輩だったということだろう。

おっしゃる（笑）。準備稿の段階でそれがある。今度はそれらをとりまとめて、僕が改めて脚本家と決定稿を作るわけです。まして裏番組は『シルバー仮面』で、プロデューサーは橋本（洋二）さんだし、スタッフも、同じ育ち方をしている仲間であり先輩であるわけです。とにかくたいへんな苦労がありました。（『ミラーマン THE COMPLETE DVD-BOX Ⅱ』「星空に立つミラーマン〜プロデューサー・淡豊昭の証言〜」より）

田口　脚本会議には、僕は企画部員として出席していました。局からは別所さんと八百板（勉）さんだったかかな？　二人出てきていたけど、全くノータッチだった。

佐野　シナリオの読み合わせには、毎週出ておりました。しかし特撮は実際にやったことがなかったんで、私はコーディネーターみたいなことをやってたんでしょうねえ。打ち合わせは春日さんが、旭通信社代表のプロデューサーで仕切っておられました。（『ミラーマン大全』佐野吉秀インタビューより）

田口　旭通の大会議室で、毎週〝御前会議〟ですよ。何せ大塚製薬からは社長夫人が出てきていたから、宣伝部長、次長が出てくる。だから旭通の方も宣伝部長、次長が来るでしょう。会議は大体二、三時間だと思ったけど、社長夫人が脚本にうるさい方でね、色々おっしゃるわけだね。それを淡さんが反論したり、同意したりして、最終的には「わかりました、全部私めにお任せ下さい」って言ってその場を収めるんだ。つまり作家の壁になっていたわけ。会議には脚本家は呼ばないという姿勢でした。

『ミラーマン』には、決定稿の後に最終決定稿が印刷されているケースが多い。その辺りに淡豊昭の苦労がにじみ出ているのかも知れない。

朝焼けの光の中から

一九七一（昭和四六）年十一月八日の営業報告書には、『ミラーマン』に関する抱負が簡素な筆致で記されている。

昭和46年11月8日

『ミラーマン』が今秋、3年越しで決定した。扱いは旭通信社。スポンサーは大塚各社で現行の『アタックNO．1』の後枠に入る。地球が宇宙人や怪獣の侵略により、危機に直面した時、鏡の中から光とともに現れる正義のヒーローを描くもので、ウルトラマン、セブンに続く3番目のヒーローとして円谷の看板キャラクターに育てていきたい。

『ミラーマン』のクランクインは十月十二日、第一話「ミラーマン誕生」第二話「侵略者《インベーダー》は隣りにいる」（脚本・若槻文三）の二本持ちで、監督は『帰ってきたウルトラマン』第一話、二話と同じ怪獣映画の巨匠、本多猪四郎だった（注一）。

キャストは一部を除いてパイロット版から一新され、鏡京太郎に『柔道一直線』の高校生編で主人公のライバル大沢健二を演じていた石田信之（注二）、京太郎の育ての親で、SGMの創始者、御手洗健一博士に宇佐見淳也、その娘、京太郎を密かに慕う朝子に沢井孝子、SGMのチーフ、冷静な元警部、村上浩に和崎俊哉、熱血漢で、京太郎の兄貴分の藤本武に工藤堅太郎、三枚目でコンピューターの達人、安田秀彦に杉本元、SGMの紅一点、野村由起に市地洋子、朝子を姉のように慕う大川一郎少年に蔵忠芳という布陣となった。

京太郎が牧師に育てられたという設定は変更され、御手洗博士が行方不明となった母、優子から赤ん坊だった主人公を預かったという具合に、人間関係はシンプルなものに変更された。京太郎が卒業を控えた大学生ではなく、新聞社の契約カメラマンとして自立した存在であることも変更点で、これらは企画書『ミラーマン設定』に沿った変更である。

「一九八〇年代……。私たちの地球は重大な危機に直面していた。何とも説明のつかない異常な事件が、この地球の各地で続発した……」

第一話「ミラーマン誕生」は、浦野光によるこの不吉なナレーションとともに、半透明の宇宙船が地球に迫ってくる印象的なショットで始まる。

その頃日本では各地で異常な大旋風が巻き起こり、街が全滅するという奇怪な事件が発生

（注一）
特殊技術はともに高野宏一。

（注二）
石田とマネージャーが旭通信社へ挨拶回りに行った時、『ミラーマン』担当者のデスクに資料を忘れてきてしまい、それを大塚製薬の担当者が見て気に入り、鏡京太郎役に決まった。

していた。それは地下のウラニウムを狙うインベーダーの仕業だったが、第一話においてそれは背景に過ぎない。物語は、自分が二次元から来たミラーマンの子であるという驚愕の事実を知った京太郎と、その周辺で起こる奇怪な出来事にフォーカスされる。そこで強調されるのは、謎の敵インベーダーの地球侵略が人知れず進行しているという恐怖だ。

それは第二話「侵略者《インベーダー》は隣りにいる」も同様で、冒頭、SGMのために特殊レーダーを開発していた石井という若い科学者の暗殺が描かれるが、ドラマの核心は、彼の妹、玲子が住んでいるマンションの異変を描く部分だ。そのマンションは付近を一望出来る高台にあり、住民は玲子ともう一人の女性を除いて全て入れ替わってしまったのだという。インベーダーは、マンションを侵略のアジトにしていたのである。

本多の演出は、若槻の脚本の本質を汲み取り、闇に潜むインベーダーの姿を丁寧に捉えていく。『帰ってきたウルトラマン』同様、手堅い本多演出は、『ミラーマン』の世界観を見事、フィルムに焼きつけた。

一方、TBSの『シルバー仮面』は、上原正三、市川森一、山際永三、大木淳、池谷仙克など、『帰ってきたウルトラマン』を第三クールまでで離れる形になったメンバーが参加、万全の体制で制作が行われることになった。

だが第一話、二話担当の実相寺組は、キャスティングの遅れから『ミラーマン』に遅れること約三週間、十一月四日にようやくクランクインする。実相寺組は、切迫したスケジュールでの撮影を余儀なくされた。

そして七一年十一月二八日、『シルバー仮面』第一話「ふるさとは地球」が放送される。視聴率は十四．六％と微妙な数字だった。ドラマはこの頃の実相寺昭雄らしい、闇を強調した照明設計で始まる。強調というと聞こえはいいが、はっきり言ってあの頃のブラウン管の性能では、蛍光灯を点けたら何も見えなかっただろう（実際、筆者の家庭では見えなかった）。しかも冒頭は、消防車のサイレンや爆発音といった効果音が轟々と鳴り響き、登場人物達の怒号が飛び交い、台詞もまともに聞こえない有様だった。案の定、翌週、『ミラーマン』が始まると『シルバー仮面』の視聴率は六．二％に急落してしまう。一方の『ミラーマン』第一話は二七．一％を上げたのだからこれはＴＢＳにとっては大問題だった。

実相寺昭雄は、『闇への憧れ［新編］』の「私のテレビジョン年譜」で、『シルバー仮面』について以下のように記している。

（引用者注・七一年の）夏の終わりころ、ＴＢＳの橋本プロデューサーから声をかけられた。再び日曜の七時に怪獣ものをやるから手伝え、ということだった。（中略）ＴＢＳのものは『シルバー仮面』というタイトルで、宣弘社の製作、超人は巨大化せず、地球を侵略する異形の宇宙人と闘うことになった。宇宙人の主たる目標は、レギュラーのなんとか博士一家（名前を忘れてしまった）の持つ光子ロケットの秘密だった。（中略）結果的には『ミラーマン』に軍配が上がった。その主たる原因は、私が一、二作目の演出をしたことにあるかも知れない。（中略）

制作会議の席上から『シルバー仮面』には、仲々一本の太い芯が見つからなかった。ドラマを優先させるのか、それとも超人のレスリングを優先させるのか？……佐々木守の脚本も、そういった企画のぐらつきを反映していつものような冴えがなかったように思える。それは、そのまま私の演出にも影響してしまった。イメエジが奔放に開花することなく、得体の知れない性格の番組となった。言ってみれば、怪獣ものをＡＴＧ映画の調子《トーン》で撮ったような奇妙なものが出来上がってしまったのだ。

以後、『シルバー仮面』の視聴率が十％を越えるのは、タイトルが『シルバー仮面ジャイアント』に変更された（注三）後の第十六話「爆発‼ シルバーライナー」（十．七％）、第十七話「シルバーめくら手裏剣」（十．六％）、第十八話「一撃！ シルバー・ハンマー」（十．一％）のみで、あとは一桁台の低空飛行を続けた。結局、番組は七二年五月二一日の第二六話「アンドロメダ２００１」で終了する（注四）。

だが『ミラーマン』も順風満帆というわけにはいかなかった。初回の視聴率こそ二七．一％だったものの、徐々に低下していき、第九話「凧に乗って来たマルチ」（注五）で二〇％台を切ると、以後は十％代前半から後半を行き来し、その後一度も二〇％台を回復することはなかった。

それにはいくつかの原因があったと筆者は推測する。『ミラーマン』初期は、インベーダーの正体は明らかにされず、彼らの作戦は人知れず行われることが多かったので、ドラマが地

（注三）
タイトルの変更は第十一話から。「ジャンボ星人対ジャイアント仮面」脚本・佐々木守、監督・田村正蔵、特技監督・大木淳。

（注四）
「爆発‼ シルバーライナー」「シルバーめくら手裏剣」ともに脚本・上原正三、監督・外山徹。
「一撃！ シルバー・ハンマー」脚本・市川森一、監督・山本正孝。
「アンドロメダ２００１」脚本・上原正三、監督・田村正蔵、特技監督・大木淳。

（注五）
脚本・藤川桂介、監督・鈴木俊継、特殊技術・高野宏一。

味になってしまったこと。第二は、予算削減のため、怪獣の着ぐるみの使い回しが多く、毎週毎週の新怪獣を期待していた子供達にとって期待はずれだったこと。

着ぐるみの再利用は、第六話「鏡の中の墓場」（注六）が最初だ。第二話に登場したキティファイヤーが、再びミラーマンに挑んだ。本エピソードは、京太郎の亡き父に対する思い、死んだと思われていた一郎の父親のドラマを縦糸に、京太郎の命を狙うインベーダーの作戦が横糸で絡むという密度の高いドラマだった。しかしクライマックスは、これも予算削減のためだろうが、黒バックでのミラーマンとキティファイヤーの戦いというビジュアル的に寂しいもので、盛り上がりに欠けたものになってしまった。

等身大怪獣ゴールドサタンが登場する第七話「打倒！人体侵略作戦」を経て、第八話「鋼鉄竜アイアンの大逆襲」（注七）と第九話「凧に乗って来たマルチ」は二週続けての再登場怪獣編で、前述の通り、第九話で視聴率は十％台に落ち込む。

この頃、東京地方の（注八）子供達の一部は、『ミラーマン』と『シルバー仮面』をこんな風に見ていたという。『シルバー仮面』は前半と後半、二度宇宙人が登場する。だから前半は『シルバー仮面』を見て、後半は『ミラーマン』を見る。子供達の興味は、ドラマよりも怪獣、宇宙人なのだ。だとすると、ついこの間見たばかりの怪獣が再登場する『ミラーマン』にチャンネルを合わせる必要はなくなる。子供達に、そんな心理が生まれたとしても不思議ではあるまい。

ただ、同時間帯の視聴率推移を見ると、『ミラーマン』の視聴率が『シルバー仮面』に流

（注六）脚本・山浦弘靖、監督・黒田義之、特殊技術・高野宏一。

（注七）「打倒！人体侵略作戦」脚本・安藤豊弘、監督・満田穧、特殊技術・高野宏一。
「鋼鉄竜アイアンの大逆襲」脚本・山浦弘靖、監督・満田穧、特殊技術・高野宏一。

（注八）当時、東京地区以外では、必ずしも同じ番組編成が行われていなかったからである。

れ込んだとは言い切れない。そこに思わぬ伏兵の存在があったのだ。12チャンネルが放送していた『ちびっこスペシャル』(注九)がそれで、『ミラーマン』の視聴率が前週の二五．七％から二二．五％と三ポイント以上低下した一月二三日（第七話「打倒！人体侵略作戦」）、同番組は六．四％から九．〇％に上げている。なお、同日の『シルバー仮面』は、第九話「見知らぬ町に追われて」(注十)で、視聴率は三．八％と振るわず（シリーズ最低）、『シルバー仮面ジャイアント』と番組タイトルが変更になった二月六日に七．八％と幾分取り戻す。一方、同日の『ミラーマン』は「爪に乗って来たマルチ」で、前週から五ポイント以上落とし十六．七％、『ちびっこスペシャル』は七．二％と健闘。

『ちびっこスペシャル』の視聴率は十％を越えることはなかったが、『シルバー仮面』『シルバー仮面ジャイアント』に肉薄することも多く、時には僅差で抜いたこともあった。これは12チャンネルにとっては大金星、ＴＢＳにとっては大問題だったであろう。

さて、『ミラーマン』の一クール目十三本で、同じ怪獣が登場するのは四本で、全体のほぼ三分の一である。さすがに問題になったのか、第二クールからは再登場は少なくなり、インベーダーの作戦よりも怪獣にスポットを当てた作風が目立つようになる。

そして第二六話「ミラーマン・絶体絶命！―二大怪獣登場―」と第二七話「総攻撃！Ｓ．Ｇ．Ｍ」の前後編は、シリーズ最大のテコ入れ回となった(注十一)。

まず第二六話は、イベントのつるべ打ちであった。冒頭ＳＧＭは、怪獣スネークキングの急襲で全滅、ミラーマンはインベーダーの罠に掛かって捕らわれ、体内にエネルギーが切れ

(注九)
七一年十一月十四日～七二年九月二四日。

(注十)
脚本・市川森一、監督・佐藤静夫。

(注十一)
「ミラーマン・絶体絶命！―二大怪獣登場―」脚本・山浦弘靖、監督・鈴木俊継、特殊技術・矢島信男。
「総攻撃！Ｓ．Ｇ．Ｍ」脚本・山浦弘靖、監督・黒田義之、特殊技術・矢島信男。

たら大爆発を起こすエネルギー爆弾を埋め込まれてしまう。ミラーマンは爆弾のことが気になって、思うようにスネークキングと戦えない。それを見たミラーマンの父は、二次元の世界からカラータイマーを送る。エネルギー爆弾は、企画書『ミラーマン設定』の〝京太郎には、いつ死んでしまうかもしれない恐怖感がつきまとってます〟という設定から発想されたものだろう。

冷静さを取り戻したミラーマンは反撃に出るが、その前に新怪獣ハリゴジラが現れる。その時、上空から巨大な赤い戦闘機が現れ、ミラーマンに加勢する。

第二七話でそれは、SGMの新兵器であるジャンボフェニックスだということが明らかになる。この設定変更は、スポンサー側の要望であった。この思い切ったテコ入れが作品に新たな魅力を与えたことは事実である。しかし『ミラーマン』と『帰ってきたウルトラマン』を差別化する重要な設定が二つとも失われることになった。基本的には非戦闘集団であったSGMは、戦闘集団のMATと差別化するためのいわば牙城であった。カラータイマーのないヒーローという設定もまたしかりである。両作品の差別化は、企画段階から課された重要な使命だったが、このテコ入れの結果、形骸化してしまったと言えるだろう。そして重要なことに、それでも視聴率回復の兆しは見えなかった。

プロデューサーの淡豊昭について、山浦弘靖はこう証言する。

山浦　『ミラーマン』には、淡さんから誘われて参加しました。若槻さんをサポートするために入ったんです。淡さんとは早稲田大学の稲門シナリオ研究会で一緒でした。シナリオ研究会には、大映テレビの春日千春さん、脚本家の大和屋竺《あつし》さんなど、そうそうたるメンバーがいました（注十二）。淡さんは、僕の一年下でね、プロになってからは面識があったんですが、学生の頃はほとんど会っていません。

彼とは気が合ってね、赤坂の彼の行きつけの小料理屋に連れて行ってもらったり、一緒に飲んで遊んでいましたよ。

これは『ミラーマン』の後ですが、円谷プロの十周年記念で、『竹取物語』の企画があったんですよ。そのプロデューサーも淡さんで、監督は黒田義之さん。僕が脚本を書きました。

彼はあまり細かいことを言わないタイプでしたね。台詞一つ一つにこだわるわけじゃなく、自分のフィーリングに合う脚本家に好きに書かせるプロデューサーでした。大づかみだけれども、シリーズ全体のパターンを作って、それに当てはめていくタイプだったと思います。大衆路線にひじょうに精通していた方だったんで、実相寺さんと組んだ時は意外でした。

『ミラーマン』は、視聴率がなかなか上がらないので、淡さん悩んでいたなあ。僕ももう少し真面目に書いた方がよかったかな、と反省しています。

『ミラーマン』において円谷プロ最後の挑戦は、準備稿で終わった第三九話「流せ涙を！倒せ怪獣！—弟ミラーマン登場—」、第四〇話「決斗！ミラーマン兄弟対兄弟怪獣」の前後編だった（注十三）。この中で、まず前編では行方不明だった京太郎の母、鏡優子が登場。弟

（注十二）
春日千春は、大映テレビのプロデューサー。『おくさまは18歳』「赤いシリーズ」（七四年〜八〇年）など、無数の名作ドラマを世に送った。一六年没。
大和屋竺は脚本家、映画監督。代表作に『裏切りの季節』（脚本・監督・大和屋竺、田中陽造、六六年十二月十三日公開、若松プロ）、『荒野のダッチワイフ』（脚本・監督・大和屋竺、六七年十月三日公開、国映）など。九三年没。

（注十三）
脚本・山浦弘靖、予定監督・黒田義之、特殊技術・矢島信男。印刷はともに七二年六月十日。

の拓也の存在が明らかになる。後編では、優子の死を乗り越えたミラーマン兄弟と、敵兄弟怪獣との戦いが描かれる。

円谷一は『ミラーマン』を三段ロケットにたとえたと言われている。「発射は大成功、二段目も上手くいって、三段目に点火しようと思ったら失敗した」と。

発射は番組のスタート、二段目とは番組の延長だろう。では三段目は、というとシリーズ化以外には考えられない。ミラーマン兄弟が登場する前後編は、旭通と話し合った結果作られたのか、それとも円谷プロ単独の判断だったのかは不明だが、新シリーズ獲得のためのいわば観測気球だったのだろう。しかしその願いは叶わず、『ミラーマン』は七二年十一月二六日、第五一話「さよならミラーマン」(注十四)で終了する。

決定稿「さよならミラーマン」(九月二六日印刷)のラストには円谷一、淡豊昭の連名で、以下のコメントが記されていた。

ミラーマン
スタッフ
キャスト　の皆さんへ
一年に亘って製作しましたミラーマンも十一月二十六日第五十一回放送をもって最終回を迎えることになりました。製作にあたって皆さんのご協力深く感謝します。とりあえず五十一話を最後にしますがいずれ、ミラー・シリーズ『帰ってきたミラーマン』(仮題)

(注十四)
脚本・山浦弘靖、監督・東條昭平、特殊技術・矢島信男。

でお会い出来るだろうと確信します。その時までしばらくのお別れです、またやりましょう!

昭和四十七年十月一日

円谷　一
淡　豊昭

十月十三日、この決意を表すように企画書『ミラーマン兄弟』が印刷される。地味だった『ミラーマン』を反省し、キャラクターを派手に、主人公拓也の性格を明るくと、エンターテインメント性を強調した企画だったが、ミラー・シリーズが制作されることはなかった。だが、この世界観は淡豊昭がプロデューサーを担当する『ジャンボーグA』に継承された。光のヒーロー『帰ってきたウルトラマン』は、現在まで続く〝ウルトラマンシリーズ〟を生み出したが、影のヒーロー『ミラーマン』は、後続を生むことは出来ず、二次元の世界に帰って行った。しかし彼は、円谷プロにとって、極めて重要な貢献を果たして旅立って行ったのである。

田口　これは淡さんから聞いた話だけど、『ミラーマン』は怒濤のごとくパーッと決まっちゃったでしょう。だからフジテレビは著作権を主張してこなかったんだよ。あとで一さんが、温情で少し出したようだけどね。このお陰で円谷プロは黒字になったんだよ。〝ウルトラマン〟で作った借金を『ミラーマン』が返したわけだね。

一九七二年の状況

『調査情報』七五年五月号の『年表・テレビジョン20年(5)』に記される七二年の状況は〝前年の記憶に残っている出来事は「大久保清事件」と「全日空機と自衛隊機の衝突」ぐらいのもので、全体の印象としては平穏無事の一年であった〟という書き出しにまず驚かされる。

現在の目で七一年を俯瞰すれば、ニクソンショックと内ゲバこそメインで、その影響は現在まで続いていると思うのだが。記事が書かれた七五年当時は、学生運動に関しては日常茶飯事という感覚だったのだろうか?

一月二四日、グアム島で、元日本陸軍伍長横井庄一(注一)発見される。帰国時の発言を要約した「恥ずかしながら帰って参りました」は流行語となった。二月三日~十三日、札幌オリンピック開催。七〇メートル級ジャンプで、笠谷幸生、金野昭次、青地清二が金、銀、銅独占。のちに日本のジャンプ選手団は、日の丸飛行隊と呼ばれるようになる。同月十九日、連合赤軍が軽井沢のあさま山荘に人質を取って立てこもる。二八日に全員逮捕(あさま山荘事件)。四月四日、沖縄返還協定に絡む外務省の機密漏洩で、毎日新聞政治部の西山太吉記者、

(注一)戦没者名簿での階級は軍曹。戦死公報が横井家に届く前、戦地から送られてきた写真にも、軍曹の襟章を付けた姿で写っている。

外務省の女性事務官が逮捕される（西山事件）。五月十五日、沖縄返還。同月三〇日、日本赤軍、イスラエルのテルアビブ空港で乱射事件を起こす。犠牲者二六人。六月十七日、佐藤栄作首相退陣表明。同月二〇日、田名角栄著『日本列島改造論』（日刊工業新聞社刊）発売。七月七日、田中角栄内閣（第一次）発足。九月二五日、田中首相訪中、同月二九日、日中国交正常化。十月一日、日本テレビ史上に残るバラエティ番組『シャボン玉ホリデー』（日本テレビ）が、十一年四ヶ月の放送に幕を下ろす（注二）。同月二八日、日中国交正常化に伴い、ジャイアントパンダのランラン、カンカンが上野動物園に来園。十一月六日、日本航空351便ハイジャック事件発生。

七二年最大の事件といえば、やはりあさま山荘事件だろう。『年表・テレビジョン20年（5）』は、事件の報道と、田中首相の訪中について、以下のように記している。

例えば二月二十八日の「浅間山荘」の中継は延々と八時間以上も続き、この中継を関東地区でみた世帯は延べ九八・二％に達した。

テレビはこの八時間余、浅間山荘を映しながら、か弱い人質を正義の味方が我身を投げうって凶悪犯人から救い出すという普通、映画でしかみていないシチュエーションを実況中継で放送し続けたのである。この間の最高視聴率五〇・八％。（中略）

また九月二十五日の田中首相訪中の報道もほとんど中国万歳に終始し、長年待ち望んだ日中国交回復が今ここに実現されるという〝総理府企画〟の大感激ドラマを演出したので

（注二）放送開始は六一年六月四日。

ある。

という具合に、報道が客観性を失い、ある意味エンターテインメント化してしまったことに対し、警鐘を鳴らしている。

また、この年のテレビドラマで特筆すべきこととして、三本の伝説的番組を取り上げている。以下、採録する。

十月二十六日　五三・八%

十二月二十一日　五六・三%

この数字は「ありがとう」（TBS）の視聴率である。（中略）この年記録した「ありがとう」の五六・三%という数字は、朝の時計がわりにチャンネルをまわされ、コンスタントに五〇%前後を記録しているNHKの「繭子ひとり」(注三)の最高視聴率五五・二%をも越えてレギュラー番組ではテレビ史上空前の数字であった。（中略）

「ありがとう」が深く静かに、着実に人気を維持していたのと好対照に、長い楊枝と「あっしには、かかわりのないことでござんす」という言葉と共に「木枯し紋次郎」（フジ）が爆発的に大ヒットした(注四)。（中略）

今までのテレビではこのような人間、すなわち〝良識〟をふみはずした人間を扱った番組は高視聴率をあげられなかった。しかし、「そこに展開される心象風景は（中略）孤独

(注三)
七一年四月五日～七二年四月一日。NHK連続テレビ小説の枠で放送された。

(注四)
『市川崑劇場』と銘打たれている。市川の監督エピソードは、第一話「川留めの水は濁った」（脚本・久里子亭、服部佳）、第二話「地蔵峠の雨に消える」（脚本・鴨三七）、第三話「峠に哭いた甲州路」（脚本・鴨三七、久里子亭）、第十八話（第一部最終回）「流れ舟は帰らず」（脚本・大野靖子、久里子亭）。印象的なタイトルバックも、市川が監督した。

と疎外に苦悩する現代人のフィーリングに見事にオーバーラップする」（青木貞伸）のであろうか、この番組が放送されるや芸能ジャーナリズムはこぞって「紋次郎」を特集した。

（中略）

さらに〝良識〟を打ち破ったのが「必殺仕掛人」（ＴＢＳ）であった（注五）。この作品では悪徳役人や商人など権力側にいて、庶民にはどうしても許せない奴を秘密裡に暗殺するのを商売とする連中の意表をつく殺し方が〝庶民の怨念〟などということとダブリながらみる者を惹きつけたのだろうか。

（注五）
七二年九月二日〜七三年四月十四日。

七一年と七二年に、〝ライダー〟〝必殺〟という、現代までつながる番組が誕生したことは特筆に値する。また、『帰ってきたウルトラマン』の奇跡の復活がなければ今日の〝ウルトラマンシリーズ〟は存在しないと筆者は思うのである。作家の小林信彦は、六一年から七二年までを〝テレビの黄金時代〟としているが（注六）、これらの作品群の誕生は、テレビが爛熟期に達した証拠と言えるのではないだろうか。

（注六）
要するに『シャボン玉ホリデー』が始まった年から、終わった年までである。

円谷プロ一九七二年

円谷プロの一九七二（昭和四七）年は、久しぶりの明るい年明けとなったのではないだろうか。前年十二月には新番組『ミラーマン』が放送開始、『帰ってきたウルトラマン』の視聴率は依然好調で、次期シリーズの企画が進んでいたからである。

プロデューサー補の熊谷健は、第四クールを制作するに当たって『帰ってきたウルトラマン—番組延長に関するメモ—』と題された五ページの、決意表明とも言える書類をＴＢＳに提出している。

これは『帰ってきたウルトラマン』の総括的な内容の前半と、過去のシリーズの例を挙げ、第四クールの展開が書かれている後半とに大別出来る。以下、後半部分を採録する。

> 怪獣も面白いけれど、バルタン星人が、イカルスが、ペトロ（原文ママ）が、ケムール星人（原文ママ）がかっこよく登場しウルトラマンと対決するスケールの広さが、このシリーズの忘れられない大きな魅力だったのです。
>
> 単なる、怪獣特撮シリーズではなく、宇宙人のあやつるロボットや宇宙怪獣が、そして奇怪な宇宙人《インベーダー》が巨大化して、マットにウルトラマンに挑戦状を叩きつける醍醐味が忘れられないのです！
>
> 或る時は

すでに人類によって征服された月の地底に宇宙人が住んでいたと言う意外な物語！
或る時は
毎夜、地球が或る惑星により観測され、すでに、その資料をもとに残酷な侵略の魔手が！
或る時は
続々と再登場するポピュラーなバルタン星人・ケムール星人等々の来襲！
宿命の敵、ゼットン星人と初代ウルトラマンの血みどろの雪辱戦！
或る時は
宇宙人によって作られた地球上のあるミラクル・ゾーンにまぎれ込んだ郷秀樹と隊員の身の毛のよだつ恐怖ドラマ！

そこでは、地球全体の危機に結びつく大きな「悪」人間の日常生活の中に、ある時は心の中にそっと忍び寄る小さな「悪」と相対しながら私達は、このシリーズでは、怪獣・宇宙人《インベーダー》と対決するスリルとサスペンスと爽快なるアクションの中で、私達人間にとって「良いこと」・「悪いこと」とは何かを考えてみたいのです。
そして、従来以上に、「怪奇」と「恐怖感」を盛り上げ、ある時は幻想的な中にファンタジーをのぞかせ、みんなで満喫できるシリーズとして新しいクール制作にのぞみたいと思います。

第四クールの特徴としては、ドラマ構成が基本的に宇宙人と、彼らに操られる怪獣というパターンで成立している。パターンの固定化は、ともすれば物語のバラエティ感をそいでしまうが、制作チームの創意工夫は、それを回避することに成功している。

とりわけ石堂淑朗が生み出したブラック星人、ストラ星人、グロテス星人は、それぞれにユニークな存在で視聴者を唖然とさせた。

また、伊吹隊長、岸田隊員、丘隊員、上野隊員など、MATチームのメンバーにスポットを当てたサイドストーリーが目立ったのも第四クールの特徴だ。

第四クールは、熊谷の発案である〝冬の怪奇シリーズ〟と銘打った二本で幕を開ける。これは熊谷が後のシリーズでも繰り返し使うことになるイベントで、童謡（『ウルトラマンタロウ』）や民話（『ウルトラマンレオ』）に材を取る場合もあった（注一）。

同じ怪奇シリーズでも、第三九話「20世紀の雪男」と第四〇話「まぼろしの雪女」ではかなり肌合いが違う。それは田口成光、石堂淑朗という作家の個性、スタイルの違いだ（監督はともに筧正典）。「20世紀の雪男」は、雪男の正体は宇宙人だったというアイディアで展開する物語だが、そこに二四〇〇年ぶりに地球に再接近する絶対零度の星を絡め、SF臭漂う作品になっている。その星は、イエティ（注二）と間違えられたバルダック星人の母星で、地球侵略の機をうかがっていたのだ。

一方、「まぼろしの雪女」は石堂らしい怪談調の作品。本作に登場するブラック星人は、『帰ってきたウルトラマン』に登場する宇宙人の中で、もっとも奇妙な目的で地球にやって来たキャ

（注一）
『ウルトラマンA』では「夏の怪奇シリーズ」（第十五～十七話）「冬の怪奇シリーズ」（第四一～四三話）、『ウルトラマンタロウ』では「日本の童謡から」（第四五～四八話）、『ウルトラマンレオ』では「見よ！ウルトラ怪奇シリーズ」（第十七～二一話）「日本名作民話シリーズ！」（第二六～三一話）といった具合である。

（注二）
バルダック星人のフォルムは、イエティとはかけ離れている。

ラクターだろう。彼らの住む土星では奴隷が不足しているため、千組の男女を地球から誘拐し、子供をたくさん産ませて不足を補おうという計画なのだ。こんな冗談のような発想は、石堂にしか出来ない芸当である。

ブラック星人の作戦に関して、決定稿には以下のやりとりがある。

上野「……一体、何星人が、何のために、そんなことをするんでしょう」

郷「生きたまま冷凍、それも、若い男女ばかりとなれば、隊長、これは、地球の外にも人類を作ろうという陰謀かも知れません」

それはどんな陰謀なのだろうか？　劇中、すでに五組のアベック（注二）が宇宙船で土星に運ばれたことになっているが、彼らを救出する描写はない。可哀想なことに今ごろ、四代目の奴隷が成長しているだろう。

（注二）男女の二人連れをかつてこう呼んだ。いわゆる死語。

鈴木　監督の筧（正典）さんは、お酒が好きでね。明日は雪で大変だから、お酒を飲んじゃ駄目ですよ！と言ったら、「わかったわかった」なんておっしゃってたけど、こっそり盗み酒やってるんですよ、遅くまで（笑）。

翌日、案の定監督は動けなくて、仕方がないんで旅館に置いていきましたよ。なにしろ足が半分まで埋まっちゃうくらいの雪だし、吹雪もあったし、あのまま連れて行ったら遭難していたかも知れません、本当に！

なお、この二部作から、特殊技術に円谷英二組の撮影技師だった真野田陽一がクレジットされて、佐川和夫とのローテーションとなった。これは高野宏一が『ミラーマン』に参加していたための措置で、四七話から最終回五一話までは、佐川が次回作『ウルトラマンA』を担当するため、真野田が連続して特殊技術を担当した。

第四一話「バルタン星人Jr《ジュニア》の復讐」は、円谷プロ作品初参加の長坂秀佳《ながさかしゅうけい》の脚本。バルタン星人ジュニアが、亡き父の復讐（注四）を果たすため、MAT隊員達をロボット怪獣ビルガモの体内に閉じ込め、手出しの出来なくなったウルトラマンを倒そうとする話。バルタン星人の登場というイベント編に、本当の兄になろうとする郷と次郎との感情的なすれ違いのドラマを入れる辺りが、長坂的な脚本構成の妙である。

郷も次郎も坂田兄妹の死という巨大なトラウマを持っている。バルタン星人ジュニアは、その心の隙間を狙って郷達に罠を掛ける。次郎に死んだ兄の声を聞かせ（注五）、みんなの関心が建設中のビル（ビルガモ）に向くよう仕向けたのだ。

郷は次郎の本当の兄になろうと思っているが、二人の間には溝が存在していて、その隙間は埋まらない。この辺りの描写をもう少し掘り下げていたら、本作の評価は違ったと思うのだが、ドラマのフォーカスは主に建設中のビルの怪異に絞られ、そこに次郎の友人で建築士を夢みるススムという少年まで絡んでくるものだから、いささか一貫性のない作品になって

（注四）
かつて倒されたバルタン星人の子だと言うが、どのバルタン星人かは不明。

（注五）
坂田の声は岸田森ではない。脚本には坂田がメッセージを送るシーンはなく、夢の中で兄の声を聞いたと次郎が訴えるだけである。

しまったことは残念だった。

なお、本作から監督に東映の佐伯孚治《さえきたかはる》が参加している。以下、『スパイダーマン 東映テレビシリーズDVD－BOX』に封入された『スパイダーマン大検証』から、佐伯監督の『帰ってきたウルトラマン』参加に至る経緯についての発言を採録する（インタビュー、執筆は筆者）。

佐伯　『どろ犬』（注六）はわりと楽しんで撮ったんです。（中略）これは悪徳刑事もので、自分ではそれなりと思っていたんですが評判になる前に東映で労働争議が起きて、次の作品の準備をしているときに仕事がしばらく出来ないような状況になってしまうんです（笑）。

そこで何人かがスケープ・ゴートみたいな形になって、当時、大崎の方にあったPR分室というところに飛ばされてしまうんです。分室といってもフィルム倉庫ですよ。

そんな状況を僕の師匠の田坂具隆さんや、友人で脚本家の鈴木尚之君がひじょうに心配してくれたんですよ（注七）。そこで田坂さんが監修ということで名前を貸してくれて、TBSの岩崎嘉一プロデューサーと、渥美清主演のテレビ映画をやろう、ということで一緒に企画したのが『泣いてたまるか』（66～68年）です。僕が最初に撮ったのは第3話の「ビフテキ子守唄」。それがテレビを監督した最初です（注八）。（中略）

当然、東映では仕事が出来ないんで、外で仕事を自分で探してきてやって、東映にお金

（注六）
原作・結城昌二、脚本・池田一朗、監督・佐伯孚治、六四年四月十八日公開、東映。

（注七）
田坂具隆は戦前から活躍した映画監督で、戦後は日活で『陽のあたる坂道』（脚本・池田一朗、田坂具隆、五八年四月十五日公開）などを撮るが、のち東映に移籍し最晩年のキャリアを過ごした。東映では『ちいさこべ』（脚本・田坂具隆、鈴木尚之、野上竜雄、六二年六月十日公開）などを残し、佐久間良子、三田佳子を女優として開眼させた。七四年没。
鈴木尚之は東映出身の脚本家。代表作に『宮本武蔵』（脚本・鈴木尚之、内田吐夢、監督・内田吐夢、六一年五月二七日公開）『飢餓海峡』（監督・内田吐夢、六五年一月十五日公開）ほか。〇五年没。

を入れて（笑）。やっと東映で仕事が出来るかな？　というところで撮ったのが『江戸川乱歩シリーズ』の「白昼夢 殺人金魚」です（注九）。脚本は大原清秀君で、昔、明智小五郎の父が捨てた金魚が、下水道の中で巨大化して（注十）、最後は殺人鬼が殺してきた死体を食べるという実に面白いホンだったんです。殺人鬼は斉藤晴彦さんが演じてくれました。大原さんの狙いとしては、子供の気持ちを理解しない親に対する怨念が、金魚を怪魚にしてしまうという狙いだったんですが、あまりにも奇妙な話なんで僕は1本で終わってしまってね（笑）。でもこれを円谷プロのプロデューサーだった熊谷健さんが「面白い」と言ってくれて、『帰ってきたウルトラマン』に呼んでくれたんです。

東映で長年組合運動に関わってきた佐伯の本領が発揮されたのは、第四二話「富士に立つ怪獣」ではなかったろうか。脚本は石堂淑朗で、権力をコケにしてやろうという遊び心が見てとれる怪作である。

富士のハイウエイで、奇妙な事故が起きていた。一見単純な正面衝突事故なのだが、加害者のドライバーは皆、自分は真っ直ぐに進んでいたと証言、運転ミスを認めなかった。

富士一帯に一種のミステリーゾーンが発生している可能性があり、伊吹隊長は郷を現場に派遣した。

調査の結果、事故の起きた日は皆、富士山に傘雲がかかっていることがわかった。その中には、ストラ星人の操る蜃気楼怪獣パラゴンが潜んでいて、光を曲げる特殊能力で事故を頻

（注八）
『泣いてたまるか』六六年四月十七日～六八年三月三十一日。初期は青島幸男と渥美清が交代で主役を演じた。「ビフテキ子守唄」脚本・鈴木尚之、掛札昌裕、六六年五月八日放送。

（注九）
『江戸川乱歩シリーズ 明智小五郎』七〇年四月四日～九月二十六日、12CH。第二五話、二六話として制作された「白昼夢殺人金魚」と、「白昼夢殺人狂想曲」（脚本・大原清秀、監督・小林義明）は内容が難解だったため、別枠としてそれぞれ七〇年十二月十一日と十八日に放送された。

（注十）
実際の作品ではこの辺りの描写は、明言を避けている。

発させていたのだ。ストラ星人が地球に来た目的は、石堂らしくユニークなものだった。第七銀河系からやって来たストラ星人は、山あり、海ありの美しい地球を、彼らの別荘にしようと企んでいたのだ。

石堂　スケールが大きいというか、橋本洋二に本当に呆れられたけど、（怪獣の）幻影が富士山の頂上に出てくるんですよ。富士山から考えたら1000メートルくらいの怪獣で、それとやり合うウルトラマンって書いたら、（橋本が）「ウルトラマンの身長いくらか知っているか？」と言うから「知らない」「そうだろうなぁ」だって（笑）。だから富士山のやつは、橋本洋二にやっつけられたから一番よく覚えている。

『怪奇大作戦』は普通のドラマだと思ってやったけど、こっちは一種のおとぎ話だからね。ああいうこと平気でやっちゃうんだよな。（『帰ってきたウルトラマン大全』石堂淑朗インタビューより）

石堂淑朗は反権力の作家である。そしてその根っこは、『帰ってきたウルトラマン』のような子供番組でも姿を現す。

「呪いの骨神　オクスター」では、考古学者の権威を笑い飛ばし、「夜を蹴ちらせ」では、吸血鬼に襲われる被害者は皆、ブルジョワ階級だったし、「まぼろしの雪女」では、ある意味、権力の象徴とも解釈出来るウルトラマンをバラバラにしてしまった。そして「富士に立つ怪獣」では、反権力の牙をMATに向けた。

MATは誘導ミサイルでパラゴンを攻撃しようとする。しかし電磁波の方向が曲げられていて、伊吹と岸田の発射したミサイルは地上攻撃部隊の郷、南、上野に向かって飛んでいくばかりか、村人達をも攻撃する。

軍人一家に育ち、いつもは冷静な岸田が平静を失い、伊吹の攻撃中止命令を聞かずにミサイルを乱射し続けるというアイロニーに満ちたシーンが本作の白眉。それを強調するため、佐伯は冒頭のMATのシーンで、ある仕掛けを用意している。富士で奇怪な現象が起きていると隊員達に告げる伊吹。それを聞いた岸田は髭を剃りながら(脚本にはない動作)「しかし、光線が歪んで、物体があるべきところからずれて見えるなんてことが、ありうるのかなあ?」と、余裕しゃくしゃくで語る。本来これは南の台詞であったが、佐伯はそれを岸田にシフトすることで、クライマックスの我を失った姿と対比させたのである。

それにしても、この一連のシーンの火薬量が尋常ではない。三〇分の子供番組というより、ちょっとした戦争映画なみの爆破シーンといっても差し支えなく、権力が誤った方向に向いた時の恐ろしさを表現するのに充分な量だった。

石堂　僕の父親というのは子供の頃の怪我で足が不自由になったでしょう。戦前でそれは致命的ですからね。兄弟が頭が良くて、父親は次男なんですが、上と下で東大に挟まれていたわけだ。小卒で二十歳《はたち》までは村役場に勤めていたんだけど、悔しくてしょうがないんで家出したわけだよね。それで悪戦苦闘して、今の大検に相当する専検取って30歳で京大出て弁護士になったという随分苦しんだやつなんです。それで反東京、反官僚みたいなものがあったんです。

それでもうひとつ、商人に悪態つくんだ。官僚と商人の悪態よ。（父親は）広島辺りで弁護士やっていたでしょう。すると商人に騙される奴いっぱいいるわけだ。尾道は商売の町だから、親父は近所の人間と誰も付き合わないんだよ。もう頭から全部馬鹿にしてかかっているわけ。それで子供の頃の僕に「幸徳秋水（社会主義者、大逆事件の首謀者とされた）、なぜ天皇を殺そうとしたか」と言うんだ。「共産主義思想持ってる。それで食えないから焼き芋屋やったんだって。幸徳の焼き芋買った奴、警察が全部メモしてね、客が誰も来なくなった。それでついに食えなくなってね、やけくそになって天皇殺そうって思った。人間追いつめたらなんだってやる」って、飯食いながら小学生の俺に言うんだよ。それは凄いわけだよ。もう、鬱屈の固まりだったんだよ。それは僕に決定的な影響があったね。（『帰ってきたウルトラマン大全』石堂淑朗インタビューより）

第四三話「魔神 月に咆える」（注十一）も石堂の脚本。三年ぶりに休暇を取った伊吹隊長が、葉子夫人、娘の美奈子と、夫人の郷里に里帰りした際（注十二）、グロテス星人の陰謀にはめられるという話。

グロテス星人は、神渡《かみわた》りで知られる信州の蓮根湖（注十三）に魔神怪獣コダイゴンを出現させ、

（注十一）
「富士に立つ怪獣」は、白井喬二の『富士に立つ影』、「魔神 月に咆える」は、萩原朔太郎の『月に吠える』のもじりであろう。言わば日本文学シリーズ！

（注十二）
信州に向かう車中で、ラジオからペギー葉山の『南国土佐を後にして』が流れ、思わず伊吹が笑顔になるカットがある。ペギー葉山は、根上淳の妻である。

（注十三）
モデルは信州の諏訪湖だろう。冬期、氷結した湖面に現れる御神渡《おみわた》りが有名。

そのどさくさに紛れて菓子と美奈子を誘拐、解放の条件としてMATの解散と海底基地の破壊を伊吹に突きつける。

このエピソードで面白いのは、典型的な卑劣漢のグロテス星人の作戦、実は行き当たりばったりではなかったのかと思えるところだ。

村人（脚本では道路の監視人）に化けたグロテス星人は、伊吹が車に家族を乗せて運転しているのを見て、「マットの伊吹隊長だな。フッ、家族連れで、マイホーム・パパとしゃれたか」とつぶやき、不気味に笑う。つまりグロテス星人は、伊吹が蓮根湖に来ることを承知していなかったし、そもそも何のために地球に来ていたのかは、明らかにされていない。だが伊吹隊長がMATに連絡するのを見ていた星人が、「畜生、酔っ払っても連絡だけは取ってやがる。嫌みな隊長だ」と呟いたり、人質の前で「へへへ、いくら泣いても駄目だ……、星人は、涙というものには無縁なのでな、へへへ」と言ったり、自分ではウルトラマンと戦おうとせず、コダイゴンの後ろに隠れていたりと、三下奴《やっこ》ぶりが突出している。

石堂『E．T．』（注十四）のときに、吉本隆明（詩人・評論家）までがいい映画だって言って、みんなが感動したっていうけどね、俺はなんであんなインチキなイメージ作って何喜んでやがるんだって思ったね。俺、宇宙人嫌いなんだよ。なんの具体性もなくてね。そんなのいるわけないのに。だから宇宙人が好きな奴が嫌いなんだ。宇宙人大嫌いだというか憎んでるんだね。ヤクザの三下みたいだって言うけどね、俺それ以外に考えられないんだ

（注十四）八二年、脚本・メリッサ・マシスン、監督・スティーヴン・スピルバーグ、日本公開は八二年十二月四日。

もの（笑）。（『帰ってきたウルトラマン大全』石堂淑朗インタビューより）

しかし、このエピソードで全編にわたって強調されるのは、星人の三下奴ぶりではなく、〝モーレツ社員〟的な伊吹のキャラクターだ。今や死語であろうが、滅私奉公という儒教的精神構造は、高度経済成長期の企業戦士達に確実に浸透していた。石堂は、その姿を伊吹に投影している。MATに赴任して、三年も休暇を取っていないというのもそうだが、郷に休暇を促された時の、「俺がいなくても大丈夫……、そうか……、諸君の申し出を受けるか」という台詞や、帰郷する車内で、美奈子に言う、「マットの隊長とあれば、本当は、一日だって休んじゃいかんのだ……。本当はな」という台詞は、当時の典型的なサラリーマン像と完全にダブる。

コダイゴンが出現し、村人達の怒りは伊吹に向けられる。「マットの隊長が、こっそり神渡りを見に来ていたそうじゃないか！」「そのお陰で怪獣騒ぎだ。マットはすぐ帰れ！帰れば怪獣は引っ込むに違いないんだ！」と、伊吹に罵声を浴びせる。そこで伊吹が下したのは、妻と娘を犠牲にしてまでも、星人の要求をはねつけるという非情な決断だった。

郷は、星人を倒せば怪獣はいなくなると伊吹に進言するが、「湖の怪獣をやっつけなければ、土地の人々に対して、マットの申し訳が立たん」と、有効策よりも面子を取る。妻の葉子もまた、夫に迷惑を掛けられないと死を覚悟する。誠にあっぱれな内助の功だ。

石堂は尾道の久保町出身である。町には、新開という歓楽街があり、戦前は娼妓二三〇人を数えたという尾道遊郭がかつて存在した。石堂はそんな土地で少年時代を過ごした。

石堂　俺は尾道の貧しい町っ子だから、それも場末で俺の親爺なんか弁護士やっているからひどいもんだよ。いろんな馬鹿馬鹿しい話いっぱい知っているよ。田舎インテリも来れば、犯罪者もいれば、ありとあらゆる人間が来るんです。だから僕はいろんな人間をテキストにして来たんだね。都会の山の手の人間じゃ、全然そうはいかない。（『怪奇大作戦大全』石堂淑朗インタビューより）

石堂は、そうした奇妙な人間達を間近に見ることで、体験的に人の裏側を観察する術を身につけたのだろう。己の都合しか考えない村人達、伊吹の旧態依然とした犠牲的精神、それらは石堂が故郷で見た原風景なのかも知れない。

第四四話「星空に愛をこめて」は、岸田隊員を巡る愛とその終焉を描く物語。脚本は田口成光。

ある夜、岸田と郷は、炎上する車の中から一人の女を救出する。女は夜空に浮かぶ鬼火を見て「グラナダス！」と叫ぶ。

女はあかねと名乗った。岸田とあかねは恋に落ちるが、彼女の正体は岸田が開発中の超遠距離レーダーを破壊するため地球に派遣された、ケンタウルス星の工作員だったのだ。

『帰ってきたウルトラマン』には、生原稿のまま終わった「月のメルヘン」という脚本がある。執筆は実相寺昭雄。MATから月面車の設計、製作を依頼された坂田と竹叢《たけむら》夕子と名乗る女性との恋の道行きを描き、実は彼女の正体は、地球をサナトリウムにしようとするザブロス星人だったという話。実相寺が監督した『怪奇大作戦』の「京都買います」のテイストを、『帰ってきたウルトラマン』に移植したような雰囲気の脚本だ。謎の女とレギュラーの恋、その正体が実は……という部分が「星空に愛をこめて」と共通している。しかし「星空に愛をこめて」は、岸田とあかねの恋の道行きが全く描かれないため、母星を裏切ってグラナダスとともに自爆する彼女の悲劇性が今ひとつ盛り上がらなかった。

なお「魔神 月に咆える」と「星空に愛をこめて」は、筧正典監督作品。前者では葉子が娘とともに死を覚悟するシーン、後者ではあかねの悲恋のシーンをメロドラマ調に描いており、プログラムピクチャー畑の監督の本領を発揮している。

帰ってゆくウルトラマン

第四クール後半戦は、シリーズ初参加（斉藤正夫、小山内美江子）や登板二本目（伊上勝）の脚本家が加わったせいか、いささか風変わりなテイストの作品が並んだ。もっとも伊上は、NGとなった「呪われた怪獣伝説〝キングザウルス三世〟」を加えると三度目の登板だが。

（注一）
篠田正浩は大島渚、吉田喜重とともに松竹ヌーヴェルヴァーグ三羽烏と呼ばれた映画監督。代表作に『乾いた花』（原作・石原慎太郎、脚本・馬場当、篠田正浩、六四年三月一日公開、文芸プロダク

第四五話「郷秀樹を暗殺せよ！」の脚本は、松竹出身の斉藤正夫。篠田正浩、高橋治が同期で（注一）、『明日はいっぱいの果実』『サラリーマン手帖 夢を失わず』『ご機嫌はりきり娘』といった監督作、脚本に『銀座のお兄ちゃん挑戦す』がある（注二）。『帰ってきたウルトラマン』には、二期後輩の石堂淑朗の紹介で参加した。

物語はウルトラマンと、ロボット怪獣ロボネズの戦いで幕を開ける。冒頭からヒーローと怪獣との戦いが描かれたのは、『ウルトラセブン』第三九話「セブン暗殺計画」前篇以来。ただし、ロボネズもアロン同様、宇宙人に操られているが、ガッツ星人やナックル星人のように怪獣を使ってヒーローの能力を調べるためではなく、あくまでウルトラマンを倒すために派遣されたもののようだ。

ロボネズを操るメシエ星雲人は、作戦が失敗するやいなや、自ら乗り出して郷秀樹を暗殺しようとする。星雲人は、特殊なバンドで白鳥エリカという少女を操っている。彼女は白鳥座61番星から連れて来られた宇宙人で、父はメシエ星雲人に殺されていた。

どうやらメシエ星雲人は、最初から二段構えの作戦を採っていたらしく、白鳥エリカを次郎の学校に転校生として送り込み、郷暗殺のチャンスを狙う。しかしたたみかけるようなサスペンス描写があるわけではないので、平凡なエピソードに留まってしまった。

メシエ星雲人の野望は潰え、正気に戻った白鳥エリカは転校していったが、地球にそのまま留まったかどうかは明らかにされない。ラストで次郎は、「白鳥君、やっぱり宇宙人だったのかなあ」と呟くが、それは『風の又三郎』のイメージだろうか？

ションにんじんくらぶ）、『心中天網島』（脚本・富岡多恵子、武満徹、篠田正浩、六九年五月二四日公開、表現社、ATG）ほか。
高橋治は映画監督、脚本家としてよりも作家としての方が名高い。代表作は『秘伝』（八三年、第九〇回直木賞受賞）、『星の衣』（九六年、吉川英治文学賞受賞）。二〇一五年没。

（注二）
『明日はいっぱいの果実』脚本・斉藤正夫、山田太一、六〇年十一月十三日公開、松竹。
『サラリーマン手帖 夢を失わず』原作・源氏鶏太、脚本・椎名利夫、渡辺臣蔵、六一年七月二六日公開、松竹。
『ご機嫌はりきり娘』脚本・松木ひろし、斉藤正夫、六一年十二月七日公開、松竹。
『銀座のお兄ちゃん挑戦す』脚本・菅野昭彦、斉藤正夫、監督・野村芳太郎、六〇年一月九日公開、松竹。

第四六話「この一撃に怒りをこめて」のズール星人は、『帰ってきたウルトラマン』に登場する宇宙人の中で、もっとも卑劣なキャラクターである。

名バイプレーヤー多々良純演ずる紙芝居屋（ズール星人）は、郷に交通事故の責任を負わせるため、鍵っ子の少年徹を、高架の上から投げ捨てるのだ（注三）。そして「オイみんな、この人がはねたんだよ。マットの人がはねたんだよ」と嘘の情報を与え、マットビハイクルの周りに集まった市民に、郷が少年をはねたと印象操作してしまうのだ。

郷は事故の責任を取らされ、ＭＡＴの仕事に就けなくなった。郷は意識不明の徹の傍に付き添うが、その間はウルトラマンに変身することが出来ない。

ズール星人は、怪獣レッドキラーとＭＡＴが戦う紙芝居を子供達に見せるが、それは母星からの作戦指令書だったというオチ。紙芝居に興味を持った子供を使って、郷を罠に掛けようという作戦だったのである。

田口　これは『小学二年生』の別冊付録に書いた時のアイディアが先ですね。（中略）当時、紙芝居屋さんが無くなる直前ですね。僕は長い間、下町の江東区大島に住んでましたけど、ウチの子供たちの頃はまだ来てたんですよ。この作品の舞台は葛西、浦安のイメージでしたからね。宇宙人がわざわざ計画がばれるような事をするのは、どうだ！って挑発する発想。これから逃げられるか！自分の方が上だ！という認識があるということなんです。

（注三）脚本のト書きでは「徹めがけて奇怪な鋼鉄のような手が幾度も振り下ろされ、路上にぐんなりと、崩れ落ちる」という残酷な描写だった。

（『帰ってきたウルトラマン大全』田口成光インタビューより）

宇宙人がこれから起こる事件を予告し、結果、郷に濡れ衣が着せられるという展開は、「悪魔と天使の間に・・・・」を思わせる。市川森一は、輝男少年の中に潜む悪魔を描出して見せたが、田口の狙いは紙芝居屋がまだ存在していた下町の風景を描くことのように思える。鍛冶昇の演出も、ドラマよりも風景描写の方が印象的だった。

第四七話「狙われた女」は、『帰ってきたウルトラマン』における石堂淑朗のラストワーク。丘隊員に宇宙生物が乗り移り、怪獣化してMAT本部を破壊しようとする……という仰天の設定である。

同じ石堂脚本の「夜を蹴ちらせ」で、丘隊員はドラキュラスの毒牙にかかりそうになったが、今回はとうとう怪獣にされてしまった。『帰ってきたウルトラマン』における石堂ワールドのキーワードは、〝反権力〟〝ホラ話〟〝怪談〟〝宇宙人のインチキ臭さ〟であるが、〝憑依〟もその一つだろう（注四）。

石堂脚本最高のホラ話「暗黒怪獣 星を吐け！」には、何者かに憑依されたかのように、蟹座の危機を訴える謎の女（横山リエ）が、「夜を蹴ちらせ」には、これは憑依ではないが、ドラキュラスに操られる鈴村みどり（戸部夕子）が登場する。いずれにせよ石堂ワールドには、〝憑依〟〝操られる〟というキーワードが重要なファクターとして存在する。

（注四）もっとも〝憑依〟は〝怪談〟の範疇に入るかも知れないが。

石堂　乗り移るっていうのは好きなんだ。やっぱり子供の頃、広島辺りでも土俗的な裏宗教のインチキ野郎がいっぱいいてね。僕の村に巡回して来たんだ。恐山のイタコみたいな真似をやるんだけど、嫌でね。次から次へいろんなのが乗り移るんだ。そこにいるとなんか暗雲たれ込めているようで、それが帰ると日常の光がフーッと射す。しかし人間というのはどこかにそういう部分があるんだということを、僕はインプットされているね。人間妙な場合、みんな乗り移られているって思うときがあるんだよ。（『帰ってきたウルトラマン大全』石堂淑朗インタビューより）

また、冒頭部分には石堂が持ち続けてきた〝女〟〝家〟に関する観念が露出している（注五）。男性隊員達が全員パトロールに出て、本部に残っているのは二人だけというシーンの伊吹隊長と丘のやりとりがそうである。

伊吹「丘君……」
丘　「はい？」
伊吹「他の隊員は、毎日定期的にパトロールに出かける。しかし、それがけっこう息抜きにもなっているんだが……、その点、丘君は気の毒だな」
丘　「（笑って）どうしてですか、普通の家庭でも、大体女は家を守り、男は外に出て

（注五）
『無常』『曼陀羅』に続く石堂淑朗、実相寺昭雄コンビの観念劇三部作最終章『哥』（七二年六月十七日公開、実相寺プロ、ATG）は、日本人と家に関する精神構造を描いた作品だった。

働くんじゃないですか」（注六）

伊吹「そりゃあそうだ……。しかし、一日中、計器を睨んでいるのも身体のために良くないな……。何か君のために、特別のレクリエーションを考えなきゃいかんな」

宇宙怪獣に憑依される当人の丘隊員、MATのメンバーという、当時の女性としては難易度の高い職種だったろう。第二話では剣道四段の腕前であることが明らかにされ、さぞかし現代的な女性なのか、というイメージがあった。しかし石堂は、当時流行していた女性解放運動、通称ウーマンリブ運動（注七）を皮肉るような台詞を丘に吐かせているのだ。

石堂　女の根拠地《よりしろ》は家なんです。男は外に行って死ぬだけ。特に僕は薩摩の流れで、お祖父さんは西南戦争で死んでいるから、男はいつだって死ぬと思っている。だからアバウトなの。日常を支えるのはやっぱり、家の観念だから女ですよ。女は家を固持する訳ですから。（『怪奇大作戦大全』石堂淑朗インタビューより）

「狙われた女」は、こうした石堂作品を彩るキーワードが露出したエピソードなのだが、ストーリーに一本芯が通っていない。丘に取り憑いた謎の宇宙生物の狙いは、MATを弱体化させた後、海底基地を叩くというものだった。冒頭、郷と南の乗ったマットアローは、（劇中明らかにされないが、おそらくは宇宙生物の仕業で）遭難し、二人は行方不明になってし

（注六）この時すでに宇宙生物に憑依されていたから、丘自身の考えではない可能性があるが。

（注七）六〇年代後半から、七〇年代前半にかけて、欧米で巻き起こり、日本にも伝播した女性解放運動。

まう。ドラマはこの後、丘隊員の異常な行動と、彼女を含め三人の隊員を欠いて弱体化したMATの悲痛な戦いに視点が分かれてしまう。結果、佐伯孚治の演出も戸惑い気味で、出来映えとしてはあまり感心出来ない。

だが続く第四八話「地球頂きます！」での佐伯演出は、小山内美江子のアイロニーに満ちた脚本を得て絶好調。『帰ってきたウルトラマン』における氏の代表作となり、第一～第三クールの傑作群に肩を並べる完成度の高いエピソードとなった。

怠け者の少年勝は、宇宙からやって来た小さなカプセルを拾う。その中には、人間からやる気を奪う放射能を発する怪獣ヤメタランスが閉じ込められていたのである。放射能は勝に影響を与えるが、そもそも怠け者だったため、逆にやる気満々の少年に変貌してしまう。

やる気になった勝のために、放射能は街中にばらまかれ、人々は皆怠け者になっていく。人々が怠け者になると、ヤメタランスはドンドン大きくなっていく。大きくなったらドンドン地球を壊していく。それこそ、ヤメタランスを地球に送り込んだ宇宙人ササヒラーの陰謀だったのだ。そしてついにMAT隊員やウルトラマンも放射能に汚染されて……。

物語の構成は至ってシンプルで、放射能の影響で怠け者になっていく人々の描写を丹念に重ねていく。

ヤメタランスを倒すため、伊吹以下MAT隊員がマットアローとビハイクルで出動する。巨大化したヤメタランスのシーンにダビングされるのはホラ貝と鳴り物。MATの出撃シーンは、ミュージックNO．3のいわゆる〝ワンダバ〟が流れるが、テンポを早めてコミカルにしている。

だが、ヤメタランスに接近したことで放射能に汚染されると、逆にワンダバのテンポを下げることでMATがやる気を失ったことを表現し、伊吹、南、岸田、上野は「やめた」と言ってマットアローから脱出、戦いを放棄してしまう。

その後、隊員達は公園のブランコでゲラゲラ笑いながら遊んでいる。この時までは正気だった郷は、隊員達の説得を試みるが、南は「俺たちが働かなくなってから攻撃してくるとは、宇宙人も相当怠け者じゃないか」と、岸田は「そうムキになるなよ郷、みんな仕事をやめたお陰で交通事故はゼロ、素晴らしいじゃないか」と、丘などは「そうよ、ついでにその宇宙人にもヤメタランス病をうつしたらいいいんだわ」と言い出す始末であった。

これらのシーンは、佐伯監督がもっとも力を注いだ描写で、「富士に立つ怪獣」同様、権力を思い切りコケにした氏の真骨頂だった。

熊谷　小山内美江子さんが書いたときも僕は『ウルトラQ』のときに友達に紹介されて会ってたんですが（注八）、その頃はまだ『ちょっと奥さま』（注九）って五分番組を書いてた頃で『帰ってきたウルトラマン』の頃は売れ出してたときなんですけど、剛ちゃんって息子さん（俳優・映画監督の利重剛さん）がいて耳が大きくてね。怠け者の子供でしょうがないって言ってたんです。小山内さんは本名が笹平さんなんで、それで息子をモデルにした怪獣ヤメタランスとそれをあやつる宇宙人のササヒラー（笑）。（『帰ってきたウルト

（注八）
小山内美江子が担当したのは第二八話「あけてくれ！」（監督・円谷一、特技監督・川上景司）。

（注九）
六二年十月一日〜七二年三月三一日、フジ。

ラマン大全』斉藤進・熊谷健インタビューより）

第四九話「宇宙戦士 その名はＭＡＴ」と第五〇話「地獄からの誘い」は、『人間魚雷回天』「社長シリーズ」『ハワイ・ミッドウェイ大海空戦 太平洋の嵐』『世界大戦争』などの作品で知られる重鎮、松林宗恵（注十）。

斉藤　東宝の監督で最後に演出してもらった松林（宗恵）監督は会うたびに「俺もいるんだよ。使ってくれよ」と言っておられましたけどね。

熊谷　撮られた後、松林監督は「熊谷君、ウルトラマンを撮ってこれでやっと孫に監督として認めてもらえたよ」なんて言ってすごく喜んでましたね。（『帰ってきたウルトラマン大全』斉藤進・熊谷健インタビューより）

地底人類による地上侵略を描いた「地獄からの誘い」は、斉藤正夫の脚本により、上野隊員をフィーチャーしたミステリータッチの作品だった。一方、惑星間の戦争を背景とした「宇宙戦士 その名はＭＡＴ」の脚本は、第九話「怪獣島ＳＯＳ」以来となる伊上勝。本多演出による「怪獣島ＳＯＳ」は、正攻法の怪獣もので好編に仕上がっていたが、対立する隊員達のドラマがメインだった初期作品の中にあってはいささか浮いていた。

しかし、郷やＭＡＴより、村上不二夫演ずるミステラー星人のドラマに重きを置いた「宇

（注十）
『人間魚雷回天』原作・津村敏行、脚本・須崎勝弥、五五年一月九日公開、新東宝。
「社長シリーズ」東宝が五六年から七〇年までに製作した全三三本の喜劇映画シリーズ。
『ハワイ・ミッドウェイ大海空戦 太平洋の嵐』脚本・橋本忍、国弘威雄、特技監督・円谷英二、六〇年四月二六日公開。
『世界大戦争』脚本・八住利雄、馬淵薫、特技監督・円谷英二、六一年十月八日公開。

宙戦士 その名はMAT」は、それ自体は異色作ながら、バラエティに富んだエピソードが並ぶ第四クールゆえに、違和感なくシリーズに収まっており、松林宗恵の重厚な演出も魅力の佳作となった。

ミステラー星とアテリア星は、三〇年にわたる惑星間戦争を繰り広げていた。戦闘隊長のミステラー星人B（注十一）は、母星の指令を受け地球に侵入する。ミステラー星人は、ウルトラマンとMAT隊員を宇宙戦士として利用し、惑星間戦争を勝利に導こうとしていたのだ。

ミステラー星人Bは、郷をおびき寄せるために、子供一人が乗った車を坂道で動かし、次郎を轢こうとする。郷は次郎を助け、車を追う。そこへ一人の男が駆け寄ってきて、車から子供を助ける。

この男の正体は、かつてはミステラー星宇宙戦闘隊のエースだったが、終わりの見えない惑星間戦争に辟易し地球へ逃亡してきたミステラー星人Aだったのだ。

予期せぬ展開にミステラー星人Bは作戦変更し、ミステラー星人Aの娘、輝美を誘拐し、ウルトラマンを捕らえろと命令する（注十二）。

すでに記した通り、「怪獣島SOS」にしろ、未映像化に終わった「呪われた怪獣伝説〝キングザウルス三世〟」にしろ、伊上の作風と橋本の掲げるテーマ性は相容れない。しかし本作は、わが子に対する愛情が何よりも優先するという部分に多少のテーマ性を感じ取ることが出来る。

氏が『帰ってきたウルトラマン』に残した三本の脚本のうち、本作はもっとも伊上節が強

（注十一）
劇中、宇宙人は固有名詞で呼ばれない。公式設定ではミステラー星人・善、悪だが、脚本では善がミステラー星人A、悪がミステラー星人Bと表記されている。

（注十二）
操られた上野と丘が輝美をさらおうとしたが、郷が阻止した。つまり、ミステラー星人Bの脅迫はブラフである。

く香る作品である。というのも本作は伊上お得意の〝抜け忍もの〟のアレンジであるからだ。その原点は、伊上の出世作『隠密剣士』第六部六話「忍者変幻黒風斉」であり、発展型が『仮面の忍者 赤影』第一部十話「怪忍者黒蝙蝠」だった(注十三)。前者で誘拐されるのは娘、後者は妻と娘だが、敵が抜け忍を脅迫してヒーローを倒そうとする設定、抜け忍親子が平和な暮らしを取り戻すという結末は変わらない。伊上はこの二本の抜け忍ものを換骨奪胎し、「宇宙戦士　その名はMAT」を書き上げたのである。

もっとも過去の伊上作品と違い、騙されたと知ったミステラー星人Aはウルトラマンと戦わず、ミステラー星人Bに挑むので、悲劇のクレッシェンドが今ひとつ締まらない。

現場的には、本作は雪にたたられたエピソードだった。ロケは河口湖近辺で行われたが、突然の降雪によって、シーンによってはカットのつながりが厳しい部分がある。もっとも輝美がさらわれたと勘違いしたミステラー星人Aが、娘の女子寮の前でたたずむカットは、雪が降り注ぐ寒々とした風景が、星人の心象とリンクして効果を上げていた。

鈴木　『帰ってきたウルトラマン』は、スケジュールが厳しかったですね。僕はカメラマンとして、スケジュールを絶対に守らなくてはいけないという責任感があります。だから雨が降ろうが槍が降ろうが、撮影をこなさなければいけない。「怪獣使いと少年」で、少年が骨の折れた傘を持って、パンを買いに来るシーンがあるでしょう。あれだって雨が降ってきたから、雨のシーンにしたという記憶があります。

(注十三)
「忍者変幻黒風斉」監督・外山徹。『仮面の忍者 赤影』六七年四月五日〜六八年三月二七日、フジ。「怪忍者黒蝙蝠」監督・山内鉄也。

松林監督の作品は、河口湖でロケしたんですが、やはり雪が降ってきて、しかも段々激しくなってきて大変でした。でもそれがいい感じに表現されていました。

『帰ってきたウルトラマン』は、第五一話「ウルトラ5つの誓い」でフィナーレを迎える。脚本、監督は第一話、二話で基本となる世界を描き出した上原正三と本多猪四郎のコンビ。本多は第九話「怪獣島SOS」、上原は第三八話「ウルトラの星 光る時」以来の登板であった。

鈴木 『帰ってきたウルトラマン』でまず思い出すのは、監督で言えば本多さんと松林さん、天下の大東宝の監督のカメラマンをやれるなんて夢のような出来事でした。その意味で思い出すのは、東宝撮影所で『ウルトラQ』の撮影準備をしている時（六四年）、撮影所のスタッフから「電気紙芝居の準備かよ！」とバカにされたんですよ。この頃になるとニューメディアのテレビの台頭に映画業界の衰退がクロスした時期でしたので、彼らとしては、憤懣やるかたない思いだったのでしょう。

それと、僕なんかは学生時代に東宝の特撮班でアルバイトをやっていたでしょう。それで真野田さん、唐沢登喜麿さん（特撮班のカメラを担当）、山本久蔵さん（『帰ってきたウルトラマン』には火薬効果で参加するがノンクレジット）、あの当時の上司達が続々と特撮で絡んでくる。そういう馴染みのメンバーでやっていたせいか、不思議なことに本編と特撮の打ち合わせは一切なかったんです。「例のごとしでよろしくね」でおしまい。合成カットでも、特撮がらみで本編のリアクションがあるところでも全然。言ってみれば戦国時代、武将同士がお互いの手の内を知りつつ、真剣勝負していたみたいな感じです。

夜明けの海岸で、郷とルミ子の結婚式が行われていた。そこへ紋付き袴の男（注十四）がやって来て、伊吹隊長に耳打ちする。報告を受けた伊吹達が紋付き袴を脱ぎ捨てると、その下にマットスーツを着ていた。

郷も着物を脱ぎ捨て、ルミ子に別れを告げて出撃する。白無垢のルミ子は慌てて郷の後を追うが、その前にバット星人が出現し、不気味に笑った。

途端、ルミ子は夢から覚めた。彼女と次郎は、バット星人に誘拐され、スタジアムの一室に閉じ込められていたのだ。

同じ頃、郷もまた夢を見ていた。初代ウルトラマンとゼットンが戦う夢だ。郷が目覚めるといきなり電話が鳴った。「（誘拐された）二人に会いたければ、東亜スタジアムに来い（注十五）。お前一人で来るのだ」声の主は、それだけ言って一方的に電話を切った。

言われた通りスタジアムに行くと、目の前にバット星人が現れる。ルミ子と次郎は無事だったが、客席のフェンスに縛り付けられている。すると突如スタジアムの外にゼットンが現れた。

郷はウルトラマンに変身しようとするが、なぜか出来ず、代わりに初代ウルトラマンの声が脳裏に響いた。「焦ってはいけない郷秀樹。ゼットンは恐るべき武器を備えた怪獣だ。う

（注十四）脚本ではマット基地係官。演ずるは、本シリーズで怪獣のスーツアクターを演じていた遠矢孝信である。

（注十五）脚本では国立競技場。実際にロケが行われたのはかつて荒川区に存在した東京スタジアム。

かつに出ると、私同様不覚を取るぞ」

初代ウルトラマン（注十六）の忠告が気になった郷は、変身しようとしない。そこでバット星人は〝ウルトラ抹殺計画〟を口にする。それは、ゾフィー（脚本での表記はゾフィ）、初代ウルトラマン、ウルトラセブン、つまり裏切り者のウルトラ兄弟（注十七）を皆殺しにする計画で、そして今、M78星雲のウルトラ星に（注十八）、バット星連合部隊が向かっているのだ。

郷は二人の救出を諦め、MAT本部に向かうが、またしてもゼットンが出現した。直ちに出撃するMAT。しかし南と上野が乗るマットジャイロはゼットンの光線で大破、二人は脱出する。郷のマットアローも光線のため、燃料タンクに穴が空いてしまい不時着する。

その頃、バット星人はMAT基地に侵入、心臓部の原子炉を破壊してしまった。そしてルミ子と次郎を夕方五時に東亜スタジアムで処刑すると宣言する。

基地は武器弾薬庫が浸水、一切の武器弾薬は使用不能、エアポートも破壊され、アローもジャイロも発進不能だった。MATに残された武器は、不時着した郷のアローだけだったが、燃料が不足して十分くらいしか飛べない。しかし郷は、十分でもいいから出撃するという。

「隊長。行かせて下さい。ゼットンを倒さぬ限り、地球の平和、いや、全宇宙の平和もないでしょう。この戦いが奴を倒す最後のチャンスなんです」

郷の決死の覚悟を読み取った伊吹は、出撃を許可する。郷は隊員一人一人に握手し、アローに乗り込んだ。その姿を見た上野が思わず呟く。

「あいつ……、まるで死にに行くみたいだな……」

（注十六）声は近藤久ではなかった。近藤は声優ではなく、東宝の編集マンで『ウルトラマン』を担当していた。抑揚のない、たどたどしい台詞回しが、かえって異星人の雰囲気を醸し出していた。

（注十七）ウルトラ兄弟という名称が、番組で初めて使われた。

（注十八）ウルトラ星という名称も、初めて使われた。

ＭＡＴとゼットン、最後の戦いが始まった。郷は空からゼットンを攻撃、伊吹以下隊員達は、東亜スタジアムに乗り込んで、バット星人の手からルミ子と次郎を救出する。

伊吹はマットシュートをバット星人に弾かれると、すかさずブローニングを抜いて反撃、弾が尽きるやブーツに仕込んでおいたナイフを敵に投げつけた（注十九）。ナイフは見事命中、バット星人はスタジアムから落下したが死ぬことはなく、逆に巨大化してしまった。

郷はアローでゼットンに体当たりしてウルトラマンに変身、巨大化したバット星人とゼットンに戦いを挑む。そしてウルトラクロスでバット星人を、ウルトラハリケーンでゼットンを倒した。

夕陽の海岸に十字架が立てられている。その上には郷のヘルメットが乗せられている。伊吹隊長以下ＭＡＴは郷を弔うと、基地を再建するために海岸を後にする。だがルミ子は、郷が帰って来るような気がする、と言い、次郎とともに海岸に残った。

全編夢を見ているような、不思議なテイストに満ちた最終回である。そんな印象を抱くのは、劇中夢のシーンが二度出てくることと、冒頭、祝言のシーンの場所が脚本とは違っているせいだろう。

脚本で祝言の場は座敷であり、〝そこへ長い廊下をすり足でやって来る紋付袴の男（マット基地係官）〟や〝ルミ子、郷を追って廊下を急ぐ。長い廊下のつき当たりに障子がある。

（注十九）
この辺は、戦いのプロという感じがよく出ていた。脚本に具体的な描写はなく、現場で工夫されたアクションである。

（注二〇）
六七年六月十五日公開の奇妙な殺し屋映画『殺しの烙印』（脚本・具流八郎）が、日活社長、堀久作の逆鱗に触れ、六八年、日活を首になっていた。

ルミ子、障子を開ける。ルミ子、アッとなる。バット星人が立っているのだ〟といったト書きは不条理劇を思わせる。いや、それよりむしろ鈴木清順映画のワンシーンのようだ。

その独特な映像センスは〝清順美学〟と呼ばれ、今や世界中にファンがいる鈴木清順だが、七二年当時は日活解雇問題が尾を引いて、映画を撮れないでいる時期だった（注二〇）。

日活を解雇されたのは六八年だが、七七年、『悲愁物語』（注二一）で映画界に復帰するまで、テレビで『愛妻くんこんばんは』第三三話「ある決闘」、『黒部の太陽』第五話「男の中には鳥がいる」（注二二）、そして円谷プロで『恐怖劇場アンバランス』第一話「木乃伊の恋」を撮っている。

実相寺昭雄が円谷プロのスタッフに与えた影響は多くの研究家、ファンの指摘するところだが、実は清順の影響も見逃せない。『帰ってきたウルトラマン』でも、第三八話「ウルトラの星 光る時」で、特殊技術の大木淳は、ブラックキングとナックル星人が倒されるカットで、清順ばりの真っ赤なホリゾントを使用した。また大木が本編も手がけた『ファイヤーマン』第十二話「地球はロボットの墓場」（注二三）では、登場人物のバックに真っ赤なバラの画をリアプロジェクションで映し込み、清順への傾倒ぶりを明らかにしている。

影響が見られるのは大木淳だけではない。『ウルトラマンA』第三話「燃えろ！超獣地獄」（注二四）では、空を割って登場するバキシムのバックが真っ赤、当時のスタッフによると、これも清順の影響だという。また、『ミラーマン』第十七話「罠におちたミラーマン」（注二五）で監督デビューした志村広もセット美術に清順の影響が認められる。なお志村は、「木

（注二一）原作・梶原一騎、脚本・大和屋竺、七七年五月二一日公開、三協映画、松竹。

（注二二）『愛妻くんこんばんは』六七年十月一日〜六八年九月二九日。「ある決闘」六八年六月十六日放送。『黒部の太陽』六九年八月三日〜十月十二日、NTV。ただし「男の中には鳥がいる」は未放映。

（注二三）『ファイヤーマン』七三年一月七日〜七月三一日、NTV。「地球はロボットの墓場」脚本・岸田森。

（注二四）脚本・田口成光、監督・山際永三、特殊技術・佐川和夫。

（注二五）脚本・山浦弘靖、特殊技術・矢島信男。

乃伊の恋」のチーフ助監督であった。

上原もまた、清順と関わりがある。上原は映像化、未映像化含めて四本の脚本を『恐怖劇場アンバランス』に残しているが（注二六）、最初に執筆したのは鈴木清順向けの「朱色の子守唄」だった。上原メモによると執筆は、六九年八月二〇日から二三日にかけて行われ、清順との打ち合わせは同月十二日、十四日に、そして二五日に第一稿打ち合わせが行われているが、それ以上は進展せず、手書き原稿のみが残された。作者自身、メモには〝さんざんの駄作〟と書き残している。

上原　犬神憑きと公害を絡めた話で、清順さんとは打ち合わせもしたよ。確かに出来は悪かったかも知れない。でも清順さんには手下の脚本家がいたからね。手書きで終わったのは、それも一因があるんだよ。

話を「ウルトラ5つの誓い」に戻す。実際の映像で祝言のシーンは、夜明けの海岸となっている。狙いなのか予算の都合なのかは判断出来ないが、結果的に、ラストでの夕暮れ間近の郷の弔いと対になっている。海岸での祝言のシーンは、シュールで非現実感を漂わせ、ラストの海岸と対になることによって、あるいは本エピソードは全てルミ子の夢ではなかったのかという印象さえ受ける

もう一つ、祝言のシーンで、和服姿の丘隊員はカールした髪を結い上げているが、その笑

（注二六）「朱色の子守唄」「月下美人狂い咲き」「恐ろしき手毬歌」（予定監督・真船禎）「サラリーマンの勲章」（第十話、原作・樹下太郎、監督・満田穧）。

顔はアキそっくりである。これが狙いだとすれば、死者である元恋人が、今の恋人（それはルミ子の願望だが）を祝福していることになり、生と死を飛び越えた世界に主人公達は存在していることになる。

次いで登場する郷の夢は、ウルトラマンの死である。本作には〝死〟のイメージがつきまとっており、事実、ラストは人間郷秀樹の死で終わる。

海岸に残ったルミ子と次郎の前に、何の前触れもなく私服の郷が現れ、唐突な別れを告げる。

「平和な故郷を、戦争に巻き込もうとしている奴らがいる……。だから手助けに行くんだ」

郷は次郎をルミ子に託し、二人の前でウルトラマンに変身、大空の彼方に消えていった。

海岸を走って〝郷〟の名を呼び、その姿を追う次郎は、涙ながらにウルトラ5つの誓いを叫ぶのだった。

ひとつ、腹ペコのまま学校へ行かぬこと
ひとつ、天気のいい日に布団を干すこと
ひとつ、道を歩く時には車に気を付けること
ひとつ、他人の力を頼りにしないこと
ひとつ、土の上を裸足で走り回って遊ぶこと

N「こうして、ウルトラマンは去っていった。しかし、太陽のように強くたくましかった郷秀樹の姿と心は、この少年と少女の心の中で、いつまでも燃え続けることであろう。さようなら、郷秀樹。さようなら、ウルトラマン」（エンディング・ナレーション）

第四クールに入ると、郷の視点は、人間郷秀樹ではなく、ウルトラマンのものとなってくる。「宇宙戦士　その名はMAT」でも、ミステラー星人Aに、自分は〝ウルトラマン〟だと言っている。本編では台詞が変更となったが、東亜スタジアムで変身が出来なかった後、初代ウルトラマンが郷に語りかける時、完成作品では〝郷秀樹〟と呼ぶが、脚本では〝ウルトラマン〟となっている。これはウルトラマンがウルトラマンに語りかけるという、ちょっとわかりづらい図式となっているがゆえの変更だろう。だが上原の意図としては、郷秀樹は完全にウルトラマンなのだ。

上原は『帰ってきたウルトラマン』を書くに当たって、〝人間の成長物語がコンセプトでホンを立ち上げて、主人公が成長していく物語という観点で書いていった〟と証言している。しかし上原の中でその物語は、坂田とアキの死をもって終止符を打ったのであろう。

もっとも次郎にとって郷秀樹は、たとえウルトラマンになってもあくまでも郷秀樹なのだ。だからこそウルトラマンに変身した後も、郷の名を呼ぶし、エンディング・ナレーションは、人間郷秀樹とウルトラマンを区別している。

それにしても「ウルトラ5つの誓い」には、最終回としての体裁は整っているものの、上原作品らしい力強さが感じられない。その原因として上原は、以下のように証言している。

上原　「怪獣使いと少年」で、草鞋履《わらじ》かされて旅に出たんだけど（干されたという意味）、橋本さんから「メインライターの責任上、最終回だけは書け」って言われて書いたんだけどね、あれが局内で問題になって、色々ゴチャゴチャあって、その頃から、僕の中でウルトラマンはもう……というのはあったね。

橋本さんは、この後も『ウルトラマンA』『ウルトラマンタロウ』ってずっとやっていくでしょう。ところが僕の中には、草鞋を履かされたというのがトラウマのようになっているから、『ウルトラマンA』になってくるとよくわからなかった。だから『ウルトラマンA』で僕の作品は、ひじょうに曖昧模糊としたものばかりですよ。

具体的に言うと、『ウルトラマンA』は、市川森一がメインライターで、男女が合体して変身するんだけど、そこから僕の中のウルトラマンは混乱を始めるんだよ。合体はセレモニーとして考えればいいんだけれども、変身した後のウルトラマンは、両性なのかどうなのか？　とかね。だから筆が鈍ったんだね。

本作は最終回としての役割と、次回作『ウルトラA』（注二七）への橋渡しの役割も有している。『帰ってきたウルトラマン』には初代ウルトラマン、ウルトラセブンがゲスト出演している。

（注二七）各メディアにもこのタイトルで発表されていたが商標の問題で『ウルトラマンA』に変更された。

ていたが、最終回においてゾフィーを含めた彼らは〝ウルトラ兄弟〟と明言されたのだ。

上原　この頃から、小学館がやたらに張り切ってきて、『ウルトラマンA』や『ウルトラマンタロウ』じゃ、ウルトラの父やら母やら出てきて、ウルトラのあれにはこういう兄弟がいるみたいなことをやられるとね。商業ベースに乗せられるんだったらもういいや、というのもあったね。だから『ウルトラマンタロウ』、僕は一本しか書いていないでしょう（注二八）。

そうじゃなくて、僕は金城哲夫がやったウルトラマンに戻るべきだと思っていたんだけど、それは僕ら脚本家が発言する問題じゃないからね。それでも『ウルトラマンレオ』まで続いたから、それはそれで正解だったんだろうね。

そんな感じで、ウルトラマンにはあまり情熱を感じなくなってきた時、うまい具合に東映さんとか、フジテレビの別所（孝治）さんから声が掛かったんだね。それで『ロボット刑事』（注二九）に行ったんだよ。何がよかったかというと、『ロボット刑事』という枠の中だったら、好きなものが書けたんですよ。〝あなたが書きたいものを書いて下さい〟とね。だから沖縄ロケやりたいな、と言うと〝書いてみて下さい〟みたいな感じだったね（注三〇）。

〝ウルトラ5つの誓い〟とは次郎への別れの言葉である。ウルトラと銘打っているものの、それは超人が子供達に向けた言葉ではなく、郷秀樹が次郎に向けたものだ。そしてその原点は、上原の初期作品にあった。

（注二八）第四話「大海亀怪獣東京を襲う！」と第五話「親星子星一番星」（ともに監督・吉野安雄、特殊技術・鈴木清）だが、前後編なので一本扱いという意味。

（注二九）七三年四月五日〜九月二七日、フジ。

（注三〇）第十九話「沖縄の海に謎を追え‼」、第二〇話「水爆飛行船東京へ！」。監督はともに折田至。

上原　沖縄が舞台の『無風地帯』を読み返してみるとね、その後の僕の作品の全てのキーワードが入っているんだよ。〝お前は一人で生きろ〟と、親父に言われるとかね。それがそのまま〝ウルトラ５つの誓い〟になっていくんだね。

僕の中には、自分一人で生きるというのがカセとしてあったんだね。そうじゃなかったら、今日まで生きていなかった気がする。

初代ウルトラマンは、地球の未来を人間達に託し故郷に帰って行った。日本がポジティブなエネルギーに満ちていた時代、それを具現化したようなヒーローが初代ウルトラマンだとしたら、高度経済成長期後期、ネガティブなエネルギーに支配され始めた頃のヒーローが『帰ってきたウルトラマン』のウルトラマンだったのだ。その意味で、「ウルトラ５つの誓い」は、金城哲夫が執筆した「さらばウルトラマン」のネガ像であると言える。

こうしてウルトラマンは、再びＭ78星雲ウルトラの星に帰って行った。そして本作のメインライターを務めた上原正三は、以降主戦場を円谷プロ以外の作品に移し、七〇年代、八〇年代のヒーロー番組に偉大な足跡を残していくのである。

あとがき、エピローグとともに

一九七二（昭和四七）年四月七日、『ウルトラマンA』の放送が開始した。第一話「輝け！　ウルトラ五兄弟」（注一）には、新しいヒーロー、ウルトラマンAの誕生を祝うかのように、ゾフィー以下、ウルトラ兄弟が勢ぞろいし、子供達を喜ばせた。

『ウルトラマンA』は、メインライターである市川森一の発案による男女合体変身、謎の敵ヤプールの登場、怪獣に代わる超獣の登場等、新機軸を打ち出した作品だった。本作はシリーズ途中でのヤプールの全滅、合体変身の取りやめ等、度重なる設定変更が行われ、平均視聴率は『帰ってきたウルトラマン』に及ばなかったものの、当時の合格ラインであった十五％を越える十八・六％を記録、エピソードによっては二〇％を越えており、次回作へとバトンをつなぐことに成功した。

七二年は、翌年に円谷プロ創立十周年を控え、それを記念するプロジェクトが次々と始動した年でもあった。その第一弾となったのが、同年十二月十七日に東宝系公開された『怪獣大奮戦　ダイゴロウ対ゴリアス』（注二）である。同作は製作・円谷一、脚本・千束北男、監督・飯島敏宏、特殊技術・大木淳、中野稔、撮影・稲垣涌三、美術・池谷仙克、音楽・冬木透（注三）という万全の布陣で挑んだ円谷プロ初のオリジナル特撮映画で、『快獣ブースカ』の流れを汲む怪獣コメディだった。

（注一）
脚本・市川森一、監督・筧正典、満田穧、特殊技術・佐川和夫。

（注二）
東宝チャンピオンまつりの一本として公開。同時上映は、『ゴジラ電撃大作戦』（脚本・馬淵薫、本多猪四郎、監督・本多猪四郎、特技監修・円谷英二、特技監督・有川貞昌。六八年の『怪獣総進撃』を改題した短縮リバイバル版）、それに『パンダコパンダ』。

（注三）
当初は飯島敏宏の慶大の先輩であった冨田勲が音楽を担当するはずだった。しかし冨田がアメリカのRCAレコードと契約したためギャラが跳ね上がり、音楽を担当することが出来なくなった。

年が明けた七三年一月七日からは日本テレビ系で『ファイヤーマン』、同月十七日からは念願の企画『ジャンボーグA』がNET系で放送を開始、ウルトラマンシリーズの集大成として企画された『ウルトラマンタロウ』は、一月二五日、お台場のロケからクランクイン（注四）、四月の放送に向けて着々制作が続けられていた。

このように三本の巨大ヒーローものを同時に制作する経験は初めてのことで、第二次怪獣ブーム（変身ブーム）の波に乗った円谷プロは、この頃まさに第二期黄金時代の絶頂期を迎えていたのである。

だがそんな中、円谷プロに激震が走った。円谷英二の後を継いで二代目代表に就任し、会社を牽引してきた円谷一が、四一歳の若さで急死してしまったのだ。

糖尿病から来る高血圧という持病を抱えていた一の体調は、会社再建の激務とストレスから徐々に悪化していき、『帰ってきたウルトラマン』『ミラーマン』が始まった七一年には、血圧が二〇〇を越えてしまっていた。七二年には眼底出血が見られ、心臓、胃にも異状が現れるようになっていたようだ。七三年に入ると、日曜は寝間着のまま横になっている日が多くなっていたという。

そして七三年二月九日金曜日早朝、自宅で倒れた円谷一は、救急車で病院に搬送されたが、そのまま意識を回復することなく、この世を去る。

円谷プロは、七二年度の決算で、借財がほとんど片付くまで業績が回復していた。当時TBS制作局庶務部長だった岩崎嘉一（脚本家、橋田壽賀子の夫）は、『週刊文春』（文

（注四）
山際永三の撮影台本に記されたスケジュールのメモから。

藝春秋社刊）の「怪獣に生き怪獣に死に」という円谷一の追悼記事の中で〝ふつうの人が三十年ぐらいかかってやる借財整理を、四、五年で片付けてしまった。普通の人生の五、六倍のスピードで生きた〟というコメントを残している。

円谷英二の死からわずか三年で、一は円谷プロを再建したが、記念すべき創立十周年の年、その使命を終えたかのように父の元に旅立ったのだ。

〝第二期ウルトラシリーズ〟第四弾となる『ウルトラマンレオ』は、七五年三月二八日、第二次怪獣ブームの沈静化と歩調を合わせるかのように終了する。それは同時に円谷プロ第二期黄金時代の終わりも意味していた。ウルトラマンシリーズが、アニメ『ザ☆ウルトラマン』（注五）として復活するまでには四年の時が必要であった。

ここからは筆者の話をさせて頂く。六〇年三月二五日、六九年十月一日、九二年十月一日、これは何かというと、秋田の民放局、秋田放送、秋田テレビ、秋田朝日放送が放送を開始した年月日である。

この事実を見ればわかる通り、第一次怪獣ブームの頃、秋田には民放局が秋田放送一局しかなかった。系列としては日本テレビ系で、ＴＢＳ、フジ、ＮＥＴの番組も同局が放送していた。子供の頃の記憶では、『ウルトラＱ』も『マグマ大使』も『七色仮面』も『悪魔くん』も『宇宙家族ロビンソン』（注六）も同時期に放送していたイメージだが、実際には数年のズレがあるのかも知れない。

（注五）
七九年四月四日～八〇年三月二六日。

（注六）
『七色仮面』五九年六月三日～六〇年六月三〇日、NET。ただし六〇年一月七日の第五部から、番組タイトルが『新七色仮面』となり、主演が波島進から千葉真一に交代する。
『悪魔くん』六六年十月六日～六七年三月三〇日、NET。
『宇宙家族ロビンソン』アメリカCBSで放送されたSFドラマ。日本での放送は、六六年六月四日～十一月二六日（第一シーズン）、六七年六月二四日～六八年三月二日（第二シーズン）。アメリカでは第三シーズンまで放送されたが、TBSとの契約に至らず、当時は未放送。

こんな状態でテレビを観ていたわけだから、同年代で中央の人達と、同時代における番組という意味では共有出来るものは少ない。したがって『「ウルトラQ」の誕生』から『「ウルトラセブン」の帰還』までの三作は、同時代性のズレをどう修正していくかも、執筆の上で重要なテーマの一つであった。

しかし六九年にフジテレビ系列である秋田テレビが放送を開始すると、NETの番組もほぼ同局に吸収されたため、事情は変わってきた。

そして七一年、それが二月だったのか三月の春休みだったのかはよく覚えていないが、秋田テレビで『宇宙猿人ゴリ』が始まる。

秋田放送で『帰ってきたウルトラマン』が放送されたのは四月であるが、金曜日ではなく、月曜の放送だった（注七）。なぜそれを覚えているかというと、あさま山荘事件の解決が七二年二月二八日の月曜日だったからだ。エピソードは忘れてしまったが、その特番で『帰ってきたウルトラマン』が一本飛んだことだけは記憶にある。

六九年に民放がやっと二局になったお陰で、『宇宙猿人ゴリ』にしろ『帰ってきたウルトラマン』にしろ、中央の人達とさほど違いはなく番組を見ることが出来、同時代における番組を、ある程度共有することが出来たのである。

また、七一年の四月、筆者は小学五年生であり、テーマ性のあるドラマをある程度受け入れられる年齢に成長していたこともあり、同時代性と合わせて『帰ってきたウルトラマン』こそ私のウルトラマンという思いが強い。そこで感じたのは、『ウルトラマン』

（注七）十八時～十八時半。

や『ウルトラセブン』の世界観とは明らかに異質な肌触りだった。当時、それを理解することは出来なかったが、『帰ってきたウルトラマン』をドキュメントとして再構成してみたのは、筆者が感じた肌触りの正体を知りたかったということでもある。

第二期ウルトラシリーズの作品は、あと三本ある。機会があればそれらの作品も取り上げてみたいのだが、もし可能だったとしても、これまでとは異なる形のアプローチになるのではないかと思っている。

その理由の一つは、本放送当時における筆者の視聴年齢だ。都会の事情は知らない。だがあの頃の田舎の感覚で言えば、中学に入ったらこの手の番組から、卒業しなくてはならないというのが常識だった。『帰ってきたウルトラマン』で五年生というのは許容されるギリギリで、『ウルトラマンA』の六年生はボチボチ白い目で見られる時期、『ウルトラマンタロウ』はもうレッドゾーンだった。

筆者の成長に逆行するように、シリーズは低学年層にターゲットを絞った作品作りになっていったため、自然、興味は薄れてしまった。ミルンの『くまのプーさん』ではないが、筆者はウルトラに別れを告げ、森を出ていったのである。したがって、これまでの諸作のように、作品の世代と自分を重ね合わせることが困難なのだ。だがぜひ実現させ、第二期ウルトラシリーズを筆者の中で完結させたいと思っている。

最後に、『帰ってきたウルトラマン』のメインライターであり、特撮ヒーロー番組史に偉大なる足跡を残し、二〇二〇年一月二日、ニライカナイに船出した上原正三氏に本書を捧げる。

参考資料（五十音順）

『上原正三シナリオ選集』現代書館刊
『宇宙船』朝日ソノラマ刊
『ウルトラ特撮 PERFECT MOOK vol.13 ミラーマン』講談社刊
『ウルトラマン昇天 M78星雲は沖縄の彼方』山田輝子　朝日新聞社刊
『ウルトラマン大鑑』朝日ソノラマ刊
『映画年間』時事通信社刊
『映画秘宝』洋泉社刊
『怪獣 ウルトラマンが育てた円谷プロ商法』円谷皐　世紀社出版刊
『怪獣使いと少年 ウルトラマンの作家たち』切通理作　宝島社刊
『怪獣とヒーローを創った男たち』特撮映画研究会　辰巳出版刊
『帰ってきたウルトラマン怪獣事典』朝日ソノラマ刊
『学年誌ウルトラ伝説』小学館刊
『仮面ライダー大全』岩佐陽一　双葉社刊
『岸田森 夭逝の天才俳優・全記録』武井崇　洋泉社刊
『金城哲夫 ウルトラマン島唄』上原正三　筑摩書房刊
『金城哲夫シナリオ選集』アディン書房刊
『KODANSHA Official File Magazine ULTRAMAN』講談社刊
『昭和テレビ放送史（上・下）』志賀信夫　早川書房刊
『スペクトルマンVSライオン丸「うしおそうじとピープロの時代」』鷺巣富雄　太田出版刊
『全怪獣怪人《上巻》』勁文社刊
『大映特撮コレクション 大魔神』徳間書店刊
『タケダアワーの時代』友井健人他　洋泉社刊
『調査情報』東京放送刊
『超人図鑑 国産架空ヒーロー四十年の歩み』竹書房刊
『円谷英二の映像世界』竹内博、山本真吾　実業之日本社刊
『円谷 THE COMPLETE』角川書店刊
『円谷皐 ウルトラマンを語る』円谷皐、鍋田紘亮　中経出版刊
『円谷プロ 怪奇ドラマ大作戦』洋泉社刊
『円谷プロ特撮大鑑』朝日ソノラマ

『TBS50年史』 東京放送刊
『テレビ東京30年史』 テレビ東京刊
『テレビ東京史 20世紀の歩み』 テレビ東京刊
『東京12チャンネル15年史』 東京12チャンネル刊
『東宝50年 映画・演劇・テレビ作品リスト』 東宝刊
『東宝50年史』 東宝刊
『特撮映画美術監督 井上泰幸』 キネマ旬報社刊
『不死蝶 岸田森』 小幡貴一、田辺友貴 ワイズ出版刊
『不滅のヒーロー ウルトラマン白書第2版』 朝日ソノラマ刊
『幻の「長くつ下のピッピ」』 高畑勲、宮崎駿、小田部羊一 岩波書店刊
『マルサン・ブルマアクを生きた男 鐏三郎おもちゃ道』 くらじたかし 東西企画刊
『マルサン物語 玩具黄金時代伝説』 神永英司 朝日新聞出版刊
『メーキング・オブ・円谷ヒーロー1・2』 講談社刊
『メーキング・オブ・東映ヒーロー1・3』 講談社刊
『闇への憧れ［新版］』 実相寺昭雄 復刊ドットコム刊
『夜ごとの円盤 怪獣夢幻館』 実相寺昭雄 大和書房刊

他

協力・資料提供（50音順、敬称略）

秋田英夫　伊藤初江　上原敬太郎　上原正三　神部美保　白熊栄次
鈴木 清　田口成光　橋本洋二　山浦弘靖　山際永三
＊　＊
放送ミュージアム

協力・監修

円谷プロダクション

編集　佐藤景一（双葉社）
装幀　谷水亮介（有限会社グラパチ）
本文レイアウト　花村浩之

編集部問い合わせアドレス：gekkanaction@support.futabasha.co.jp

「帰《かえ》ってきたウルトラマン」の復活《ふっかつ》

2021年4月25日　第1刷発行
2021年5月26日　第2刷発行

著　　者：白石雅彦《しらいしまさひこ》
発 行 者：島野浩二
発 行 所：株式会社 双葉社
162-8540　東京都新宿区東五軒町3番28号
[電話] 03-5261-4818（営業）03-5261-4804（編集）
http://www.futabasha.co.jp/（双葉社の書籍・コミック・ムックが買えます）

印刷所・製本所：中央精版印刷株式会社

ISBN　978-4-575-31618-6 C0076